見てわかる！
ささつの本
自信を持って現場へGO！

福岡市消防局　編著

東京法令出版

はじめに

　消防の任務は火災から国民の生命を守ること、被害を軽減すること、傷病者を適切に搬送することです。

　この消防の任務を遂行するために、消防法第4条では、消防職員は火災予防のために必要があるときは、関係のある建物に立ち入って、検査や質問ができると定められており、法律で立ち入ることを認めているのです。

　このような強い行政調査権を持つため、消防職員はしっかりと消防の法律を勉強し、火災を予防するとともに被害を軽減するために必要な指導をしなければなりません。

　そこで、この『見てわかる！ ささつの本　自信を持って現場へGO！』では、消防の任務である火災予防のための立入検査と違反の改善指導（これらを総称し査察といいます。）について、主として採用後5年未満の若手職員が怖がらずに行えるように、今までの解説本とは違って、若手職員の目線で疑問に思うであろうポイントを取り上げ、イラストや写真、更には表を用いてわかりやすく解説するというアプローチをとりました。

　また、過去の死傷者が発生した火災を教訓とし学ぶことで、消防法の改正の歴史も学ぶことができ、類似火災の予防に役立てることができると思います。

　本書をきっかけに、多くの消防職員が「査察」に興味を持ち、レベルアップにつながればと思っています。

令和4年8月

福岡市消防局

目　　次

❶ ここから

❷ 教えて！　査察のこと

❸ 知っておこう！　必要な知識

❹ 立入検査でよく見る消防用設備等

❺ 実は大事！　資料編

様式集

この本に出てくる略語等

この本に出てくる法令名略語や用語等について説明します。

法令名略語

略　称	正式名称
法	消防法（昭和23年7月24日法律第186号）
令	消防法施行令（昭和36年3月25日政令第37号）
則	消防法施行規則（昭和36年4月1日自治省令第6号）
危令	危険物の規制に関する政令（昭和34年9月26日政令第306号）
建基法	建築基準法（昭和25年5月24日法律第201号）
建基令	建築基準法施行令（昭和25年11月16日政令第338号）
条例（例）	火災予防条例（例）（昭和36年11月22日自消甲予発第73号）
118号通知	消防法の一部改正に伴う共同住宅の取扱いについて（昭和36年8月1日自消乙予発第118号）
49号通知	共同住宅等に係る消防用設備等の技術上の基準の特例について（昭和50年5月1日消防安第49号）
170号通知	共同住宅等に係る消防用設備等の技術上の基準の特例について（昭和61年12月5日消防予第170号）
220号通知	共同住宅等に係る消防用設備等の技術上の基準の特例について（通知）（平成7年10月5日消防予第220号）
40号省令	特定共同住宅等における必要とされる防火安全性能を有する消防の用に供する設備等に関する省令（平成17年3月25日総務省令第40号）

間違えやすい用語集

用　語	令別表第1の該当する項	注意事項
特定防火対象物	(1)項から(4)項まで、(5)項イ、(6)項、(9)項イ、(16)項イ、(16の2)項及び(16の3)項	（16の3）項は、防火管理が義務付けられていないよ！
非特定防火対象物	(5)項ロ、(7)項、(8)項、(9)項ロ、(10)項から(15)項まで、(16)項ロ、(17)項から(20)項まで	(18)項、(19)項、(20)項は、防火管理が義務付けられていないよ！
特定用途	(1)項から(4)項まで、(5)項イ、(6)項、(9)項イ、(16)項イ、(16の2)項	
非特定用途	(5)項ロ、(7)項、(8)項、(9)項ロ、(10)項から(15)項まで、(16)項ロ、(17)項	
小規模特定用途複合防火対象物	(16)項イに掲げる防火対象物のうち、同表(1)項から(4)項まで、(5)項イ、(6)項、(9)項イに掲げる防火対象物の用途に供される部分の床面積の合計が当該部分が存する防火対象物の延べ面積の10分の1以下であり、かつ、300㎡未満であるもの	則第13条第1項第2号に規定されているよ！

※令別表第1の項の表記は、例のように「令別表第1」を省略しています。
　例　(6)項イ(1)

ファイ太くんプロフィール

この本に出てくるキャラクター・ファイ太くんについて紹介します。

名　　前	ファイ太くん
年　　齢	ひ・み・つ
犬　　種	セントバーナード
誕 生 日	11月9日（119番の日）
特　　技	いくらでも食べられる（いくらでも消化【消火】する）
階　　級	隊長
好きな言葉	おはしもよ（避難訓練の合い言葉） お→おさない　は→はしらない　し→しゃべらない も→もどらない　よ→よくきく
性　　格	明るい・元気・優しく時に厳しい 正義感が強い（放火は絶対許さない）

5

ここから__

慌てず、
あせらず、
諦めずに
読んでね！！

今までどんな火災があったのか？
～そして、法は変わっていく～

過去の火災の教訓を火災予防につなげよう！

過去の火災の被害状況や法令違反を知ることは、予防査察に必ず役立ちます。
下表は消防法が改正契機となった火災です。しっかりと学習して予防査察に役立てましょう！

繰り返すな、類似火災！

●消防法の変遷

昭和23年 3月 7日	消防組織法の施行	※消防記念日といわれている。
昭和23年 8月 1日	消防法の施行	
昭和36年 4月 1日	消防法施行令の施行	
昭和36年 4月 1日	消防法施行規則の施行	

●消防法令の改正契機となった火災

千代田区　宝塚劇場火災　昭和33年 2月 1日（死者 3人・負傷者25人・焼損3,718㎡）	
課題と対応	従来の「防火責任者制度」は細部の運用規定が定められていなかったので、「防火管理者制度」が設けられるなど職務内容などを法律で明確にし「罰則」も設けられた。
法令の改正	● 防火管理者制度の確立

北九州市　喫茶田園火災　昭和43年 1月17日（死者 5人・負傷者 3人・焼損80㎡）	
課題と対応	1つの建物に複数の事業所が入り管理権原が分かれている場合には、相互に協力し合って火災の混乱を防止する必要があることから「共同防火管理制度」が定められた。
法令の改正	● 共同防火管理制度の発足 ※現在の「統括防火管理制度」

大阪市　千日デパート火災　昭和47年 5月13日（死者118人・負傷者81人・焼損8,763㎡）	
課題と対応	複合用途防火対象物は、各用途の使用時間が異なり、火災が発生した場合の避難が困難かつ人命危険が高いことから、「防火管理体制の拡充、設備等の設置基準強化、自火報の遡及適用」等について改正された。
法令の改正	● 防火管理者の資格及び責務の強化 ● 消防用設備等の設置基準の強化

戦後最大の死者を出した火災

熊本市　大洋デパート火災　昭和48年11月29日（死者103人・負傷者121人・焼損12,581㎡）	
課題と対応	工事中で消火設備・警報設備・避難設備が使用できず、防火管理体制の不備で火災発生時の初動対応にも失敗した。 　大阪市 千日デパート火災の課題解決と併せて、消防法が大改正された。
法令の改正	● 防火管理に係る措置命令権の創設 ● 特定防火対象物の遡及適用 ● 消防用設備等の点検報告制度の発足

 大洋デパート火災後に消防法の大幅な改正が行われたよ！！

栃木県　川治プリンスホテル火災　昭和55年11月20日（死者45人・負傷者22人・焼損3,582㎡）	
課題と対応	火災発生時の初動措置等、防火管理体制の不備、防火区画等の欠陥、度重なる増築工事で避難経路が複雑だったため、「防火管理体制や消防用設備等の設置状況などを公開し表示」することにより、関係者の防災意識の向上、防火管理業務の適正化法令違反の是正促進を目的とした「適マーク」制度が制定された。
法令の改正	● 防火基準適合表示要綱の制定

 ホテル火災で最も死者が出た火災。防火管理業務に無関心、無責任な関係者に実刑判決が下された。

千代田区　ホテルニュージャパン火災　昭和57年2月8日（死者33人・負傷者34人・焼損4,186㎡）	
課題と対応	防火管理体制と火災発生時の初動対応の不備、度重なる増築工事による避難経路の複雑化、防火区画等の欠陥等、栃木県 川治プリンスホテル火災と同様の問題点があった。

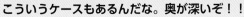

 通常、多数の死傷者が出た場合、消防法令を改正して防火安全対策を強化し類似火災の防止を図るのに、川治及びニュージャパンの火災では、消防法令が改正されるのではなく、消防庁通達により、建物の実態にあった避難訓練の実施など関係者の防火意識の向上を図ったのだな！
こういうケースもあるんだな。奥が深いぞ！！

東村山市　特別養護老人ホーム松寿園火災　昭和62年6月6日（死者17人・負傷者25人・焼損450㎡）	
課題と対応	火災発生時の初動対応がなされなかったことや、夜間の防火管理体制が不足していた。社会福祉施設等についてスプリンクラー設備等を設置すべき防火対象物の範囲が拡大されるとともに、屋内消火栓設備及びスプリンクラー設備の設置及び維持に係る技術上の基準の合理化等が図られた。
法令の改正	●　スプリンクラー設備の設置基準の拡大 　(6)項イ…3,000㎡以上 　(6)項ロ…1,000㎡以上　　で義務

尼崎市　長崎屋尼崎店火災　平成2年3月18日（死者15人・負傷者6人・焼損814㎡）	
課題と対応	防火管理体制は確立されていたが初動対応が適切に行われず多数の死傷者を出すことになったため、スプリンクラー設備の設置基準の強化等について改正された。
法令の改正	●　スプリンクラー設備の設置基準の拡大 　(4)項　6,000㎡⇒3,000㎡で義務

新宿区　歌舞伎町ビル火災　平成13年9月1日（死者44人・負傷者3人・焼損160㎡）	
課題と対応	複数のテナントが入居しているにもかかわらず、ほとんどのテナントで防火管理者が未選任、消防計画も未作成であった。また、階段とエレベーターホールが同一区画となっており、防火戸付近に置かれた物品等により火災時に閉鎖できなかったために急速に煙が拡散、延焼した。 　設置されていた消防用設備等も正常に機能することができず、使用することができない状態であったことで、防火管理と違反是正の徹底並びに避難・安全基準の強化及び罰則の強化等大幅な改正が行われた。
法令の改正	●　立入検査の時間制限の廃止 ●　事前通告の廃止 ●　措置命令の明確化 ●　防火対象物定期点検報告制度の導入 ●　罰金額の引上げ（最高額1億円） ●　自火報の設置基準の拡大　((16)項イ500㎡以上で特定用途、300㎡以上→(16)項イ300㎡以上、特定一階段等防火対象物)

> わずか500㎡くらいの建物で死者44人。
> 想像を絶する火災だったな！
> 日本中に類似建物がいっぱいあるぞ！！

> 火災による被害も百貨店のような大規模から最近では小規模な雑居ビルのような形態に変わってきたようだ！
> 消防法も大幅に改正されている。しっかりと勉強しなければ！！

大村市　グループホーム火災　平成18年1月8日（死者7人・負傷者3人・焼損279㎡）	
課題と対応	認知症グループホームは小規模な施設が多いため消防法の規制がほとんど及んでおらず、十分な防火管理体制が構築されていなかったため、防火管理者の選任やスプリンクラー設備の設置基準の強化などの改正が行われた。
法令の改正	● 防火管理者を定める防火対象物に(6)項ロを追加 ● 消火器、スプリンクラー設備、自火報の設置基準の拡大 ● 用途区分の細分化　(6)項ロ⇒(6)項ロ・(6)項ハに分類

 用途変更を見逃すな！

宝塚市　カラオケボックス火災　平成19年1月20日（死者3人・負傷者5人・焼損106㎡）		
	課題と対応	倉庫からカラオケ店への用途変更を行っていなかったため、消防の立入検査等が行われず適切な是正指導がなされていなかった。 　カラオケボックスを令別表第1に追加し、自火報の設置基準の強化などの改正が行われた。
	法令の改正	● 用途区分（(2)項ニ）への追加 ● 自火報の設置基準の拡大　⇒(2)項ニは全て

大阪市　個室ビデオ店火災　平成20年10月1日（死者16人・負傷者9人・焼損37㎡）		
	課題と対応	個室ビデオ店は店内を間仕切り等で区切られており、火災に気付きにくいため、実態にあった消防訓練等が求められる。そこで、自火報及び非常警報設備の設置基準が一部強化されるとともに、避難経路における煙の滞留を想定し誘導灯の設置基準の見直しが行われた。また、個室ビデオ等に適した消防訓練のマニュアルの作成や開放した戸が自動的に閉鎖するなどの条例改正が行われた（福岡市消防局の場合）。
	法令の改正	● 自火報、非常警報設備の設置基準の拡大 ● 誘導灯の設置基準の見直し

杉並区　高円寺雑居ビル火災　平成21年11月22日（死者4人・負傷者12人・焼損117㎡）	
課題と対応	複数のテナントが入居する建物では、テナントの入れ替わり等で適切な防火管理体制がとれないことから、複数のテナントの管理者が協力して行えるよう防火管理体制が改正された。
法令の改正	●　共同防火管理制度の整備

福山市　ホテル火災　平成24年5月13日（死者7人・負傷者3人・焼損1,361㎡）	
課題と対応	建築構造や防火区画が現行基準に適合していなかったことが早期に延焼拡大した要因として考えられる。また、有効な避難誘導が行われていなかったことから、新たな表示制度を構築するなどの方針が定められた。
法令の改正	●　自火報の設置基準の拡大 　⇒(5)項イの面積規定の撤廃（全て必要） ●　防火基準適合表示要綱の再構築 　⇒適マークの復活 

長崎市　グループホーム火災　平成25年2月8日（死者5人・負傷者7人・焼損51㎡）	
課題と対応	初動対応、防火区画の不備が被害拡大の要因である。 　平成18年の大村市グループホーム火災後にスプリンクラー設備の設置基準が強化されているが、本対象物は基準面積（275㎡）未満で設置義務がないことから、認知症高齢者グループホーム等については全ての施設にスプリンクラー設備を義務付けるなどの改正が行われた。
法令の改正	●　スプリンクラー設備の設置基準の拡大　⇒(6)項の面積規定の撤廃

福岡市　有床診療所火災　平成25年10月11日（死者10人・負傷者5人・焼損282㎡）	
課題と対応	自火報鳴動後に火災を発見したものの、火災延焼拡大が早く、消防機関の通報を外部に要請するなど、従業員による自衛消防隊としての初動体制がとられなかった。 　有床診療所などの施設は夜間帯の職員数が少数で、火災時の初動対応が難しい施設であることから、より実践的な避難訓練の実施が求められた。 　また、自火報と火災通報装置を連動としたり、(6)項イ(1)・(2)についてスプリンクラー設備を原則面積にかかわらず全て設置とするなどの法令改正が行われた。
法令の改正	●　消火器具、屋内消火栓設備、スプリンクラー設備、火災通報設備（連動）の設置基準の拡大 ●　用途区分の見直し　(6)項イ⇒(6)項イ(1)〜(4)

福岡市消防局創設以来の大惨事
火災教訓を風化させるな！

この火災は、防火戸が閉鎖しなかったことが被害が大きくなった要因の1つである。消防法と建築基準法どちらも重要だな！！

川崎市　簡易宿泊所火災　平成27年5月17日（死者10人・負傷者18人）	
課題と対応	就寝中の利用者が多数犠牲になっており、夜間に火災が発生したことを想定した訓練を行うなど、施設の実情を踏まえた訓練を実施することや消防法令違反がある場合は、被害が拡大することが予想されることから、早急な改善指導の実施など、防火対策の徹底が消防庁から通知された。

広島市　飲食店火災　平成27年10月8日（死者3人・負傷者3人・焼損644㎡）	
課題と対応	メイドカフェ店舗内が個室に分かれていることにより大きな被害が発生したため、利用客に対し、火災発生時の避難方法等の周知を図るとともに、施設の実情を踏まえた訓練の実施を図ることなどの防火対策の徹底が消防庁から通知された。

（写真提供：広島市消防局）

（写真提供：広島市消防局）

糸魚川市　大規模火災　平成28年12月22日（負傷者17人・焼損30,213㎡）	
課題と対応	木造建築物が密集していた区画であったことと、強風により延焼拡大した。 　全国どこでも同様の火災が発生する可能性があることから、消火器具の設置基準の見直しが行われた。
法令の改正	●　消火器具の設置基準の拡大　(3)項150㎡以上⇒(3)項150㎡未満のもののうち火を使用する設備又は器具を設けたもの

多数の死傷者を伴う火災が発生すると、消防庁は死傷者が発生した原因などを調査研究するとともに、類似の防火対象物の立入検査を消防本部に要請します。その結果を分析し、消防法令の改正などの措置が行われます。

　これは類似の防火対象物で火災が発生しても、同じような惨事を繰り返さないためです。例えば、多数の死傷者を伴う火災が発生した防火対象物にスプリンクラー設備を設置していたら、火災が発生しても死傷者は出なかったという分析結果だとします。そうすると、建築当時はスプリンクラー設備を設置する必要がなかった防火対象物であっても、新たにその設置が義務付けられることがあります（これを「遡及」と呼んでいます。）。

　法令が改正されると、我々はスプリンクラー設備の設置が必要になった防火対象物に行き、設置の指導を行わなければなりません。高額な費用負担（時には何千万円もかかる場合もあります。）を課すのです。

　「法令が改正され、スプリンクラー設備が義務となったので、設置してください。」ではすんなりと設置などするはずはありません。その火災が発生した原因、被害状況、消防法令違反などを把握して、同じような惨事を繰り返してほしくないという思いで指導しなければ、関係者は納得しません。

　なぜ、過去の火災を知ることが重要なのか、それは「火災予防は消防職員の任務」だからです。
　消防のプロを目指すのであれば、前記の火災事例は覚えておく必要があります。
　火災教訓を風化させてはいけないのです！

2

教えて！　査察のこと＿

査察の基本を
学ぼう！

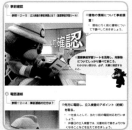

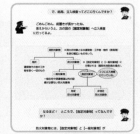

2－1

立入検査の　進め方は？

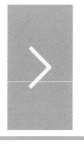

まずは大まかな流れを確認しよう！

❶ 上司からの指示

● まず、防火対象物（建物）を指定される（福岡市消防局の場合）。

- 年間の計画（各署の予防業務基本計画）に基づいて、個人に割り振られます。

　各消防署では、毎年度「予防業務計画」を作成しています。

　その計画に基づき、例えば「Aさんは前期で15件、後期で8件」というように件数が決まります。

- 対象物にはそれぞれ番号（台帳番号）が割り振られています。

● 割り振られた件数は、期間に余裕をもって立入検査へ行こう！

　立入検査は、相手方との日程調整、立入検査後の処理など時間を要すため、早め早めに立入検査を行っていこう。

❷ 防火対象物台帳を探す

参照➡2－2　立入検査ってどこに行くの？

● 指定された対象物の防火対象物台帳を探す（本署の書庫に保管されている。）。

- 消防署の書庫には、管内の建物情報が記載された簿冊があります。

　これを「**防火対象物台帳**」といいます。

- **防火対象物台帳は、個人情報**なので、家に持ち帰ったり、紛失したり、その辺に放置したりすることがないよう、厳重に取り扱いましょう！

● 取扱注意！！
防火対象物台帳は個人情報！
　署所でしっかりと保管し、紛失等は絶対しないこと。

❸ 事前確認

参照➡ 2－5 立入検査の事前準備とは？（査察事前学習シート）

●建物の情報について事前調査！

- 現地に行く前に建物について下調べしておきましょう。

●査察事前学習シートを活用し、対象物についてしっかり調べておこう。

わからない部分は、必ず、先輩に確認すること。

❹ 電話連絡

参照➡ 2－4 事前連絡の仕方は？

●先方に電話し、立入検査のアポイント（約束）を取る。

- 一社会人として、当たり前の電話対応を行いましょう。
- 非番日の立入検査では、災害対応で急きょ行けなくなることなどを伝えておきましょう。
- 具体的な電話連絡の方法は「2－4　事前連絡の仕方は？」を見てください。

元気よく、
ハキハキと！

❺ 立入検査当日

●現地で大事なのは、気付くこと！

様式集の最終確認カンペの「査察時確認必須項目」を活用し、見逃し、聞き逃しがないようにしよう！

　査察結果を報告する際、上司は書面上でしか確認できない。現地でしか確認できないことが多々あるので、現地で判断できない場合は、メモ等をして持ち帰り、先輩等に相談しよう。

●いざ、本番！　火災を未然に防ぐ、人命救助の第一歩！

- まず、関係者に自己紹介及び立入検査に来た旨をしっかり伝えましょう。
- 社会人として、失礼がないように言葉遣いや身なりに気を付けましょう。
- 名刺交換は、社会人としての基本的なマナーです。
  詳細については、「2−6　立入検査当日はどんな順番で行うの？」を参照してください。
- 立入検査は、対象物が火災予防上、適正に管理されているかを確認するのが目的です。無理やり指摘することが目的ではありません。
- 消防法令は、一般の人にはなじみがないため、火災予防に役立つことなど、関係者の方に丁寧に説明しましょう。

❻ 台帳整備→結果入力

●査察結果を入力する前に、まずは台帳整備！

台帳情報を正確に更新【アップデート】

- 立入検査の現地で確認したこと、変更があった情報、指摘した内容などを整理しましょう。
- わからないことがあったら、何でもすぐに上司や先輩に必ず聞き、わからないままにしないようにしましょう（結索や資器材の取扱いがわからない場合と同じです。）。

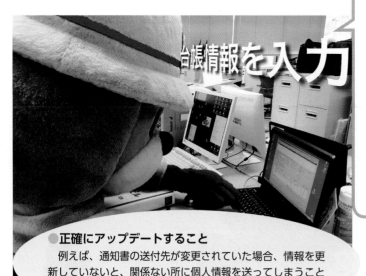

台帳情報を入力

●正確にアップデートすること
　例えば、通知書の送付先が変更されていた場合、情報を更新していないと、関係ない所に個人情報を送ってしまうことになりかねないので、気を付けよう。

⑦ 査察結果を報告

●上司へ査察結果を報告

- 査察結果報告書を作成し、上司へ報告します。
- 上司に何を聞かれても、事前にしっかり確認した上で立入検査に行っているはずなので、きっと答えられるはずです。
- 新たに設備が必要となるときや、今まで指摘していなかった事項を指摘する場合は、しっかりと根拠法令を調べ、上司の助言を仰いでください！！

●指摘がなかったからOK？

立入検査時の関係者には、たとえ、自分が立入検査に行ったときに指摘事項がなくても、火災予防のプロとして、火元の管理や、厨房の清掃、避難経路の管理などの重要性を伝えよう。

⑧ 査察結果を通知

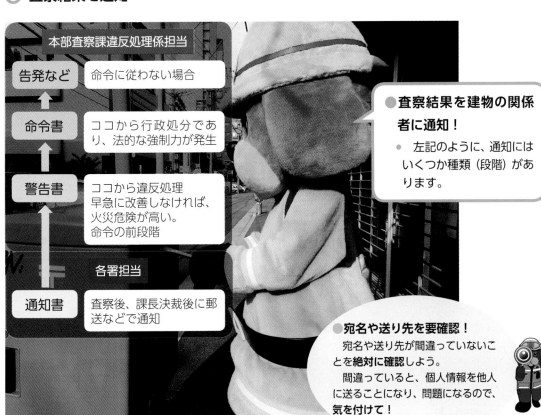

本部査察課違反処理係担当	
告発など	命令に従わない場合
↑	
命令書	ココから行政処分であり、法的な強制力が発生
↑	
警告書	ココから違反処理　早急に改善しなければ、火災危険が高い。命令の前段階
↑	
各署担当	
通知書	査察後、課長決裁後に郵送などで通知

●査察結果を建物の関係者に通知！

- 左記のように、通知にはいくつか種類（段階）があります。

●宛名や送り先を要確認！

宛名や送り先が間違っていないことを絶対に確認しよう。

間違っていると、個人情報を他人に送ることになり、問題になるので、気を付けて！

❾ 関係者からの改善結果報告

改善結果報告があるかどうか、
定期的に自分で確認・管理しよう！

● **査察結果通知後、関係者から改善結果の報告を確認！**

- 通知書などと合わせて「いつ、どのように改善するか」を関係者に回答してもらう「**改善結果報告書**」を提出してもらいます。

- 改善結果の報告は、FAXや郵送、直接などの方法で届きます。（査察者であるあなたに直接届くとは限りません。）

- 改善結果の報告は、「**改善結果**」と「**改善計画**」の2種類あります。

  ① 「**改善結果**」は、すでに改善した内容

  ② 「**改善計画**」は、これから改善する予定の内容

- 「**改善計画**」で出てきた場合は、早急に改善すべき事項が、かなり後で改善する予定になっていないか、内容を確認しましょう。

❿ 追跡指導　重要

参照➡ 2－9　追跡指導ってなに？

これが一番重要！
査察は「指摘をしたら終わり」じゃない！

● **関係者から改善の意思である改善報告がない場合は、追跡指導！**

- 改善されていない＝危険な状態のままであり、消火活動でいえば、まだ「鎮火」していない。

  現場なら、「鎮火」するまで活動しますよね？　それと同じです。

- 査察結果を通知してからおおむね1か月以内に改善報告があるので、1か月後に報告の有無を予防業務管理システムや防火対象物台帳で確認し、報告がなければ、追跡の電話連絡をします。

指摘事項が改善されていない。
＝危険なまま！
火災危険を排除しよう！

2－2

立入検査って どこに行くの？

関係者から聞かれた とき、答えられるかな？

立入検査ってどういう所が対象なんですか？

根拠法令読んでみた？

はい、法第４条と法第16条の５ですよね？

じゃあ、そこに対象は書かれてないかな？

えっと、法第４条が「消防対象物」の立入検査で法第16条の５が「危険物施設」の立入検査ですよね？

キミすごいな！？

でも、「消防対象物」ってイマイチわからないんですよね。「防火対象物」ならよく聞くんですけど。

「消防対象物」は、
消火の対象となる全ての建築物・工作物・物件（家具等）を含む幅広いもので、

「防火対象物」は、
建築物か工作物を指してるよ。

詳しくは、法第２条を読んでみて★

わかりました！

そうなんですね！

で、結局、立入検査ってどこに行くんですか？

ごめんごめん、前置きが長かったね。
　答えからいうと、次の図の【指定対象物】へ立入検査に行ってるよ。

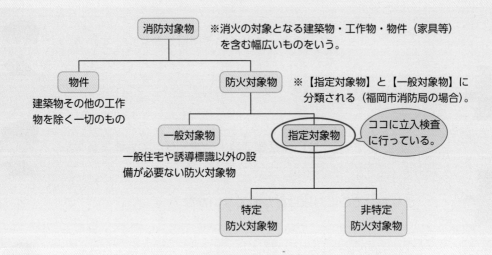

消防対象物　※消火の対象となる建築物・工作物・物件（家具等）を含む幅広いものをいう。

物件
建築物その他の工作物を除く一切のもの

防火対象物　※【指定対象物】と【一般対象物】に分類される（福岡市消防局の場合）。

一般対象物
一般住宅や誘導標識以外の設備が必要ない防火対象物

指定対象物
ココに立入検査に行っている。

特定
防火対象物

非特定
防火対象物

なるほど！　ところで、【指定対象物】ってなんですか？

　防火対象物には、【指定対象物】と【一般対象物】があって、ざっくりいうと、

　【一般対象物】は「消防用設備等の設置義務がない防火対象物」で、
　【指定対象物】は「消火器とか消防用設備等が必要な防火対象物」（福岡市消防局の場合）。

わかりました！

　なるほど！　消防用設備等が必要な防火対象物に立入検査に行くんですね。

●査察は何のために実施しているのでしょうか？

　消防機関が建物の実態を把握することにより、関係者に対して、適切な火災予防の指導を実施し、万一の出火に際しても被害を最小限にとどめるためです。

●査察を実施するための根拠法令は？

　相手方に立会いの電話をすると、「何の根拠があってやってるの？」と質問されることがあります。
　その際は上記の内容を説明して、理解してもらいましょう。
　中には「法令の何条ですか？」と厳しく追及される方もいるため、根拠法令を読んでみてください。

防火対象物は法第4条

危険物施設は法第16条の5

●査察員の種類（例）（福岡市消防局の場合）

種類	職員
指定査察員	本部の予防課・査察課・指導課職員 各署の予防課長・予防課職員
特定査察員	署長が指名する警備課の職員
一般査察員	特定査察員以外の警備課職員

●対象物の区分（例）（福岡市消防局の場合）

種類	対象物
指定対象物A	共同住宅以外の防火対象物
指定対象物B	共同住宅（消防署長が必要と認めるものを除く。）
一般対象物	指定対象物以外のもの
危険物製造所等	指定数量以上の危険物を貯蔵、取り扱う施設

どのくらいのペースで
査察に行くのかな？

〈福岡市消防局の場合〉

先輩、立入検査で事前に電話したとき、関係者から
「何でウチばかりに立入検査に来るんだ？」って言わ
れたんですけど何て答えればいいですか？

立入検査に行く対象物は、市内に約6万棟くらい対象
物があって、消防法令上の不備があり火災時の人命危険
が高いものから優先して行ってるんだよ。

消防職員は、約1,100人ですよね？

そう、全部の対象物に立入検査に行くのは難しいよね？

はい。でも火災予防は、とても重要ですよね。

そう、だから福岡市消防局では、人命危険が高いもの
を点数化するため **「防火対象物査察区分表」** と **「火災危
険ポイント関連表」** っていうのを作成してるんだよ。

例えば、火災時の危険性が高い「病院」「有床診療所」
は、区分が「Ⅰ」なので基礎点が50点、さらに特別加点
で100点も加点されるから点数は必然的に高くなり毎年立
入検査に行くね。逆にいつも従業員さんしかいなくて、
不特定多数の人が利用しないような事務所ビルで消防法
令違反もないとかだと、ぐっと点数は低くなるね。

そうなんですね！

だから、例えば回答するとしたら、こんな感じかな。
「消防法令違反がないものほど次回の立入検査に行く
間隔が長くなり、違反があれば逆に短くなります。人命
危険が高いものから優先的に立入検査を行っておりま
す。」とかかな？

わかりました！

詳しくは、次のページからの
「防火対象物査察区分表」と「火災危険ポイント関連
表」を見ろってことですね？

●基本査察関与サイクル表（例）（福岡市消防局の場合）

（年度や署ごとに違うので、自署のサイクル表を確認すること。）

（別表１－１）　防火対象物査察区分表

区分	用　途　等		条　件　等
違反		第１種違反対象物	「法令違反の是正に係る区分等の策定について（通知）」（令和３年３月９日付け消査第820号、この表において「820号通知」という。）に基づく違反対象物※１　主要消防用設備等（自動火災報知設備、屋内消火栓設備、スプリンクラー設備）の未設置及び防火対象物定期点検報告義務対象物における防火管理者未選任など
		第２種違反対象物	
		第３種違反対象物	
Ⅰ	①	(5)項イ	表示制度該当対象物（従業員が常駐するものに限る。従業員が不在であるものは、Ⅴ－②区分）（金マークは、（Ⅳ－①区分））
	②	(6)項イ	病院及び有床診療所
	③	(6)項ロ、ハ (9)項イ	全て（(6)項ハは宿泊又は入所を伴うものに限る）（防対点検特例認定は、（Ⅳ－③区分））
	④	(16)項イ	上記①、②を含むものに限る（表示金マークは、他用途の状況により緩和を判断）（上記①を含むもののうち、従業員が不在であるものは、Ⅴ－②区分）
	⑤	(16)項イ	上記③を含むものに限る（防対点検特例認定は、（Ⅳ－③区分））
	⑥	特定一階段等防火対象物（上記①～⑤を除く）	査察指摘事項がないもの又は防対点検義務がないものは（Ⅱ－②区分）特例適用対象物等（※２）又は防対点検特例認定は（Ⅳ－②区分）
	⑦	(10)項、(17)項	全て（火災予防週間等の計画による）
Ⅱ	①	(16の２)項	※防対点検特例認定は、（Ⅳ－③区分）
	②	Ⅰ－⑥区分対象物	査察指摘事項がないもの又は、防対点検義務がないもの
	③	防対点検制度該当対象物（Ⅰ－①～⑥区分及びⅡ－①区分を除く）	全て（防対点検特例認定は、（Ⅳ－③区分））
Ⅲ		(7)項、(8)項、(9)項ロ、(11)項～(15)項、(16)項ロ	耐火6,000㎡以上又は準耐火3,000㎡以上（(16)項ロは、公営住宅を含むものを除く）
Ⅳ	①	表示制度該当対象物（Ⅰ－①区分対象物）	表示マーク（金）交付対象物
	②	Ⅰ－⑥区分対象物	特例適用対象物等 防対点検特例認定対象物
	③	防対点検制度該当対象物	防対点検特例認定対象物（Ⅰ－①、②、④区分を除く）
	④	(18)項	全て
Ⅴ	①	(6)項ハ、(16)項イ	全て（(16)項イは、(6)項ハを含むものに限る）※宿泊又は入所を伴わないもの※特定一階段等防火対象物は、Ⅰ－⑥
	②	(1)項、(2)項、(3)項、(4)項、(5)項イ、(6)項イ・ニ、(16)項イ	検査義務又は防火管理の義務があるもの
Ⅵ		(7)項、(8)項、(9)項ロ、(11)項から(15)項まで、(16)項ロ	検査義務又は防火管理の義務があるもの（(16)項ロは、公営住宅を含むものを除く）
Ⅶ		(16)項	複合用途防火対象物で公営住宅を含むもの
Ⅷ		(1)項～(16)項（(5)項ロを除く）	上記以外の対象物

※１　820号通知に基づく第４種違反対象物については、各署の実情に応じて適宜査察を実施すること。

※２　特例適用対象物等とは平成15年４月８日付消指第32号により自動火災報知設備の設置が免除されているもの又は対象階（地階及び地上３階以上の階）がみなし従属により特定用途となっているものをいう。

※３　表の２つ以上の区分に重複する防火対象物については、上位区分（Ⅰ→Ⅱ→Ⅳ・Ⅴ→Ⅲ→Ⅵ・Ⅶ・Ⅷの順とする。）とすること。

※４　(6)項ロ（(6)項ロが存する(16)項を含む）については、必要となる消防用設備等が完備され、査察における指摘事項が改善されているものについては、Ⅱ区分とすることができる。ただし、Ⅳ－③に該当するものは除く。

※５　その他、防火対象物査察区分について必要な事項は、本部と署の協議により決定する。

●火災危険ポイント関連表

（別表１−２） 火災危険ポイント関連表（基礎点表・加点表・減点表）

【基礎点表】

区分	基礎点
違反	200
Ⅰ	50
Ⅱ	40
Ⅲ	20
Ⅳ	30
Ⅴ	30
Ⅵ	10
Ⅶ	10
Ⅷ	10
区分なし	0

【加点表】

加点の種類	点数		
	特定防火対象物	非特定防火対象物（区分のある(5)項ロを含む）	指定対象物Ｂ（参考）
防火管理者未選任（一部未選任）	20（10）	10（5）	10（5）
防災管理者未選任（一部未選任）	20（10）	20（10）	―
消防用設備点検未報告	10	10	10
防対点検未報告	10	―	―
防災点検未報告	10	10	―
前回査察から経過年数	3年以上　30	4年以上　30	10年以上　15
	5年以上　50	8年以上　50	20年以上　25
	8年以上　100	10年以上　100	―
建築時から査察未実施	60	60	60
前回査察で指摘事項あり	5	5	5
中廊下式の(5)項ロ※１（その他造に限る）	―	80	80
特定一階段・小規模雑居ビル※２	5	―	―
特別加点	(10)項、(17)項、病院・有床診療所、風俗営業法に係る(9)項イ　100		

※１　「その他造の(5)項ロであり、共用廊下が建物内部にあり外部に無いことが確認できるものとする。」

※２　「地階又は３階以上の階に(2)項又は(3)項の用途に供する部分が存し、かつ、当該階から直接避難階に通じる階段が１のものをいう。」

【減点表】

減点の条件等	点数		
	特定防火対象物	非特定防火対象物	指定対象物Ｂ（参考）
延べ面積300㎡未満（違反・特一・雑居・(6)項ロ・ハを除く）	−40	−40	−40
延べ面積150㎡未満（違反・特一・雑居・(6)項ロ・ハを除く）	−70	−70	−70
新築減点（建築年月日から３年未満の非特定防火対象物）	―	−60	−60
防対点検特例認定対象物	−20	―	―
防災管理点検特例認定対象物	−20	−20	―
スプリンクラー設備建物全体完備	−50	―	―
「加点事項なし（特別加点を除く）」	−30	−30	−30

2－4

事前連絡の仕方は？

アポイントメントは
これで完璧)^o^(

1　はじめに　～なぜ事前に電話連絡をするのか～ Why？

　皆さんが査察をする中で、まずは建物の関係者に電話し、立入検査に立ち会ってもらえるように日程調整をすることがほとんどです。

　ただし、関係者も必ずしも喜んで立入検査を受け入れてくれるわけではありません。まずはなぜ自分が立入検査を行い、なぜ事前に電話しているのかを説明できるようになりましょう。

　電話連絡は社会人としての「**第一歩**」。自信を持って電話対応できる力を身に付けましょう！

ポイント①	立入検査について、相手方の立会いや事前連絡については正式な決まり事ではなく、法令や市の規則でも明記されていない。
ポイント②	主に査察の担当課などが、わざと事前連絡をせずに立入検査に行くこともある。
ポイント③	査察の目的は違反を見つけることではなく、建物を安全にすることである。
ポイント④	上記の目的のためには、関係者に立ち会ってもらい、実際に説明をしながら立入検査を行うのが効果的である。

2　電話連絡のタイミングは？　～いつ頃電話すればいいのか～ When？

　まず、電話する前にある程度「この日に行きたいな～」という目安と候補を作って電話しましょう。

　行きたい日程の候補をある程度作っておかないと、こちらには当務と非番の都合がありますので、なかなか日程調整ができなくなります。

　そして実際に電話をかけるタイミングですが、目安としてだいたい立入検査実施希望日の2～3週間前に電話するようにしましょう。「極端に早すぎず遅すぎず」というタイミングです。

　また、自分の都合だけでなく、相手方の都合も考えなくてはいけません。**「今この人は電話しても大丈夫かな？」**という感覚を忘れないようにしましょう。

ポイント①	相手方の休みの日などはわかる範囲で調べておく。
ポイント②	月末など、忙しいと思われる時期は避ける。
ポイント③	職種上忙しい時間（飲食店のランチタイムなど）は、立入検査自体はもちろん電話も避ける。

電話連絡の相手方ですが、基本的には予防業務管理システムで台帳を見て「**査察時連絡先**」に電話しましょう。

　ただし、個人名などが書いてある場合、人事異動で変わっている場合もありますので、それも想定しておきましょう。

ポイント①	アパートの所有者など、非常に遠方に住んでいたり高齢の方などもいるので、他に管理会社などが連絡先になっていないか確認する。
ポイント②	関係者情報には会社の社長の名前などが書いてあるが、本当にその人に電話するのか、他に担当者の情報がないか確認しよう。
ポイント③	携帯電話の番号が記載されているからといって安易にかけない。個人情報だからと立腹されることもある。

4　電話の最初　〜まずは自分から名乗る〜

　　○○消防署△△出張所のファイ太と申します！！

　こちらからの要件で電話しているのですから、まずはきちんと自分から名乗りましょう。
　携帯電話にかけて「○○さんで間違いないですか？」など、こちらから名乗る前に本人確認をするのは、不愉快に思う人もいるので避けた方がいいです。

※人の名前は割と聞き取りづらいもの。自分が思っているよりも更にゆっくりと話すようにする！

5　電話をかけたら　〜電話した目的を伝え、担当者につないでもらう〜

　　○○消防署で定期的に行っている、火災予防のための立入検査の件でご連絡を差し上げております。
　　店長さんをお願いしてよろしいでしょうか？

　　目的を伝えるのは担当者につないでもらってからでも問題ないのですが、先方から用件を聞かれることもよくありますので、説明する準備はしておきましょう。

立入検査の説明をする上でのポイント	
ポイント①	立入検査は定期的なものであり、消防用設備等の設置がある建物のほぼ全てが立入検査の対象になっている。悪いことをしたとか問題があるとか、そういうわけではない。
ポイント②	法律に基づいたものである。 ※法令を丸暗記する必要はないが、法第４条はきちんと把握しておこう！
ポイント③	※「立入検査」であり、「点検」「調査」ではない。 火災の原因調査であったり、設備会社が行う点検と混同されることもあるので、きちんと伝えよう。

6　取り次いでもらったら　〜再度名乗り、目的を伝える〜

　　私○○消防署△△出張所のファイ太と申します。
　　○○消防署で定期的に行っている、建物の立入検査の件でご連絡しております。
　　○○ビルの立入検査に当たり立会いをいただきたいので日程の調整をしたいのですが…

　　電話の相手方が代わったら、もう一度最初から説明しましょう。
　　ここで日程調整のための電話であると伝えます。

7　日程の提示　〜こちらの立入検査実施の希望日を伝える〜

　9月のうち、10日、12日、14日の午前中でお伺いしたいのですが、ご都合よろしい日はございませんか？

　非番査察の場合は特に日程が限られるので、基本的にこちらからいくつか候補を提示しましょう。相手方任せにすると、こちらの勤務体系もわからないので、当務の日を言われたり、夕方からの時間を指定されたりします。

8　日程が決まったら　〜相手方に準備してほしいものを伝える〜

　当日用意しておいていただきたいものがあるのですが、よろしいでしょうか。
　①倉庫・機械室・ポンプ室・屋上などの鍵
　②消防用設備等の点検結果報告書の最新のもの
　（消防署に届け出ているものとは別に）
をお願いいたします。

　①については、当日入れない部分があることが予想されますので、必ずお願いしましょう。
　②は「できれば」ですが、「最新の報告書＝最終点検」とは限りませんので、最終点検結果を確認するためにも努めて持ってきてもらいましょう。

9　確認①　〜テナントへの周知〜

　当日は基本的に全てのテナントに立ち入りたいと思っておりますが、立入検査の件のご周知はそちらにお願いして大丈夫ですか？

　テナントビルで非常に多いのが、当日になって「聞いてない。入られたら困る」です。
　できれば先方に周知をお願いして、ダメなら自分で個別に連絡することになります。

10 確認② 〜駐車場所について〜

当日は車でお伺いしたいと思っておりますが、駐車するスペースはございますか？

　車で行く場合は駐車可能かどうか聞いておきましょう。
　特に当務査察の場合、消防車で向かうので、注意が必要です。

11 確認③ 〜災害出動の可能性〜

　私普段は消防隊の業務に従事しておりまして、当日も朝９時まで消防隊として勤務しております。
　もし災害等があった場合、お約束の時間にお伺いできない場合がございます…

　災害出動でいけなくなる可能性については、必ず伝えておきましょう。

12 確認④ 〜自分の連絡先を伝える〜

　ご予定が悪くなったり、ご不明な点がある場合にご連絡をいただければと思いますので、私の連絡先をお伝えしておきます。

　社会人として、折り返しのための連絡先を伝えておくのは当然です。

それでは確認させていただきます。

10月12日の11時、○○ビルの２階事務所に、私ファイ太がお伺いします。

当日は○○様をお訪ねすればよろしいですか？

それでは当日よろしくお願いいたします。

相手方との行き違いがあってはいけないので、念には念を入れて最後に復唱しましょう。

●よくある質問と応答例

Q１：何をしに来るの？　何を確認するの？
Ａ１：火災予防のための立入検査といって、消防法に基づくものです。消防用設備等の設置維持状況、火気使用設備（台所、ボイラーなどの火元）の維持管理状況、避難施設（廊下、階段）の状況、防火設備の維持管理状況、危険物の維持管理状況、防火管理状況など、火災予防に関することを全般的に確認します。 また、建物の所有者や防火管理者など、建物の管理に関係する方々に変更がないかなどを調査します。 火災を出さないため、そして火災時に被害を軽減するため、様々な指導をさせていただきます。

Q２：時間はどのくらいかかる？
Ａ２：スムーズにいけばおおむね１時間程度を予定しておりますが、前後する可能性があります。 　　（あまりはっきり言うと、相手方が次の予定を作ったりするので、明言はしないようにする。）

Q３：立会いは絶対ですか？　忙しいので勝手に見てもらいたいんですが…
Ａ３：我々だけでは立ち入れない部分もありますし、立入検査の中で指摘事項がある場合など、その場で指導させていただくことでより効果的な立入検査になります。他の建物の関係者の方にもご多忙の中、基本的にお立会いをいただいています。お忙しいとは思いますがよろしくお願いいたします。

Q４：どの建物も行っているのか？
Ａ４：管内の建物で防火管理者の選任状況や、各種点検の報告状況、また、立入検査の指摘事項などにより全ての建物に点数を付け点数の高いものから立入検査を行っています。消火器１本でも法令義務によって設置されていれば、基本的に立入検査の対象になります（ただし、アパートやマンションは定期サイクルに入っていません。）。

Q５：ウチには消火器１本ぐらいしかないけど…
Ａ５：確認するのは消防用設備等だけではありません。 火災予防に関する様々なことを確認します。

Q６：前見に来た時と何も変わってないけど？
Ａ６：建物を使用されている方は、もちろん適正に維持管理する意識を持たれていると思いますが、知らず知らずのうちに法令基準に適合していない場合や、消防法令の方が変わっている場合などもあります。 そういったことも含め、我々専門の消防職員の目で確認させていただいています。

Q７：別の時間じゃダメですか？
Ａ７：できるだけ午前中に実施できるようにご協力をいただいていますが、どうしても午前中が無理な場合、午後の早目の時間などで対応させていただいています。 　　（非番で行う立入検査の場合、あまり相手方の要求に合わせすぎると翌日の勤務の支障となったりします。無理強いしない程度で時間を合わせてもらうようにしましょう。）

Q８：もう閉店しようかと思っていたんですが…
Ａ８：日時や今後の建物自体の使用予定などはございますか？ 　　建物自体が残るのであれば、火災危険がなくなるものではないので確認させていただくのと、建物の使用を停止する場合に消防署に提出していただく書類があるので、説明をさせていただきたいのですが…

2－5
立入検査の事前準備とは？
（査察事前学習シート）

事前準備は立入検査に行く前の大事なルーティーン！

〈福岡市消防局の場合〉

●まず、立入検査の連絡をする前に、建物のおおまかな情報を把握する必要がある

まずは、立入検査に入る建物の台帳番号を確認しよう。

次に、その台帳番号を予防業務管理システムに入力し、以下の情報を確認するよ。

※あらかじめ、防火対象物台帳も用意しよう！

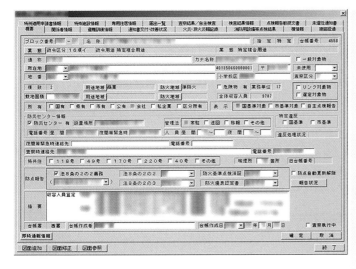

①対象物の名称

②所在地
　※地図等で場所を確認する

③階数・延べ面積
　※査察の所要時間を推測

④用途

⑤関係者の情報
　※立入検査の連絡先を確認

⑥過去の指摘事項
　※重大不備があれば電話連絡時に改善状況の確認を

⚠　防火対象物台帳には、『指定対象物査察チェック票』（通称チェック票）が綴じられていますが、情報が変更されている場合があるので、新たに予防システムから印刷をしましょう。

●立入検査の日程が決まったら

建物の情報を詳細に確認し、当日確認するべき項目をリストアップしよう。

初めは、どのような着眼点で情報を整理したらよいのかわからないと思いますので、慣れないうちは査察事前学習シートを活用し、建物の情報を整理してみましょう。

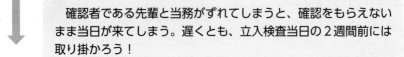

査察事前学習シートの使い方
フローチャート

① 防火対象物台帳をもらう。

> 確認者である先輩と当務がずれてしまうと、確認をもらえないまま当日が来てしまう。遅くとも、立入検査当日の２週間前には取り掛かろう！

② 台帳情報を基に「査察事前学習シート」を作成する。

> 査察事前学習シートを単に埋めるだけじゃなく、消防法の勉強に活用しよう。

③ 確認者（特定査察員など）に査察事前学習シートを確認してもらう。

> 最初はちょっと難しいけど、キチンと理解して、立入検査当日に備えよう。

④ 確認者からＯＫをもらえたら

> 立入検査当日は、指摘票やパンフレット、名刺、立入検査証などを忘れずに！

査察日当日

査察事前学習シート

				確認者	記入者

台帳名称	焼肉ひろせ	令別表	(3)項ロ	台帳№.	2929
住所	中央区舞鶴３－９－７		経路確認	（できた）まだ	
査察予定日	２月９日　火曜日10時30分	連絡日 立会者or電話対応者	連絡日：１月30日 立会者（電話対応者）：福岡さん（店長）		

対象物全体

確認欄	記入欄
敷地内に何棟あるか	指定対象物【１】棟、一般対象物【０】棟
摘要欄は全て読んだか	（はい）いいえ
摘要欄は全て理解できたか	（はい）いいえ　※わからないところを下に記載（箇条書きで可） 「令和元年に接続切り離し」と書いてある部分。
前回査察での指摘事項は確認したか	（はい）いいえ
特殊施設は何があるか。全て記載	変電設備・ＬＰＧ
防火・準防火地域は？	【防火・準防火・（建基法22条）地域・指定なし】

防火管理関係

	確認欄	記入欄	参考※
	防火管理の義務はあるか	（あり）なし【根拠：(3)項ロで　収容人員60人】	
防火管理者	選任義務の数は	（単一）複数 ※複数の場合は下記の確認項目が全て複数になる	3-8
	防火管理者は誰か	福岡　太郎（店長）	
	選任者は誰か（※管理権原者）	広瀬　賢二（所有者）	
	選任年月日	平成・（令和）元年５月３日	
	防火管理講習最終受講日	平成・（令和）元年４月７日	
	再講習はいつまでに必要か ※不要の場合、不要な理由を記載	令和　年　月　日までに受講が必要 不要な理由【　　　　　　　非該当　　　　　　　　】	
消防計画	消防計画届出の有無	（あり）なし ※防火管理者が変更の場合は要作成	
	届出年月日	（平成）令和30年９月１日 ※防火管理者の選任以前であれば要指導	
訓練	事前通知が必要であるか	（要）不要【根拠：(3)項ロのため】	3-10
	「要」の場合、最後の通知はいつか	（平成）令和29年12月５日	
	システム上で、この１年の訓練通知状況	消火【　】回、避難【　】回、通報【　】回、総合【　】回	
防対点検	防火対象物定期点検報告の義務	義務あり【特定300人・特定一階段】（義務なし）	3-13
	「義務あり」の場合、特例認定を受けているか	はい・いいえ	
	特例認定がない場合、最後の報告はいつか	平成・令和　　年　　月　　日	

（防火管理の義務がある場合）

想定される指摘事項を全て記載すること（箇条書き）　※　裏面確認後、最後に

・消防計画の作成
・訓練の実施
・防炎物品の使用
・消防用設備等の点検不備改修

※本書中の参照項目を示します。

棟の情報

確認欄	記入欄	参考※
棟の名称は	焼肉ひろせ	
棟全体の用途判定は	用途【　　飲食店　　】(3)項ロ　(特定・非特定)	3－1
棟全体の延べ面積は	延べ面積【　300　】㎡	3－6
棟の構造・階数は	構造：【耐火・準耐火・(その他)・ラスモル】階数【地下　0　階／地上　3　階】	3－6
棟に入っている用途は （わかる範囲で記載） （令9条のために必要）	用途【　飲食店　】【　(3)項ロ　】(特定・非特定)　　面積【　300　】㎡ 用途【　　　　】【　項　】(特定・非特定)　　面積【　　　】㎡ 用途【　　　　】【　項　】(特定・非特定)　　面積【　　　】㎡ 用途【　　　　】【　項　】(特定・非特定)　　面積【　　　】㎡ 用途【　　　　】【　項　】(特定・非特定)　　面積【　　　】㎡	3－1
みなし従属部分は	あり・(なし) 用途【　　　　】【　項　】(特定・非特定)　　面積【　　　】㎡	3－1
みなし適用外用途は	あり・(なし) 【(2)項二・(5)項イ・(6)項イ(1)～(3)・(6)項ロ・(6)項ハ（入居・宿泊あり）】	3－1
特定共同住宅等	特例共同住宅等【118号・49号・170号・220号】　特定共同住宅等【40号】	3－16
棟の収容人員 収容人員の算定方法	合計【　66　】人　(3)項ロ60人 (3)項ロ　従業員数＋【　固定椅子の数、座敷の面積÷3　　　】	3－3
階段の数は	屋内【　】屋外【1】屋内避難【　】屋外避難【　】特別避難【　】	3－6
最高軒高は	【　】m　※最高軒高が31mを超えている場合は、高層建築物で各種規制あり	3－6
特定一階段の該当は	あり・(なし)※ありの場合、各種規制が厳しくなるので要注意	3－7
防炎物品の使用義務は	(あり)【特定・高層・地下街・(12)項ロ】・なし	3－11
防炎物品の使用状況は	【(全部防炎)・一部防炎・全部非防炎　】 ※「一部防炎・全部非防炎」の場合は指摘の可能性あり	3－11
令8条区画の有無は	あり・(なし)※ありの場合、設備規制が区画ごとになるので要注意	3－2

階別情報	階数	1　階	2　階	階	階	階	階	階	3－6
	用途	(3)項ロ	(3)項ロ	項	項	項	項	項	3－1
	面積	150㎡	150㎡	㎡	㎡	㎡	㎡	㎡	3－6
	収容人員	30人	30人	人	人	人	人	人	3－3
	普通階 無窓階	(普通階) 無窓階	普通階 (無窓階)	普通階 無窓階	普通階 無窓階	普通階 無窓階	普通階 無窓階	普通階 無窓階	3－4
	内装制限	有・無	有・(無)	有・無	有・無	有・無	有・無	有・無	3－5

消防用設備等　設置について　　　設備点検

設備	根拠(第○条○号○号)	代替設備	状況	最終点検報告	不備	参考※
消火器	令第10条第1項第1号ロ		(完備)・不備・未設置・代替・令32条	平・(令)3年3月30日	有・(無)	
屋内消火栓設備	令第11条第1項第2号		(完備)・不備・未設置・代替・令32条	平・(令)3年3月30日	有・(無)	
自動火災報知設備	令第21条第1項第3号イ、第10号（2階のみ）		(完備)・不備・未設置・代替・令32条	平・(令)3年3月30日	有・(無)	
非常警報設備	令第24条第2項第2号	自動火災報知設備	完備・不備・未設置・(代替)・令32条	平・令　年　月　日	有・無	3－2 3－12
誘導灯	令第26条第1項第1号、第2号		(完備)・不備・未設置・代替・令32条	平・(令)3年3月30日	(有)・無	
			完備・不備・未設置・代替・令32条	平・令　年　月　日	有・無	
			完備・不備・未設置・代替・令32条	平・令　年　月　日	有・無	
			完備・不備・未設置・代替・令32条	平・令　年　月　日	有・無	
耐圧性能点検が必要な設備の有無			消火器・連結送水管・屋内消火栓設備・屋外消火栓設備・容器弁 ※上記の設備の耐圧性能点検について、先輩に聞くこと			3－12

●そのほかに、準備することは？

●図面を確認する（防火対象物台帳）。

平面図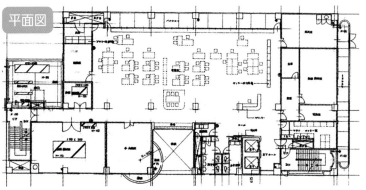

どういう間取りかなぁ。

消防用設備等はどこにあるかなぁ。

避難経路はどうなってるのかなぁ。

※　建築物の平面図を事前に確認しておけば、立入検査時に増築部分がわかります。

　あらかじめ図面を確認することで、立入検査当日のイメージが湧き、スムーズに立入検査を行うことができる。
　また、違法増築などの見落としも防ぐことができるよ。

●過去の指摘事項を確認する。

過去にどんな指摘をしてるかなぁ。

●予防業務システムの「査察結果」タブから過去の指摘事項を確認しましょう。
●同様の違反を繰り返す対象物もあるため、イメージが湧きやすいです。

●現地までの地図を確認する。

どういう経路で行こうかなぁ。

車・自転車はとめられるかなぁ。

　場所を正確に確認することで、「約束時間の厳守」と「安全運行」につながるよ。

●相手方に渡すパンフレットや届出書類の準備をする。

消防用設備等の
点検・報告は
あなたの義務です!!

立入検査当日はどんな順番で行うの？

立入検査当日の流れをイメージしてみよう！

●出発前にもう一度、所持品を確認しよう

＜名刺＞

＜筆記用具＞

＜防火対象物台帳＞

＜立入検査証＞

＜指導記録簿＞

＜各種パンフレット＞

⚠ 前日までに準備しといてね！

（その他の準備品）
・指摘票、通知票、改善報告書
・印鑑、スケール、ライト、地図
・個人の携帯電話
（署から連絡する可能性あり）

●何から始めればいいの？

①まずは挨拶（名刺交換）

こちらの所属と氏名を名乗ります。
「○○消防署の○○と申します。本日はよろしくお願いします。」
次に名刺交換をします。

（気を付けたいこと）
挨拶による第一印象は立入検査を左右します。信頼されるような身だしなみや言動を心掛けましょう。

＜名刺交換のマナー＞
①名刺は切らさないように準備しておく。
②すぐに差し出せるように準備しておく。
③訪問者から先に差し出す。
④上司から順に交換する。
⑤渡しながら、所属と氏名を名乗る。
⑥両手で受け取り、相手方の名前を確認する。
　「頂戴いたします。○○様ですね。」
⑦いただいた名刺はテーブルに並べる。

　マナー違反！！
　・テーブル越しの名刺交換
　・片手で名刺を受け取る　　など

②次に、情報の確認を行います。

以下の情報を順番に確認します。
　①建物情報（建物名称や所在地など）
　②関係者の情報（所有者・管理者・テナント情報など）
　③点検不備事項の改修状況
　④訓練の実施状況など
　⑤前回の立入検査から増築・改築等の有無

⚠　変更点は赤ペンなどで確実にメモを取りましょう。

③いよいよ、建物の状況を実際に確認します。

●書類確認が終了したら、目視による検査に入ります。
●最上階から1フロアずつ降りていきながら、以下の項目を確認します。
●具体的には「2－7　情報の聴き取り方と着眼点は？」や「❹　立入検査でよく見る消防用設備等」を参照してください。

●消防用設備等の配置や状況

●避難経路の状況

●各部屋の内部の状況（個人の住居を除く。）

- ●火気使用箇所の確認（厨房・喫煙所など）
- ●少量危険物・変電設備などの特殊施設の確認

●指導記録簿（例）

指導記録簿
　検査の結果を指導記録簿に記録し、防火対象物台帳、改修（計画）報告書等と一体として管理します。
①立入検査年月日（違反を発見した日）
②違反の内容
③改修までに実施した指導及び関係者の対応等
④改修予定スケジュール並びに経過確認等の日時及びその状況
⑤その他必要な事項

Q　建物は隅々まで全て確認するの？

A　小規模な建物であれば、極力全て確認しましょう。不在の場合等は省略してもかまいませんが、前回の指摘箇所や点検不備事項の部分には立ち入るように努力してください。大規模な対象物の場合は、全てを確認せず重点的に優先度をつけた立入検査を行った方が、相手方の負担を減らすことができます。

④査察結果の通知及び交付要領

立入検査結果通知書の様式例

年　月　日

立　入　検　査　結　果　通　知　書

　　　　　　　　　殿
所在地
名　称

　　　　　　　　　○○市○○消防署
　　　　　　　　　予防課査察係
　　　　　　　　　職　氏名

　　　年　月　日あなたの（所有・管理・占有）している上記の消防対象物について、（消防法
第４条・第16条の５）の規定により立入検査を行った結果、下記に掲げる法令違反等火災予防上支
障があると認められる事項がありましたので、速やかに改善するよう通知します。

不　備　事　項

連絡先	立会者
○○市○○消防署予防課査察係 電話　○○○○—○○○○	

　名宛人とは違反改修の履行義務者のことをいうよ。
　名宛人を誤ると速やかに違反処理に移行できなくなるよ！

① 査察結果の通知要領
　立入検査の結果、判明した消防法令違反及びその他の事項について、原則として文書（通知書）により通知します。
(1) 通知要領
　ア　違反改修の履行義務者（複数のときはそれぞれの義務者宛個別に）宛通知します。
　イ　平成14年の法改正の内容（命令時の標識の掲出、罰則の引き上げ等）を説明し、法令違反の自主的改善を促します。
　ウ　速やかに改善できる不備事項は、その場で是正させるとともに、必要に応じて通知します。
　エ　指摘事項が十分確認できない場合は、必要な検討を行い通知します。
(2) 通知書作成上の注意事項
　ア　違反事実の発生箇所を明確にします。
　イ　違反事実の根拠法令を明確にします。
　ウ　通知書の発信者名は、立入検査を実施した消防職員とします。
　エ　重大な消防法令違反の場合、名宛人の特定を慎重に行い、必要に応じ、住民票等により確認します。
② 通知書の交付要領
　通知書を検査終了後にその場で交付する場合は、名宛人又は名宛人と相当の関係のある者に直接交付します。
　期日を改めて交付する場合は、再度出向するか、名宛人又は名宛人と相当の関係のある者に出頭を求めて直接交付します。又は、普通郵便により名宛人へ送付します。
　名宛人と相当の関係のある者とは、名宛人の従業者若しくは配偶者又は防火管理者等が当たります。
(1) 交付要領
　ア　違反内容やその改修の必要性等について、十分な説明を行います。
　イ　改修意思等を確認するとともに、必要に応じて具体的な改修方法を示します。
　ウ　直接交付する場合は署名を求めますが、相手方が拒否した場合は強制できません（その旨を控え等に記録しておきます。）。
　エ　名宛人と相当の関係のある者に交付する場合は、通知書の内容等の説明を行い、関係者に伝えるよう依頼します。
(2) 期日を改めて交付する場合
　ア　期日を改めて交付する場合とは、次のような場合が考えられます。
　　㋐　名宛人が遠隔地に居住しており、名宛人と相当の関係のある者が不在のとき。
　　㋑　名宛人及び名宛人と相当の関係のある者に通知書の受領を拒否されたとき。
　　㋒　指摘事項の確認のため検査直後に交付しなかったとき。
　イ　郵送により交付する場合、関係者に電話で説明するよう努めます。
　ウ　違反処理基準に該当する違反事実を通知する場合で、相手方が受領を拒否している場合又は遠隔地に居住して署名が求められない場合は、書留郵便（違反事実の内容により配達証明等）により、送付します。

2－7

情報の聴き取り方と着眼点は？

どんな情報を聴き取り
どんなところを見たら
いいのかな？

　立入検査当日の流れを大まかに説明すると、

①挨拶、自己紹介

②口頭での情報確認

③現地確認

④まとめ

　という感じになりますが、ここでは②と③について説明します。

　情報確認は防火対象物台帳に沿って質問形式で行いますが、関係者が回答できる内容と、「そんなん聴かれても知らん！」という内容があります。

　何が相手に聴いていい内容で、そしてどのように聴けばいいのか確認していきましょう。

❶ 立入検査ではどんな情報を聴き取るの？

立入検査時に確認する主な情報だから、漏れがないよう確認してね！！
立入検査時の着眼点は次のページにあるよ。

●立入検査時に確認する情報（事前に確認できる事項）

	【確認事項】	【確認方法の例】
建物情報の確認	建物名称は？ 所在地は？	建物名称は「○○」、所在地は「○○丁目○番○号」でお変わりないですか？
	立入検査時の連絡先は？	立入検査の際はご担当の○○様に連絡するようにしておりますが、次回以降のご連絡も○○様でよろしいでしょうか？
	関係者情報に変更は？ 防火管理者の変更は？ （所有、管理、占有の確認）	建物の所有ですが、株式（有限）会社○○の所有で、代表者は○○様で間違いないでしょうか？ 法人所在地、電話番号ともにお変わりありませんか？ ●●様が防火管理者として届けられていますが、防火管理者や消防計画の内容に変更はございませんか？ ※管理者、占有者の情報も同様に確認しましょう。 ※防火管理の再講習についても確認しましょう。
	文書送付時の 宛先と送付先は？	査察結果を郵送でお送りする場合、文書の正式な宛名は代表者の○○様、送付先はご担当の▲▲様でよろしいですか？ ※送付先はしっかり確認しないとトラブルの原因になります。また、文書の宛名は「不備事項を是正すべき人」にしなくてはならないので、所有者や運営法人等の代表者など、それ相応の立場の人にしましょう。
	増改築、模様替え レイアウト変更をしているか？	建物の増改築や模様替え、レイアウト変更などはありませんか？ ※建物構造について詳しい数字などを聴きすぎないようにしましょう（相手方は建物の専門家ではない点に留意する。）。
	収容人員の確認	一日のうちで最大の従業員は何人ですか？　また、事務所や売り場の面積に変更はありませんか？ ※収容人員の算定に関係する関係者に質問しましょう。
	前回立入検査時の指摘事項の 改善状況はどうか？	前回の立入検査時の指摘項目 ・●●● ・●●● の改善状況はいかがですか？ ※前回立入検査での不備事項は可能な限り口頭で確認しますが、何が改善済みで何が未改善かは事前によく調べておきましょう。

❷ 立入検査は具体的にどんなところを見るの？

立入検査時に見るべきポイントを挙げていくから確認してね！！
消防用設備等の着眼点は「❹　立入検査でよく見る消防用設備等」に載せてるよ。

●査察時の着眼点と指摘事例（事前に確認できる事項）

	【着眼点】	【指摘事項の伝え方の例】
消防用設備等点検	点検しているか？報告しているか？	消防用設備等は、火災発生時のために維持管理が必要です。半年ごとに点検を行い、その結果を消防署へ報告してください。 （報告期間は特定防火対象物１年に１回※、非特定用途と⒅項３年に１回） ※新型インフルエンザ等その他の消防庁長官が定める事由により、規定されている期間ごとに点検を行い、又はその結果を報告することが困難であるときは、消防庁長官が当該事由を勘案して定める期間ごとに当該点検を行い、又はその結果を報告します。
	耐圧性能に関する点検は？	火災時に有効に使用するために耐圧性能点検を実施してください。 （10年）消火器 （10年経過後と以降３年ごと）連結送水管の配管・消防用ホース
	不備事項は？	点検報告書の〇〇設備について不備事項がありますので、改善し報告してください（改修報告書の提出をお願いする。）。
防火管理 / 防火管理者	選任しているか？届け出ているか？	収容人員が〇〇人以上で防火管理が義務となります。有資格者の中から防火管理者を選任し、防火管理業務を実施させなければなりません。また、防火管理者の選任の届出を行ってください。 ※管理権原者が単一になるのか複数となるのか、また、複数の場合に統括防火管理者が必要かに留意する。 　（⑹項ロ＝10人、特定用途（⑹項ロを除く。）＝30人、非特定用途＝50人）
防火管理 / 消防計画	作成しているか？届け出ているか？	火災時の対応や火災予防のために消防計画を作成してください。また、消防計画を作成した場合は消防署へ届出を行ってください。 ※防火管理者が変わった場合は、消防計画も変更する。
防火管理 / 再講習	５年以内に受講しているか？	防火管理者は火災予防のために、最新の消防法令の改正や最新の知識や技術を身に付ける必要があります。 再講習が義務となる防火管理者は５年に１度受講してください。
防火管理 / 訓練	実施しているか？	火災はいつ発生するかわかりません。過去の大火災でも消防訓練を実施していないことにより、初動体制が取れず、多数の犠牲者を出す火災が発生しております。 消防計画に基づく実効的な訓練の実施をお願いします。 ※特定用途は年に２回以上、非特定用途は消防計画に定める時期。 　特定用途の場合は、実施前に事前通報するように指導する。

●立入検査時の着眼点と指摘事例（当日確認する事項）

	【着眼点】	【指摘事項の伝え方の例】
避難経路	階段、避難口に避難の支障となる物件がないか？	階段や避難口にロッカーや段ボール等が放置されると、放火の対象となったり、火災時に被害が甚大になるおそれがあります。避難や消火活動のために適正に管理（撤去）してください。
	防火戸の閉鎖障害がないか？	火災時に防火シャッターや防火戸が有効に作動しないおそれがあるので、作動の障害となる物品等は撤去してください。
防炎	カーテン・じゅうたん等は防炎対象物品を使用しているか？	高層建築物や防炎防火対象物などでは、布製品は燃えにくい防炎性能を有するものを使わなければなりません。防炎対象物品に取り替えるか、撤去又は防炎加工をお願いします。
厨房	厨房の換気扇付近（レンジフード）は汚れていないか？	油が換気扇に付着していて、火災の発生源となるおそれがあるので、定期的に清掃してください。 ※その他、可燃物との隔離距離等
喫煙	喫煙所は屋外や専用室などを指定しているか？	喫煙所の灰皿は不燃のものとし、水を張ってください。また、近くのわかりやすいところに消火器を用意してください。
用途	用途が変わっていないか？	用途変更した場合は市や県の建築部局への申請が必要になる場合があります。また、新たな消防用設備等の設置が必要となる場合があるので、調べて後日連絡します。
改装	窓が塞がれていないか？	窓が塞がれているので、自動火災報知設備や屋内消火栓設備の設置が義務となる場合があります。調べて後日連絡します。
	倉庫などに新たな階を作っていないか？	固定された階段があると、階としての規制を受けることがあるため、消防用設備等の増設が必要となる可能性があります。調べて後日連絡します。
増築	増床していないか？ （よくあるケース） 屋上に小屋を建てていたり、店先に木造でスペースを拡大していた。	建築基準法令と消防法令に抵触するおそれがあるので、持ち帰って後日連絡します。
	他の建物と接続されていないか？ （よくあるケース） 敷地内の建物と屋根で接続されていた。	建物が接続されているため、新たな消防用設備等が必要となる場合があります。持ち帰って後日連絡します。
危険物	危険物の貯蔵や取扱いがないか？	ガソリンや灯油等の危険物は、消防法や各自治体の火災予防条例によりその貯蔵や取扱いについて規制を受けます。貯蔵し又は取り扱う量によっては上記の法令等に抵触するおそれがあるので、量や品名等を確認し、持ち帰って後日連絡します。

2-8

建築基準法の違反があったときは？

違反を見つけたら報告しよう！

●建築基準法令違反

　立入検査において、建築物の増改築や用途変更、その他建築基準法令の防火に関する規定違反を発見した場合は、消防対象物の関係者にその旨を指摘、指導するとともに、併せて建築基準法令を所管する市又は県の建築部局に通知することで、当該行政庁の権限と責任において是正指導等が行われます。

　なお、建築基準法令の違反事項の内容が、火災予防上又は人命安全上の重大なものについては、同時に立入検査を実施するなど当該建築部局と連携を図りながら、その是正に努める必要があります。

これは、建築基準法に違反しています。
住宅都市局※の指導を受けてください。
　この件につきましては、後日「立入検査結果通知書」に記載しておきます。

※福岡市の建築部局は住宅都市局

関係者に建築部局の指導を受けるよう伝える。

建築基準法令違反発見

- 指導記録簿の作成
- 「立入検査結果通知書」を関係者へ交付

通知書を交付

人命危険が大きいから建築部局にも通知しておこう！！

日程調整が可能なら、合同での立入検査が効果的です。

建築部局へ通知

●立入検査時の建築基準法令違反（例）

① 防火戸（防火設備）編

防火戸には、常時閉鎖で自動閉鎖装置付きのものか、常時開放で煙感知器と連動して閉鎖するものがあります。

自動閉鎖装置
（ドアチェッカー）

常時閉鎖式

防火戸付近の
煙感知器が作動し閉鎖

随時閉鎖式

【パターン１】

自動閉鎖装置が故障して機能していなかった。

建築基準法令違反
防火区画の違反
避難階段の違反

【パターン２】

防火戸にストッパーをしていたり、閉鎖障害となる物品が放置されていた。

消防法令違反
避難施設の管理
法第８条の２の４

防火戸の機能に支障がある場合は建築基準法令違反
防火戸の管理状況による違反がある場合は消防法令違反

② 増築編

立入検査時に情報にない増築を確認した。

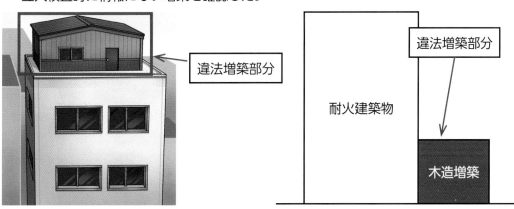

※10㎡を超える増築（防火地域及び準防火地域は面積に関係なく）をする場合は、建築基準法令で「申請」が必要です。

【想定される法令違反】

消防法令違反	建築基準法令違反
面積増加による消防用設備等の設置	「申請」未実施違反
階数増加による消防用設備等の設置	容積率違反
	構造要件違反
	高さの制限違反

③ 用途変更編

【パターン1】

立入検査時に事務所を飲食店に変更していたことを確認した。

事務所
事務所
事務所

飲食店
飲食店
飲食店

※用途によっては、200㎡を超える用途変更をする場合は、建築基準法令で「申請」が必要です。

【想定される法令違反】

消防法令違反
用途変更による消防用設備等の設置
用途変更による防火管理者の選任
用途変更による防炎物品の使用義務
特定一階段防火対象物となった場合 防火対象物定期点検報告の実施

＋

建築基準法令違反
「申請」未実施違反
構造要件違反
非常照明等の設備未設置違反

【パターン2】

立入検査時に塔屋の機械室を職員更衣室に変更していたことを確認した。

【想定される法令違反】

消防法令違反
階数増加による消防用設備等の設置
収容人員の増加による避難器具の設置
特定一階段等防火対象物となった場合 防火対象物定期点検報告の実施

＋

建築基準法令違反
階数増加による構造違反
高さの制限違反

⚠ 建築基準法令違反で一番大きな違反といえば、「申請」がない違法増築です。この違反は、建築基準法令違反だけでなく、消防法令においても、消防用設備等の未設置違反等の重大違反となる場合があります。
　その違反に気付くためにも、立入検査の事前準備の時に、防火対象物台帳の平面図を見ておきましょう。

2-9
追跡指導って　なに？

 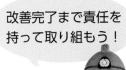

改善完了まで責任を
持って取り組もう！

●追跡指導とは……

追跡指導とは、立入検査時の指摘事項の改善状況を確認することです。

適正な立入検査を実施できても、改善されなければ意味がありません。

指摘内容にもよりますが、優先度を考慮し、随時確認をしましょう。

通知書を送っただけで満足してちゃダメダメ！！
改善させるまでが査察だよ！

〈福岡市消防局の場合〉

勧告書・立入検査結果通知書を関係者に送付

⬇ 1か月後

予防システムで改善報告が提出されているか確認

| 全て改善完了 | | 未改善　又は　一部未改善 |

| 査察完了 | 追跡の電話連絡を入れる |

おおむね1か月

● 改善計画が提出されている場合は、その期日を待って連絡します。

● 追跡指導は福岡市消防局の場合は、おおむね2回行います。改善が進まない場合は、査察の担当課に引継ぎます。

● 危険性の高い指摘事項は、期日前でも確認しましょう。
　（例）避難経路の管理や設備の重大不備など

● 追跡指導をした日付、関係者の名前と電話の内容は、予防業務管理システムへの入力や指導記録簿に記入して残すようにしましょう。

知っておこう！ 必要な知識___

必要な知識を
しっかり蓄えて、
自信を付けよう！

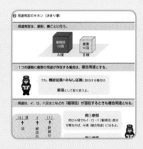

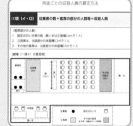

防火対象物の用途って何ですか？　

　防火対象物は、令別表第1で(1)項〜(20)項までの用途に区分されていて、例えば、「コンビニ」なら「(4)項」に該当するよ。

　用途は消防法令の規制の有無を判断する上で、とても重要なもので、立入検査時には、毎回しっかり確認する必要があるよ。

例えば、用途が変わるとどうなるんですか？　

　用途が変わると、新たに「防火管理」や「消防用設備等」が必要になる場合があるから、立入検査で、今までとテナントや使い方が変わった場合は、**必ず**、上司や査察の担当課に相談すること。

え？　てことは、立入検査で自分が気付かないといけないんですか？　

　そう！　だから、立入検査時にテナントが入れ替わっていないか、使い方が変わっていないかなど気付くことが重要だね。

テナントが変わってたら、その時点で用途が変わるんですか？　

　そうとは限らないんだよ。だから、テナントが変わったかどうかだけじゃなくて、使い方や、面積、関係性についても確認してくる必要があるよ。

　それに、テナントが変わってなくても、使い方が変わったことで、用途が変更になることもあるから、気を付けて。

　難しく聞こえるかもしれないけど、基本中の基本になるから、次からの内容をしっかり読んで、学んでいこう。

わかりました！

ポイント

立入検査に行って、テナントが変わっていたり、
使い方が変わっていたら、**要注意！！**
高額な消防用設備等の設置や、
新たに防火管理を行う義務などが
発生する場合があります！

防火対象物

令別表第1の防火対象物
⑴項～⒇項

「**防火対象物**」の中でも、

「消防用設備等、防火管理などの
規制が必要になるもの」が、

⑴**項～⒇項に区分された**
「令別表第1に掲げられている用途の
防火対象物」です。

なぜ「用途」を確認する必要があるの？

| 用途 |
| 面積 |
| 収容人員 |
| 階数 |
| 構造 |
| 内装 |
| 無窓階 |
| 階段 |
| 高さ |
| 令8区画 |
| 関係者 |

など

消防法では、左の表に掲げている
これらの要件に基づき、関係者に対して、
「**防火管理**」や「**消防用設備等**」の義務を課しています。
「**用途**」もその要件の1つです。

なので、

「用途」が変われば、

「防火管理」の義務が発生したり、
「消火器、屋内消火栓設備、スプリンクラー設備」などの
消防用設備等が必要になったりします。

もちろん「用途」だけでなく、**表に掲げている「他の要件」**
も立入検査で確認しないといけない内容です。

具体的には次のページから確認していきましょう！

❶ 用途判定の手順

 YES
NO

建物内には、令別表第1の⑴項〜⒂項のどれか1つの用途しか存在しない。

はい 1つのみ → **令別表第1 （単項）**※

※単項＝単一用途（建物に1つの用途しかないもの

複数ある いいえ

個人住居があるか

ある → 次のどれに当てはまるか？

一般住宅	＞	令別表用途（50㎡以下）	→	一般住宅
一般住宅	＜	令別表用途	→	令別表第1（単項）
一般住宅	＞	令別表用途（50㎡超え）	→	複合用途
一般住宅	≒	令別表用途	→	複合用途

≒はその差が10㎡以下のものをいう。

複合用途になったら次へ

ない

機能従属の有無を確認
（53ページを参照）

主用途以外の部分は、次の要件に全て該当するか

① 管理権原者が同一
② 利用者が同一又は密接である
③ 利用時間がほぼ同一

はい → 令別表第1（単項）

いいえ

みなし従属の有無を確認
（55ページを参照）

次の要件に全て該当するか

① 主たる用途の面積が全体の90％以上
② 独立した用途の面積が300㎡未満
③ みなし適用外の用途が存在しない
※⑵項ニ・⑸項イ・⑹項イ⑴〜⑶・⑹項ロ・ハ（入居・宿泊あり）がみなし適用外用途

次の確認へ

令8区画があっても用途判定には関係ないよ。

設備規制をするときだけ令8区画を思い出して！

はい 全て該当 → 令別表第1（単項）

みなし従属できた

いいえ どれか1つ該当しない → 複合用途防火対象物⒃項となる

みなし適用外用途があるか

ない

⑴項〜⑷項、⑸項イ、⑹項又は⑼項イの用途部分の延べ面積が全体の10％未満、かつ、300㎡未満か

はい → ⒃項ロとなる

この場合を「特定みなし」という。

いいえ → ⒃項イとなる

ある → ⒃項イとなる

❷ 用途判定のキホン（決まり事）

用途判定は、原則、棟ごとに行う。

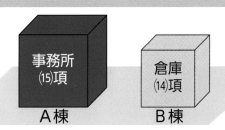

事務所 (15)項 A棟　　倉庫 (14)項 B棟

1つの建物に複数の用途が存在する場合は、複合用途とする。

でも、**機能従属**や**みなし従属**に該当する場合は、

単項として取り扱うよ。

用途は、イ、ロ、ハ又はニなどの「細項目」が混在するときも複合用途となる。

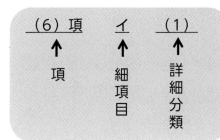

（6）項 ← 項　　イ ← 細項目　　（1）← 詳細分類

例①参照
同じ(6)項でもイ・ロ・ハ「細項目」部分が異なれば、(16)項（複合用途）になるよ。

例②参照
イ・ロ・ハ「細項目」部分が同じで(1)〜(5)「詳細分類」部分が違っても、(16)項にはならないから注意してね！

例①　細項目が違う場合　　　　例②　詳細分類だけが違う場合

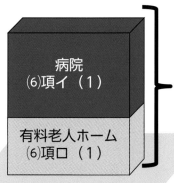

病院 (6)項イ（1）
有料老人ホーム (6)項ロ（1）
全体 (16)項イ

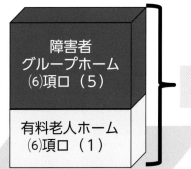

障害者グループホーム (6)項ロ（5）
有料老人ホーム (6)項ロ（1）
全体 (6)項ロ

(4)項の防火対象物
に該当します。

(15)項
事務所

(4)項
コンビニ

このように、1つの建物に2つ以上の用途が入っている場合は、全体を
(16)項「複合用途防火対象物」といいます。

でも、本当に(16)項かどうかは、
次のページを確認してから！

❸ 機能従属とみなし従属ってなに？

1つの建物に2以上の用途が入っている場合は、原則として、⒃項（複合用途防火対象物）といったけど、必ずしも、いつもそうとは限らないので、ココで説明しておきます。

機能従属とみなし従属って何だろう？

「機能従属」と**「みなし従属」**は、**例外的**な考え方
（令第1条の2第2項参照）
本来、2以上の用途があれば、⒃項の複合用途だけど、法令上、**「管理や利用形態などの状況から考えて、メインの用途の一部（従属部分）として見られる場合は、その一部（従属部分）は、メインの用途に含まれる」**
っていう考え方があるんだよ。

機能従属とみなし従属の違いって？

機能従属とは
「機能従属」は、その名のとおり、**「機能的に従属」**していれば、⒃項複合用途じゃなくて、メインの用途で見ていいということ。
（例：「事務所」と「社員食堂」は、2以上の用途があるけど、事務所の
　　　社員のための食堂なので、全体は⒂項事務所）

みなし従属とは
「みなし従属」は、メインの用途に比べて、一部の用途が**「面積的に小さい場合」**、メインの用途のほんの一部だから、もうメインの用途として「みなして」しまおうという考え方。
（例：「マンション（1万㎡）」と「コンビニ（100㎡）」は、2以上の用
　　　途があるけど、「コンビニ」はメインと比べて、ほんの一部だか
　　　ら、「コンビニ」は⑸項ロ「マンション」にみなす。）

機能従属かみなし従属かは、どうやって判断するの？

　1つの建物に用途が2つ以上ある場合、まずは、機能従属するかどうかを判断し、該当しない場合は、みなし従属に該当するかどうかを判断するんだよ。

❹ 機能従属

機能従属 {
主用途部分……「令別表第 1 に掲げる防火対象物の取り扱いについて」（昭和50年 4 月15日消防予第41号・消防安第41号。以下「41号通知」という。）別表㋑欄
従属部分………同別表㋺欄
}

①従属部分の管理権原者が主用途部分の管理権原者と同一であること。
②従属的な部分の利用者が主用途部分の利用者と同一か、密接な関係であること。
③従属的部分の利用時間が、主用途部分の利用時間とほぼ同一であること。

判定結果

【機能従属あり】
全てに該当した場合は、⒃項ではなく、主用途の単項となる。

【イメージ】

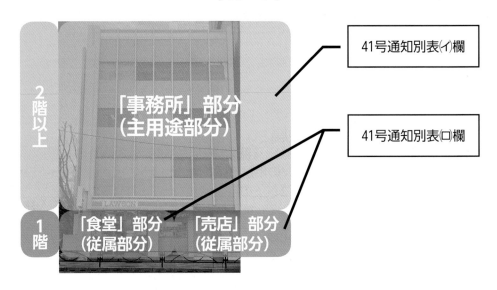

2階以上：「事務所」部分（主用途部分） → 41号通知別表㋑欄

1階：「食堂」部分（従属部分）　「売店」部分（従属部分） → 41号通知別表㋺欄

1 階の食堂・売店部分が
①事務所の食堂・売店である　←　管理者が一緒
②事務所の社員専用である　←　利用者が一緒
③事務所の時間内に利用　←　利用時間が一緒

よって、**「機能従属」あり。**
事務所と飲食店（食堂）と物販店（売店）の⒃項ではなく、
全体⒂**項「事務所」**となる。

❺ みなし従属

みなし従属 ⎰ 主たる用途………面積が最も大きい防火対象物を指す。
⎱ 独立した用途……主たる用途以外の部分を指す。

① 単項か複合か判定する（次の全てに該当するか？）

> 1 主たる用途部分が防火対象物の延べ面積の90％以上
> 2 独立した用途の床面積の合計が、300㎡未満である
> 3 みなし適用外用途が存在しない
> （※(2)項二、(5)項イ、(6)項イ(1)～(3)、(6)項ロ、(6)項ハ（入居、宿泊ありに限る。））

該当しない → ⑯項となる

判定結果 ← 該当する → みなして「単項」

みなし適用外用途がある

② 「⑯項イ」になるか、「⑯項ロ」になるかの判断をする

> 1 (1)項～(4)項、(5)項イ、(6)項又は(9)項イの用途部分の床面積の合計が
> 　当該防火対象物の延べ面積の10％以下
> 2 (1)項～(4)項、(5)項イ、(6)項又は(9)項イの用途部分の床面積の合計が
> 　300㎡未満である

該当する

判定結果
⑯項ロとなる（特定みなしOK）
この場合、(1)項～(4)項、(5)項イ、(6)項又は(9)項
イの用途部分は主たる用途に含まれる

該当しない

判定結果
⑯項イとなる

【イメージ】

この建物の延べ面積　2,100㎡

主たる用途

(15)項　事務所
2,000㎡

主たる用途の
面積が延べ面積の
90％以上

独立した用途
(4)項　コンビニ100㎡

独立した用途の面積が
300㎡未満

全体
(15)項

主たる用途「事務所」(15)項　2,000㎡（全体の95.2％）
従たる用途「コンビニ」(4)項　100㎡（全体の4.8％）

事務所部分が延べ面積の90％以上で、コンビニ部分が300㎡未満だから
みなし従属で　全体(15)項

❻ みなし適用外の用途ってなに？

みなし従属は注意が必要！

下の「みなし適用外の用途」は、**面積を問わず**に**自動火災報知設備等**が必要になるため、小さな面積でもみなせません。

みなし従属適用外の用途	
(2)項二	カラオケボックス、個室ビデオ、ネットカフェなど
(5)項イ	ホテル、旅館などの宿泊施設
(6)項イ (1)〜(3)	（利用者を入居、宿泊させる）病院・診療所など
(6)項ロ	高齢者、障害者、乳児、幼児、障害児のための施設 （有料老人ホーム、障害者グループホームなど）
(6)項ハ	高齢者、障害者、乳児、幼児、障害児のための施設 **（利用者を入居、宿泊させるものに限る。）**

例えば……

● **立入検査に行って、**

次の変更を確認

　このマンション(5)項ロ2,100㎡の一室100㎡に、(6)項ハ（宿泊あり）の用途が入っていたら、みなし従属は適用できないので、すぐに全体⑯項イとなります。

それに伴う変更

　全体に誘導灯が必要になったり、消防用設備等点検報告のサイクルが3年から1年になったり、防火管理者の選任を要する収容人員が50人ではなく、30人以上になるなど、多くの変更が生じます。

⚠ もしも、マンションが特例共同住宅等（118号通知、49号通知、170号通知、220号通知）だった場合は、全体に自動火災報知設備、スプリンクラー設備、屋内消火栓設備、などなど多くの設備が必要になる可能性があるので、要確認！！

❼ 用途別イメージ

⑴項

⑴項イ（特定）

劇場・映画館・観覧場

　劇場、映画館、演芸場、観覧場など、鑑賞を目的とする施設や客席があるスポーツ競技場が該当します。

　ただし、客席がないような体育館の場合は該当しないため注意が必要です。

⑴項ロ（特定）

ささつ公民館

公会堂・集会場

　公会堂、集会場などが該当します。集会、会議、社交等の目的で公衆が集合する施設であり、客席があります。

　具体的な用途としては、公民館、結婚式場、貸ホールなどが該当します。

⑵項

⑵項イ（特定）

キャバレー・カフェー・ナイトクラブ

　キャバレー、カフェー、ナイトクラブなどが該当します。洋式の設備を設けて客にダンスをさせ、飲食を提供して接待します。現在はダンスの有無は問われず、クラブ、バー、ホストクラブなどが多いようです。

※洋式の設備とありますが、和式になると、⑶項イの待合・料理店になります。

⑵項ロ（特定）

遊技場・ダンスホール

　遊技場、ダンスホールが該当します。遊技場で行う競技とは、マージャン・パチンコ・ボーリングなど、娯楽性があるものに対し、娯楽性が少ないスポーツを行う場合はスポーツ施設（⒂項）になるため注意が必要です。

　ダンスホールはディスコが該当しますが、⑵項イとの違いについては、飲食の提供による接待があるかどうかがポイントになります。ダンス教室は⒂項。

(2)項ハ（特定）

性風俗

　性風俗関連特殊営業店舗が該当します。該当例はファッションヘルス・性感マッサージ・ＳＭクラブ等になりますが、似たようなものでも、ソープランド（(9)項イ）・ストリップ劇場（(1)項イ）・テレクラ・個室ビデオ（(2)項ニ）は該当しないため、注意が必要です。また、風俗店の営業については県の公安委員会への届出が必要になりますが、仮に未届の場合でも、営業内容が一致していれば(2)項ハになります。

(2)項ニ（特定）

カラオケ・個室ビデオ・ネットカフェ

　カラオケボックスや個室で利用するタイプの漫画・インターネットカフェ等が該当します。また、完全に区画されていない間仕切りやカーテンによる個室も該当します。個室ビデオ店やテレクラは、(2)項ニとして取り扱います。

(3)項

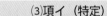

(3)項イ（特定）

待合・料理店

　待合、料理店が該当します。待合とは、あまりなじみのない言葉ですが、座敷で飲食を提供せず、芸者遊びをする場のことをいいます。それに対し、座敷で客を接待して飲食物を提供する場のことを料理店といいます。具体例としては、茶屋・料亭（基本的に調理場がなく、料理は仕出しを注文）・割烹（建物内の調理場で板前が調理し、客に提供）等があります。

(3)項ロ（特定）

飲食店

　飲食店が該当し、洋式・和式を問わず、飲食をする店のことを指します。(3)項イとの違いは、芸者遊びや接待がないことです。

　ただし、消防法による防火管理や消防用設備等の規制に対し、(3)項としての取扱いしかないため、(3)項イでもロでも、特に違いはありません。

⑷項

⑷項（特定）

百貨店・物販店・展示場

百貨店、マーケットその他の物品販売業を営む店舗、展示場が該当します。

ただし、店舗で物品の受け渡しをしない場合は、物品販売店舗に該当しません。

また、新聞販売所（⒂項）など、紛らわしい取扱いもあるため、注意が必要です。

⑸項

⑸項イ（特定）

旅館・ホテル等

旅館、ホテル、宿泊所などが該当します。また、これに類するものとして、マッサージやレンタルルームでも、宿泊ができる施設については⑸項イとして取り扱います。

ただし、病院・宗教施設等で宿泊が可能な場合は、⑸項イとしてではなく、それぞれの項で判定します。

⑸項ロ（非特定）

共同住宅等

寄宿舎、下宿、共同住宅が該当します。共同住宅とは、廊下や階段といった部分を住人が共用するため⑸項ロに該当しますが、連続した一軒家が集合するような共用部分を持たない場合は、長屋式住宅と呼ばれ、一般対象物になります。

特例・特定共同住宅等

⑸項ロ（共同住宅）の中には、

「一定の構造要件を満たす（壁や窓を火災に強くして、隣の住戸などに火災の被害が及びにくくする）ことにより、本来必要な消防用設備等（屋内消火栓設備やスプリンクラー設備など）を設置しないことができる共同住宅」があります。

特例共同住宅等【118号通知・49号通知・170号通知・220号通知】

特定共同住宅等【40号省令】

⑹項

⑹項イ （特定）

病院・診療所・助産所・クリニック

　病院・診療所・助産所が該当します。病院とは収容施設（ベッド数）が20床以上の場合、対して診療所となると収容施設が19床以下となります。仮に○○病院と名乗っていても、実際は診療所の場合があるため注意が必要です。立入検査を実施する際は、現在のベッド数等を聞いてください。

※平成28年4月1日から⑴〜⑷に分類されました。

⑹項ロ （特定）

社会福祉施設等 （避難困難者多数）

　平成27年4月1日から次のとおり分類されました。詳細は、令別表第1を参照してください。
　⑹項ロ⑴高齢者施設（特別養護老人ホーム等）
　⑹項ロ⑵生活保護者等施設
　⑹項ロ⑶乳児施設（乳児院）
　⑹項ロ⑷障害児施設（障害児入所施設）
　⑹項ロ⑸障害者施設
　次の⑹項ハといくつか同じ施設があり、重複しますが、こちらは介護の程度が比較的重い場合が適用されます。

⑹項ハ （特定）

社会福祉施設等 （通所施設等）

　平成27年4月1日から次のとおり分類されました。詳細は、令別表第1を参照してください。
　⑹項ハ⑴高齢者施設（老人デイサービス等）
　⑹項ハ⑵更生施設
　⑹項ハ⑶保育所、幼保連携型認定こども園
　⑹項ハ⑷障害児施設（放課後デイサービス等）
　⑹項ハ⑸障害者施設
　前の⑹項ロといくつか同じ施設があり、重複しますが、こちらは介護の程度が比較的軽い施設が適用されます。

⑹項ニ （特定）

幼稚園・特別支援学校

　幼稚園、特別支援学校が該当します。
　注意点としては、保育所（⑹項ハ）や、障がい者以外の方が通う学校（⑺項）とは別の用途に区分されているところです。

(7)項

(7)項（非特定）

小学校・中学校・高校・大学

　小学校、中学校、高等学校、中等教育学校、高等専門学校、大学、専修学校などが該当します。学校教育法による認可を受けている予備校は(7)項に該当しますが、学習塾は(15)項になります。

(8)項

(8)項（非特定）

図書館・博物館・美術館

　図書館、博物館、美術館が該当します。その他、郷土館・記念館・科学館等も(8)項に該当します。

(9)項

(9)項イ（特定）

公衆浴場・蒸気浴場（サウナ）

　公衆浴場のうち、蒸気浴場（サウナ）・熱気浴場などが該当します。また、個室を設けて客に接触する役務を提供する施設として、ソープランドも該当します。

(9)項ロ（非特定）

公衆浴場（(9)項イ以外）・銭湯など

　公衆浴場のうち、(9)項イに該当しないものです。銭湯・砂湯・スーパー銭湯・家族風呂等が該当します。

⑽項

⑽項（非特定）

車両の停車場、船舶・航空機の発着場

車両の停車場、船舶・航空機の発着場が該当します。具体的には渡船場・バスターミナル・空港ターミナルがあります。

ただし、旅客の乗降や待合の用に供する建築物に限定されます（食堂・売店・喫茶室程度は機能従属とされ、⑽項に含まれます。）。

⑾項

⑾項（非特定）

神社・寺院・教会

神社・寺院・教会などが該当します。密接な関係がある施設としては、結婚式場（檀家以外の不特定多数の結婚式や宴会を行う場合は⑴項ロ）、信者が修行のために宿泊する施設（不特定多数の者が宿泊できる場合は⑸項イ）があります。

同一敷地内に幼稚園を設ける場合がありますが、これは⑹項ハに該当します。

⑿項

⑿項イ（非特定）

工場・作業場

工場や作業場が該当します。どちらも製造・加工を主として行うところですが、工場とは機械化が比較的高いものとされており、それに比べ作業場は、機械化の程度が低いものとされています。

珍しい用途の例としては、精肉店やピザ宅配店など、店頭での販売をせずに配達業務のみの場合は物販店には該当せず、⑿項イになります。

⑿項ロ（非特定）

映画スタジオ・テレビスタジオ

映画スタジオ、テレビスタジオが該当します。

ただし、スタジオ内に客席やホールを設け、収録を一般客に公開する場合（興行場法の適用がある）は、⑴項イに該当します。

⒀項

⒀項イ（非特定）

駐車場

　自走式やタワー式の駐車場、屋根がかかった平駐車場など建屋の面積が発生するような駐車場が該当します。

　マンションや事務所に併設する独立性が低いものは該当しない場合もあります。なお、管理小屋がない青空駐車のコインパーキングは本項に該当しません。

　また、鉄道等の高架下にある外気に開放された駐車場は、柵などで囲まれたときは該当します。

⒀項ロ（非特定）

飛行機・ヘリの格納庫

　飛行機又は回転翼航空機（ヘリコプター）の格納庫が該当します。空港内の警察・消防・海上保安庁・民間の格納庫が主に該当します。

　また、運航上最低限必要な整備をするスペースが付設される場合も、⒀項ロとして取り扱います。

⒁項

⒁項（非特定）

倉庫

　倉庫が該当します。倉庫業を営む以外の倉庫（自社で使用する倉庫）についても⒁項として取り扱います。

　ただし、主用途が事務所である場合は⒂項に該当するなど、その建物の主用途が何になるかで取扱いが変わるため、注意が必要です。

⒂項

⒂項（非特定）

事務所・⑴〜⒁項以外の用途

　⑴項から⒁項までに該当しない事業所が該当します。用途例として、事務所・官公署・銀行・美容室・発電所・ゴルフ練習場・モデル住宅・体育館・コインランドリー等があります。

　詳細は、各消防本部の消防用設備等技術基準を参照してください。

⒃項

⒃項イ　（特定）

⒂項
事務所

⑷項
コンビニ

特定複合用途防火対象物

　複合用途防火対象物のうち、その一部が⑴項〜⑷項、⑸項イ、⑹項又は⑼項イの用途であるもの。

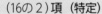

⒃項ロ　（非特定）

⑸項ロ
共同住宅

⒂項
事務所

非特定複合用途防火対象物

　複合用途防火対象物のうち、みなしを除く全てが⑸項ロ、⑺項、⑻項、⑼項ロ、⑽項〜⒂項の用途であるもの。

(16の2)項

(16の2)項　（特定）

地下街

　地下の工作物内に設けられた店舗・事務所・その他の施設で、連続して地下道に面して設けられたものと当該地下道とを合わせたものが該当します。

（16の3）項

（16の3）項（特定）

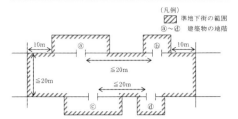

準地下街

　地下道部分と、地下道に面して連続的、かつ、近接して出入口が設けられている建物の地階（⑴項～⑷項、⑸項イ、⑹項又は⑼項イの用途が存するものに限る。）部分を合わせたものをいいます。

　この用途は特別規定の性格を持っており、当該用途に該当する場合は、それぞれの用途のほか準地下街として双方の規制を受けることとなります。

⒄項

⒄項（非特定）

（写真提供：福岡市）

国宝・重要文化財・史跡

　国宝や国の重要文化財のほか、県や市が指定する文化財、史跡などの建造物が該当し、文化財を収蔵する一般の建物等は該当しません。

　この用途も、前述の準地下街と同様に特別規定の性質を持っており、建物の一部が指定されている場合などは、全体の用途のほか文化財としての双方の規制を受けることとなります。

⒅項

⒅項（非特定）

50m以上のアーケード

　延長50m以上のアーケードが該当します。

　アーケードとは日よけ、雨よけ又は雪よけのため、路面上に相当の区間に連続して設けられる公益上必要な建築物、工作物、その他の施設をいいます。

⑲項

⑲項 （非特定）

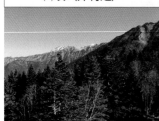

市町村長が指定する山林

市町村長が指定する山林をいいますが、山林に限らず原野、森林なども含まれます。

⑳項

⑳項 （非特定）

舟車

舟車とは、則第5条第10項の規定によるもので、船舶安全法が適用されない舟や車両とされ、5トン以上の舟で係留されているものや国や自治体が持つ救難艇、消火器具を必要とする車両などが該当します。

●豆知識〜「消防対象物」？「防火対象物」？「建築物」？

　　　　　　法第2条で用語の定義が示されていますが、なぜ「建築物」と言わず、「防火対象物」や「消防対象物」と言い分けているのでしょうか？

簡単に説明すれば、

　「**防火**対象物」は火災から守る対象物で

「**消防**対象物」は消防が消火活動を実施する対象物です。

　「防火対象物」には火災から守るために、いろいろな規制がかけられていますが、大きな違いは、「消防対象物」には工作物と無関係な物件も含まれているという点ではないでしょうか。

●立入検査で用途が変わっていたら・・・

要注意！！

用途が変わっていたら、
防火管理を行う義務、消防用設備等の新設などが
生じる可能性があります。

テナントの一部が変わっているだけでも
用途が変わることがあるので、立入検査で
台帳情報としっかり照らし合わせましょう。

用途が変わりそうだと思ったら、
できるだけ多くの情報を関係者等から
確認し、先輩、上司等と相談しましょう。

この本だけじゃなくて、
こっちもちゃんと確認しよう！

●令別表第1

●41号通知

3−2

法第17条
令第8条
令第9条

消防用設備等って
どこにどうやって付けるの？
（令8区画・令9区分・別棟処理）

設備規制の基本的な
ルールを覚えよう！

消防用設備等を設置する範囲は？

● 「消火器などの設備規制が及ぶ範囲」を**設置単位**といいます。

設置単位とは、「設備がどこに必要になるか？」を考える上で必要な考え方です。大きく分けて、**3つのルール**があります。

1 消防用設備等の規制は、**原則棟ごと**に考える！
※注意！ 屋外消火栓設備・消防用水はちょっと違う。

2 【令第9条】(16)項のときは、**用途ごと**に考える！

3 【令第8条】令8区画があれば、**区画ごと**に考える！

この3つのルールがわかっていれば、どこにどうやって消火器などを設置すればよいのかがわかります。

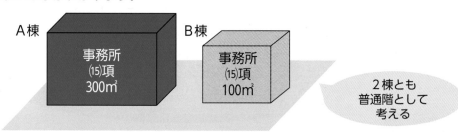

A棟

事務所
(15)項
300㎡

B棟

事務所
(15)項
100㎡

2棟とも
普通階として
考える

例えば、上の図のように同一敷地内にA棟とB棟の事務所がある場合、「**敷地ではなくて、棟ごとに考える**」ので、A棟には、消火器の設置が必要となりますが、B棟には消火器が不要です。

【棟が接続された場合】 あれ？接続されたら？………渡り廊下で接続されて、接続1棟に！
(15)項410㎡となり、B棟部分にも消火器の設置が必要になった！

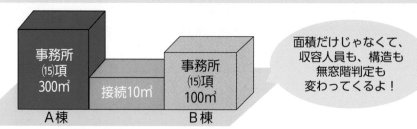

事務所
(15)項
300㎡

接続10㎡

事務所
(15)項
100㎡

A棟

B棟

面積だけじゃなくて、
収容人員も、構造も
無窓階判定も
変わってくるよ！

このように、2棟が接続され、1棟になった場合は、全体を1棟として、消防用設備等の設置基準を考える必要があります。

❶ 設備規制は、原則として棟ごとに考える！

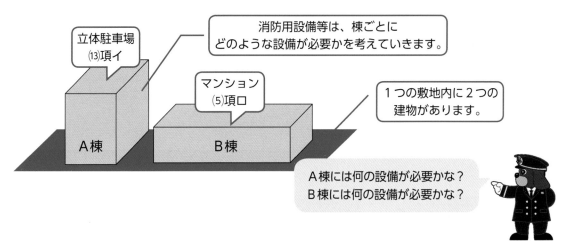

> 消防用設備等は、棟ごとに
> どのような設備が必要かを考えていきます。

> 1つの敷地内に2つの
> 建物があります。

> A棟には何の設備が必要かな？
> B棟には何の設備が必要かな？

Q 渡り廊下で接続されたら？

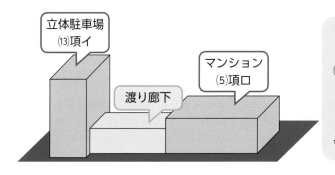

> 渡り廊下で接続されて、
> 全体1棟になった。
> ⑯項ロ（⑸項ロと⒀項イ）
> の建物になったね。
> ↑
> ⑯項になったから、
> 令9条の考え方が必要だよ。

> でも、ちょっと待って！　渡り廊下の構造によっては、別々に設備規制できるよ。

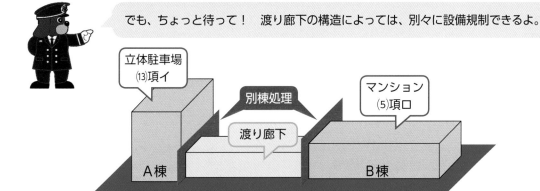
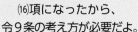

　別棟処理（26号通知※）というのがあって、渡り廊下の構造、幅や長さ、接続部分の開口部に防火戸を設けたりなどして、火災危険性を少なくし、それに適合するように渡り廊下を造れば、接続されていても、

　消防用設備等は、**A棟⒀項イ**と**B棟⑸項ロ**それぞれで考えることができる。

　これを**別棟処理**といいます。

※26号通知…「消防用設備等の設置単位について」（昭和50年3月5日消防安第26号）

❷ 令第９条 （⒃項のときは、用途（防火対象物）ごとに設備規制）

もちろん、読んでると思うけど、令第９条に書いてあるとおり、⒃項に掲げる建物（防火対象物）の中に⑴項〜⒂項の建物（防火対象物）があるとみなして、⒃項の**設備規制に加えて、それぞれの用途ごとに設備規制**を行います。

【実例】実際にはどうするの？

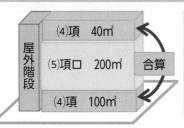

	用　途	面　積
全　体	⒃項イ	340㎡
主たる用途	⑸項ロ	200㎡
独立用途	⑷項	100㎡＋40㎡

⑷項を、１つの建物（防火対象物）とみなすので、面積などは合算。

【用途判定】

まずは、用途判定。機能従属はないものとして、
みなし従属できるかどうか　→　主たる用途が90％以上ないので、**みなし不可**。
よって、**全体⒃項イ**となるね。

【設備規制】

次の順番で考えよう。
① ⒃項イ　340㎡で必要な設備は？
② ⑸項ロ　200㎡で必要な設備は？
③ ⑷項　140㎡で必要な設備は？

→
① ⒃項イで義務の設備は、**全体に必要**
② ⑸項ロで義務の設備は⑸項ロ部分に必要
③ ⑷項で義務の設備は⑷項部分に必要

①　⒃項イ　必要な設備は？
（340㎡・普通階・収容人員50人・その他構造）

◆ **自動火災報知設備** （令第21条第１項第３号イ）
◆ **非常警報設備** （令第24条第２項第２号）
◆ **誘導灯** （令第26条第１項）

結局
何がいるの？

②　⑸項ロ　必要な設備は？
（200㎡・２階普通階・収容人員８人・その他構造）

◆ 消火器 （令第10条第１項第２号イ）

③　⑷項　必要な設備は？
（140㎡・１階、４階普通階・収容人員42人・その他構造）

◆ 非常警報器具 （令第24条第１項）
◆ 誘導灯 （令第26条第１項（第３号を除く。））

❸ 令第9条 (⒃項のときは、用途（防火対象物）ごとに設備規制)

【結果】結局、実際に設置される設備は？

屋外階段
- (4)項　40㎡
- (5)項ロ　200㎡
- (4)項　100㎡

設置される設備は、次のとおり

◆ 消火器
◆ 自動火災報知設備
◆ 誘導灯

 全体に設置

消火器についての整理

- ●(5)項ロ150㎡で(5)項ロ部分に必要。

自動火災報知設備についての整理

- ●⒃項イは300㎡で全体に必要になるため、全体に設置。
- ●(5)項ロは義務がないけど、⒃項イで必要なので、(5)項ロ部分に設置。
- ●(4)項は義務がないけど、⒃項イで必要なので、(4)項部分にも設置。

非常警報器具についての整理

- ●(4)項は収容人員20人以上なので、非常警報器具が義務になるけど、代替設備として自動火災報知設備があるから不要。

非常警報設備についての整理

- ●⒃項は収容人員が50人以上なので、非常警報設備が義務になるけど、代替設備として自動火災報知設備があるから不要。

誘導灯についての整理

- ●⒃項イで全体に必要になるため、全体に設置。
- ●(5)項ロに設置義務はないけど、⒃項イの全体で必要なので(5)項ロにも設置。
- ●(4)項は誘導灯が義務なので設置。

❹ 令8区画があれば、区画ごとに設備規制

令8区画があれば、それぞれの区画を別の建物としてみなします。（設備規制だけ！）

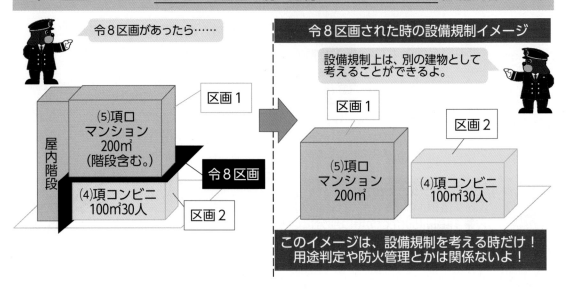

令8区画があったら……

令8区画された時の設備規制イメージ

設備規制上は、別の建物として考えることができるよ。

区画1

区画2

屋内階段

(5)項ロ
マンション
200㎡
(階段含む。)

令8区画

(4)項コンビニ
100㎡30人

区画2

区画1

(5)項ロ
マンション
200㎡

(4)項コンビニ
100㎡30人

このイメージは、設備規制を考える時だけ！
用途判定や防火管理とかは関係ないよ！

注意！　令8区画は、設備規制上だけの話！

重要

令第8条に「この節の規定の適用については」とあるから、**令8区画は設備規制の話**

もちろん、読んでいると思うけど、令第8条に書いてあるとおり、建物（防火対象物）が**「開口部のない」「耐火構造」**の床又は壁で区画されていたら、その**区画ごとに建物（防火対象物）があるとみなして設備規制**を行います。

例示

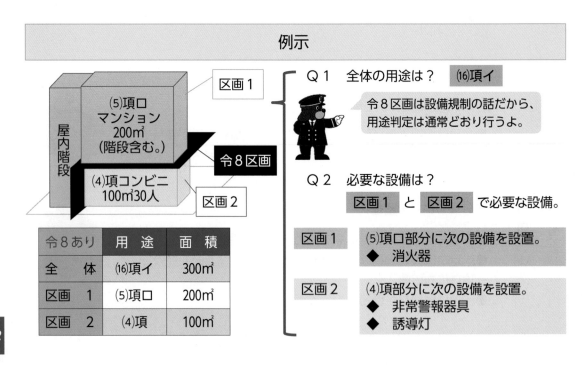

区画1

屋内階段

(5)項ロ
マンション
200㎡
(階段含む。)

令8区画

(4)項コンビニ
100㎡30人

区画2

令8あり	用　途	面　積
全　体	(16)項イ	300㎡
区画　1	(5)項ロ	200㎡
区画　2	(4)項	100㎡

Q1　全体の用途は？　(16)項イ

令8区画は設備規制の話だから、
用途判定は通常どおり行うよ。

Q2　必要な設備は？

区画1　と　区画2　で必要な設備。

区画1　(5)項ロ部分に次の設備を設置。
◆　消火器

区画2　(4)項部分に次の設備を設置。
◆　非常警報器具
◆　誘導灯

❺ 令8区画の構造って？

Q そもそも、令8区画の構造って？ 「開口部のない」「耐火構造の床又は壁」って？

具体的に説明するのは難しいので、基本的な考え方だけ紹介します。

Q 耐火構造の床又は壁なら何でもいいの？

ダメです！ 耐火構造にもいろいろあって、単純に「耐火構造だからよい」わけではありません。

区画する壁は、

① 「2時間以上の耐火性能のある壁」で、

② 「堅牢かつ容易に変更できない耐火構造」でなければなりません。

基本的には、鉄筋コンクリート造などが認められています。

> ⚠ **②の要件が重要！**
> コンクリートブロックや、ALCなどの軽量コンクリートは、「比較的簡単に変更できる」ため、認められません（福岡市消防局の場合）。

Q 区画の方法ってどうするんですか？

次のどちらかに該当するように区画する必要があります。

① 耐火構造の床又は壁は50cmの突出しを設ける。

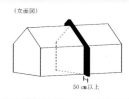
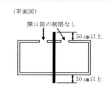
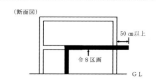

② それぞれ3.6mの範囲を耐火構造とし、その3.6mの範囲には開口部（※）がないこと。

※ただし、防火設備とし令8区画を介して開口部が相互に90cm以上離れていればOK。

耐火構造としなければならない3.6mの範囲内に開口部を設ける場合、その開口部は、**「防火設備」**じゃないとダメだよ。

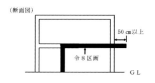
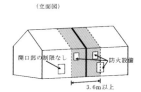
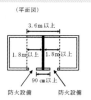

❻ 立入検査ではこんな所に注意！！

接続されてる！　2つの建物が1つの建物扱いに！

ひさしがつながってる……

令8区画が崩れてる！

令8区画の壁が壊されてる。
自然に見えるから、事前に台帳の平面図で確認してないと気付けないね！

テナントが入れ替わって、令9区分が適用できない！

テナントビルは、頻繁に店舗が変わるから毎回しっかり確認しよう。
右の写真は、マンションの一室を店舗にしている例。みなし従属でなくなってるかも！?

❼ 「防火対象物又はその部分」って？

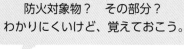

防火対象物？　その部分？
わかりにくいけど、覚えておこう。

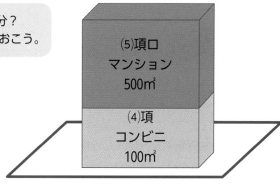

(5)項ロ
マンション
500㎡

(4)項
コンビニ
100㎡

Q　上の図で、防火対象物はなに？

(16)項イの防火対象物です。
(4)項と(5)項ロは「その部分」に該当します。

Q　上の図で、設備規制をする上での防火対象物はなに？

設備規制上は、令第9条の考え方から、
次の3つの防火対象物があるとみなします。

①(16)項イの防火対象物
②(4)項の防火対象物
③(5)項ロの防火対象物

なんとなくわかったかな？

実際に査察業務を繰り返す上で、
理解が深まってくると思うよ。

頑張ろう！！

3-3 則第1条の3

収容人員ってなに？

用途によって
数え方が違うよ！

収容人員とは、「防火対象物に出入し、勤務し、又は居住する者の数」と令第1条の2第3項に定義されています。つまり、防火対象物にどれだけの人が入れるかということです。

収容人員 = 防火対象物に出入する者 + 防火対象物に居住や勤務する者

Q　なぜ算定するの？

消防法令には、収容人員の数によって様々な規制があるからです。その規制の内容は次のとおりです。

① 防火管理者の選任 （法第8条）
② 非常警報器具・非常警報設備（放送設備）の設置 （令第24条）
③ 避難器具の設置 （令第25条）

Q　どのように算定するの？

（例）

区役所

　居住や勤務する者の人数は把握しやすいですが、例のように百貨店や区役所は、時間帯や時期によりお客さんの人数が変わるものです。では、どのようにして収容人員を算定するのかというと、則第1条の3により用途ごとに算定方法が規定されています。つまり、下の図のように用途ごとに決まり事があるのです。

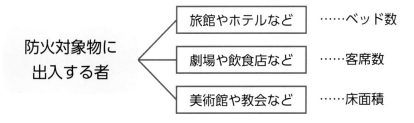

　では、次のページから収容人員の詳しい算定方法について、「収容人員算定の基本・用途別算定方法の共通事項」「用途ごとの収容人員の算定方法」の項目により確認していきましょう。

収容人員算定の基本・用途別算定方法の共通事項

収容人員算定の基本（その1）

基本的に防火対象物の棟ごとに収容人員を算定します。

【例外】

① 防火管理者の選任を判定する場合

　　同一敷地内の管理権原者が同一の棟の収容人員を合算します。

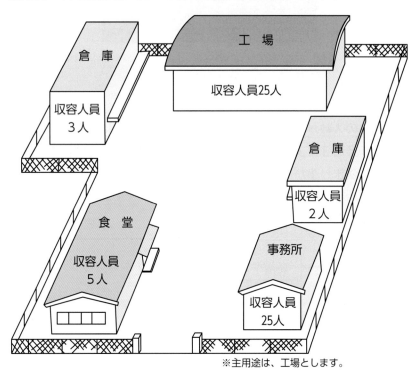

※主用途は、工場とします。

●全体の用途は工場〔⑿項イ〕で収容人員は、60人となります。

同一敷地内の例

② 非常警報器具・設備の設置を判定する場合

　　棟の収容人員の合計の場合（例1）と階（無窓階）の収容人員の合計の場合（例2）とで設置の有無を判定します。

無窓階 収容人員10人
普通階 収容人員20人
普通階 収容人員20人

（例1）

　　棟単位の収容人員の合計が50人となるので、防火対象物全体に非常警報設備が必要

（令第24条第2項）

無窓階 収容人員10人
普通階 収容人員20人
無窓階 収容人員10人

（例2）

　　無窓階の収容人員の合計が20人となるので、防火対象物全体に非常警報設備が必要

（令第24条第2項）

③ 避難器具の設置を判定する場合

  階ごとに算定した収容人員の合計により、設置の有無や個数を判定します。

収容人員算定の基本（その2）

① みなし従属部分について

  （例）のように主たる用途の算定方法により算定します。

共同住宅（(5)項ロ） 入居者10人
共同住宅（(5)項ロ） 入居者10人
飲食店（(3)項ロ） 座席数20席＋従業員2人

（例）

　飲食店（(3)項ロ）部分が共同住宅（(5)項ロ）部分のみなし従属とされた場合は、飲食店は(5)項ロの算定方法により算定するため、収容人員は0人となります。

② 専用住居の居住者について

  収容人員の算定に含まれません。

収容人員の算定方法の種類

収容人員の算定方法には、各用途により様々な種類があります。その種類は次のとおりです。

① 従業者の数

従業員　パート　バイト

【共通事項】

ア　正社員だけでなく、パートやアルバイトの従業者も含まれます。ただし、短期間（クリスマス等）の臨時的な従業者は含まれません。

イ　一日で一番多いときの人数とします。消防署のように交代制の場合は、交代後の一番多いときの人数とします。

1部	日勤

2部

（収容人員＝1部職員5人＋日勤職員2人＝7人となります。）

ウ　階単位で収容人員を算定する場合は、次のとおり取り扱います。

（非常警報設備・避難器具の設置の有無を判定するとき）

(ア) 2以上の階で執務する者は、当該階に指定された執務用の机等を有し、継続的に執務する場合は、それぞれの階の収容人員に算入します。

(イ) 社員食堂・会議室等は、当該部分の面積を3㎡で除して得た数を収容人員に算入しますが、その数が従業者の数より大きい場合は、従業者の数を算入します。

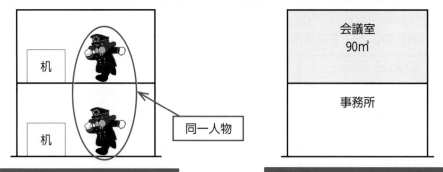

㋐の場合の例
それぞれの階の収容人員に算入

㋑の場合の例
会議室90㎡／3㎡＝30人を算入するが、事務所の従業者が30人未満の場合は、従業者の数を会議室の階に参入する。

※ この規定は、階単位に収容人員を算定する場合のみ取り扱うため、全体の収容人員に重複して算入してはいけません。

② 固定式のいす席の数（飲食店や劇場のいす席）

【共通事項】

次に掲げるものは、固定式のいす席として取り扱います。

ア ソファー

イ いす席相互を連結したいす席

③ ベッドの数（ホテルや病院のベッド）

④　利用者・入居者の数（学校の生徒数や共同住宅の入居者）

⑤　床面積を除して得た数（物販店の売場面積や役所の待合室の床面積）

【共通事項】

ア　床面積を除して収容人員を算定する場合の小数点以下の端数は、原則切り捨てます。

ただし、旅館等（⑸項イ）の和室の場合は、切り上げます。

（例）

　物販店（⑷項）の場合は、売場面積を４㎡で除して得た数を収容人員に算定します。

（売場　30㎡／４㎡＝7.5人）

※　従業者は２人

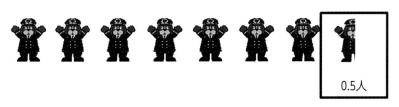

0.5人　　　（0.5人は切捨て）

（収容人員＝売場面積を除して得た数７人＋従業者の数２人＝９人となります。）

イ　廊下・階段・便所等は、収容人員を算定する部分に含まれません。

用途ごとの収容人員の算定方法

⑴項（イ・ロ）　従業者の数＋客席の部分の人数等＝収容人員

（客席部分の人数）

1　固定式のいす席の数（長いすは正面幅0.4mで１人）

2　立見席は、当該部分の床面積0.2㎡で１人

3　その他の客席は、当該部分の床面積0.5㎡で１人

【劇場（⑴項イ）の算定例】

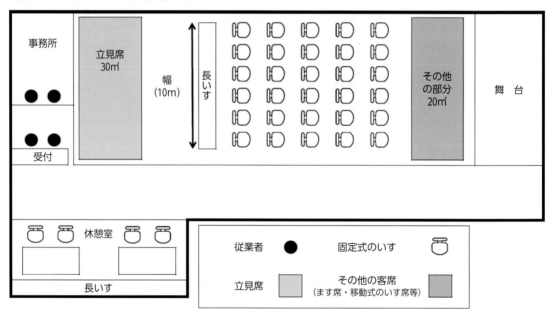

① 従業者の数　4人

② 客席の固定式のいす席　30席

③ 長いすの幅10m／0.4m＝25人（端数切捨て）

④ 立見席　30㎡／0.2㎡＝150人（端数切捨て）

⑤ その他の客席　20㎡／0.5㎡＝40人（端数切捨て）

【合計】　①＋②＋③＋④＋⑤＝249人

【注意事項】

1　その他の客席とは、移動式のいす席を設ける部分、寄席の和風桟敷、相撲のます席等が該当します。

2　休憩室のいす席の数は、客席部分ではないため算定しません。

3　長いすの幅は、0.4mで除して得た数とします。

【公民館（(1)項ロ）の算定例】

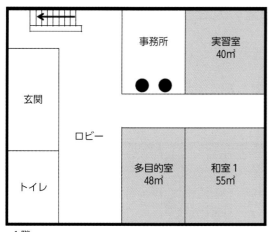

1階

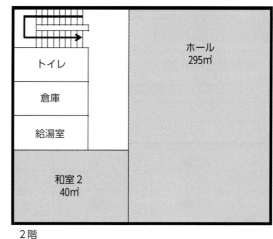

2階

従業者 ●	その他の客席 ▦

① 従業者の数　2人

② その他の客席部分

	1 階		2 階
実習室	40㎡／0.5㎡＝80人	ホール	295㎡／0.5㎡＝590人
多目的室	48㎡／0.5㎡＝96人	和室2	40㎡／0.5㎡＝80人
和室1	55㎡／0.5㎡＝110人		
1 階人数	286人	2 階人数	670人

【合計】　①＋②＝958人

【注意事項】

1　公民館の収容人員を算定する部分は、その他の客席（床面積0.5㎡で1人）とします。

2　玄関・ロビー等のいす席の数は、客席部分ではないため算定しません。

3　2階建て以上の対象物の場合は、階の当該部分の床面積を0.5㎡で除して得た数とします。
　　ただし、可動式間仕切壁等で、他の客席と一体で使用できる場合は、当該部分の床面積を合計し、0.5㎡で除して得た数とします。

⑵項イ	従業者の数＋客席の部分の人数等＝収容人員

（客席部分の人数）

　　固定式のいす席の数（長いすは正面幅0.5mで1人）

【カフェー（キャバクラ）（⑵項イ）の算定例】

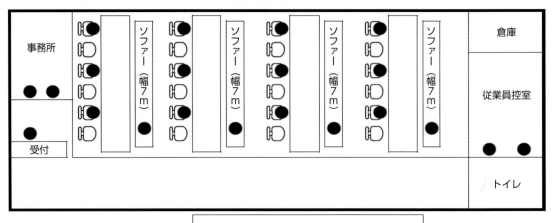

① 従業者の数　21人

② 固定式のいす席　24席

③ ソファーの幅7m／0.5m×4台＝56人（端数切捨て）

【合計】　①＋②＋③＝101人

【注意事項】

1　従業者が交代制の場合は、1日の中で勤務人員が最大となる時間帯における人数とします。

2　ソファーは、固定式のいす席として取り扱います。

3　長いすの幅は、0.5mで除して得た数とします。

(2)項ロ　従業者の数＋客席の部分の人数等＝収容人員

（客席部分の人数）
1　遊技機械器具を使用して遊技することができる者の数
2　固定式のいす席の数（長いすは正面幅0.5mで1人）

【ボーリング場（(2)項ロ）の算定例】

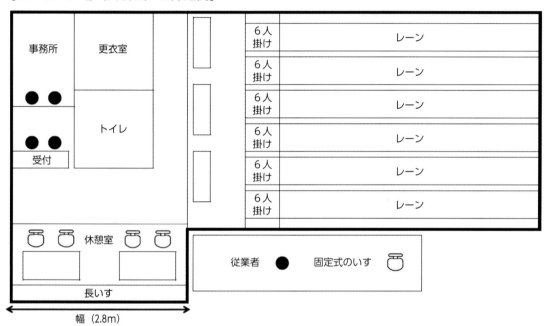

① 　従業者の数　4人

② 　レーンに付属するいすの数　36席

③ 　休憩室の固定式のいす席　4席

④ 　休憩室の長いすの幅2.8m／0.5m≒5人（端数切捨て）

【合計】　①＋②＋③＋④＝49人

【注意事項】

1　遊技場の収容人員を算定する部分は、遊技機械器具を使用して遊技を行うことができる者の数とします。ボーリング場の場合は、レーンに付属する固定式のいすの数とします。

2　休憩室は、固定式のいすの数を算定します。

3　遊技機械器具を使用して遊技を行うことができる者の数は、遊技場の種類によって算定方法が違うので、各消防本部で定めた基準で確認してください。

4　長いすの幅は、0.5mで除して得た数とします。

⑵項（ハ・ニ）　従業者の数＋客席の部分の人数等＝収容人員

（客席部分の人数）
1　固定式のいす席の数（長いすは正面幅0.5mで1人）
2　その他の部分は、当該部分の床面積3㎡で1人

【ファッションヘルス（⑵項ハ）の算定例】

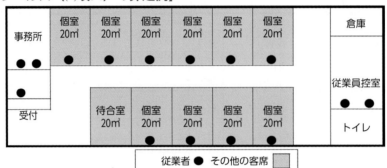

従業者 ●　その他の客席 ▨

① 従業者の数　15人
② 待合室　20㎡／3㎡≒6人（端数切捨て）
③ 各個室　20㎡／3㎡≒6人（端数切捨て）×10室＝60　　　【合計】　①＋②＋③＝81人

【注意事項】
1　個室が固定式のいす席となっている場合は、当該いす席の数を算定します。
2　個室の算定方法にあっては、従業者1人につき客が1人であるのが大半ですが、必ずしもそのような使用形態とは限らないので、固定式のいす席の数又は個室を3㎡で除して得た数とします。
3　待合室は、固定式のいす席等がある場合でも3㎡で除して得た数とします。

【個室ビデオ店（⑵項ニ）の算定例】

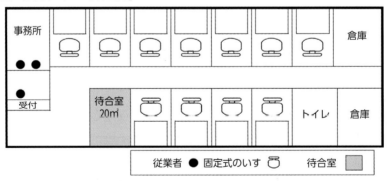

従業者 ●　固定式のいす 🪑　　待合室 ▨

① 従業者の数　3人
② 個室の固定式のいす席　11席
③ 待合室　20㎡／3㎡≒6人（端数切捨て）

【合計】　①＋②＋③＝20人

【注意事項】
1　個室が固定式のいす席となっている場合は、当該いす席の数を算定します。
2　待合室は、固定式のいす席等がある場合でも3㎡で除して得た数とします。

⑶項（イ・ロ）　従業者の数＋客席の部分の人数等＝収容人員

（客席部分の人数）
1　固定式のいす席の数（長いすは正面幅0.5mで1人）
2　その他の部分は、当該部分の床面積3㎡で1人

【居酒屋（⑶項ロ）の算定例】

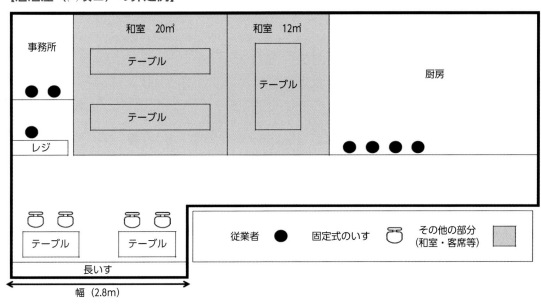

①　従業者の数　7人
②　固定式のいす席　4席
③　長いすの幅2.8m／0.5m≒5人（端数切捨て）
④　和室の床面積合計32㎡／3㎡≒10人（端数切捨て）

【合計】　①＋②＋③＋④＝26人

【注意事項】
　長いすの幅は、0.5mで除して得た数とします。
　上記例の和室において、各々が行き来のできない壁等で個室を形成する場合は、床面積を合計することなく、当該部分の床面積を3㎡で除して得た数とします。
　※　20㎡／3㎡≒6人、12㎡／3㎡＝4人　和室の収容人員は10人となる。

（従業者以外の者等の人数）

1　飲食・休憩の部分は、当該部分の床面積３㎡で１人

2　その他の部分は、当該部分の床面積４㎡で１人

【スーパー（⑷項）の算定例】

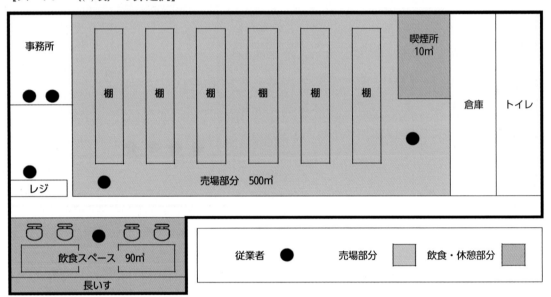

①　従業者の数　６人

②　売場部分の床面積500㎡／４㎡＝125人（端数切捨て）

③　飲食スペース床面積90㎡／３㎡＝30人（端数切捨て）

④　喫煙所の床面積10㎡／３㎡≒３人（端数切捨て）

【合計】　①＋②＋③＋④＝164人

【注意事項】

1　飲食・休憩部分に固定式のいす席がある場合でも３㎡で除して得た数とします。

2　売場部分の陳列棚・ショーケース等を置いている部分も床面積に入れます。

(5)項イ　従業者の数＋宿泊室の人数＋飲食等の部分の人数＝収容人員

（宿泊室の人数・飲食等の部分の人数）

1　洋式の宿泊室は、ベッドの数（シングルは1人・セミダブルとダブルは2人）

2　和式の宿泊室は、当該宿泊室の床面積6㎡で1人

3　集会・飲食・休憩部分は、固定式のいす席の数（長いすは正面幅0.5mで1人）（固定式のいす席以外の部分は、当該部分の床面積3㎡で1人）

【ホテル（(5)項イ）の算定例】

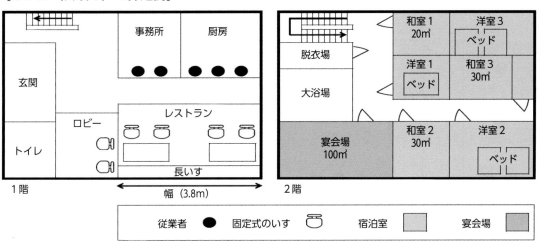

① 従業者の数　5人

② 宿泊室の算定

和室1	20㎡／6㎡ （端数切上げ）	4人
洋室1	ダブルベッド×1	2人
和室2	30㎡／6㎡ （端数切上げ）	5人
洋室2	シングルベッド×2	2人
洋室3 和室3	シングルベッド×2 （スイートルーム）	2人
	合計	15人

③ 集会、飲食又は休憩の用に供する部分の算定

1階 ロビー	固定式のいす席×2	2人
1階レストラン	固定式のいす席×4	4人
	長いすの幅3.8m／0.5m （端数切捨て）	7人
2階 宴会場	100㎡／3㎡ （端数切捨て）	33人
	合計	46人

【合計】　①＋②＋③＝66人

【注意事項】

1　簡易宿所や団体客を宿泊させる部分等は、3㎡で除して得た数とします。

2　一の宿泊室に複数の和室・洋室が併存するものは、原則それぞれの部分について算定し合算しますが、スイートルーム等で同時に宿泊することのないことが明らかなものは合算しません。

⑸項ロ　　居住者の数＝収容人員

> （新築未入居の場合の人数）（福岡市消防局の場合）
> 1　1K（DK・LDKを含む）の1住居の居住者は1.5人
> 2　2K（DK・LK・LDKを含む）の1住戸の居住者は3人
> 3　3K（DK・LDKを含む）以上の1住居の居住者は4人

【マンション（⑸項ロ）の算定例】

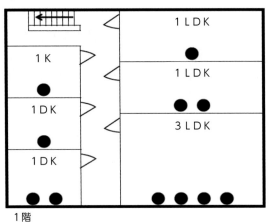

1階

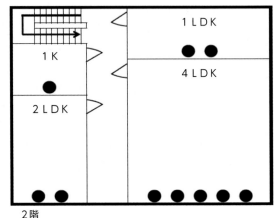

2階

居住者	●

①　1階の居住者　11人
②　2階の居住者　10人

【合計】　①＋②＝21人

【注意事項】
　居住者の数により算定します。

⑹項イ　医師、看護師等の数＋病室内にある病床の数＋待合室の部分の人数等＝収容人員

（病室内の病床の数・待合室部分の人数）

1　病室内の病床の数とは、患者を入院させるためのベッドの数

2　待合室の床面積の合計３㎡で１人

【診療所（⑹項イ）の算定例】

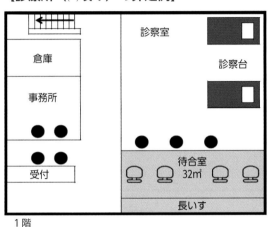

1階

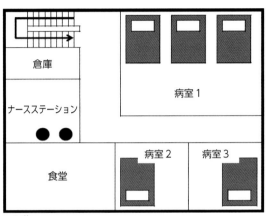

2階

従業者　●　　　病床（ベッド）　　　待合室

① 従業者の数　９人

② １階待合室の床面積32㎡／３㎡≒10人（端数切捨て）

③ ２階病室１～３の病床（ベッド数）の合計　５床

【合計】　①＋②＋③＝24人

【注意事項】

1　診察室内の診察台（ベッド）は、病床ではないので収容人員に加算しません。

※　病床（医療法第７条第２項）＝患者を入院させるためのもので、精神病床・感染症病床・結核病床・療養病床・一般病床の５種類があります。

2　産婦人科等の場合は、乳幼児を加算します。

3　待合室に固定式のいす席がある場合でも３㎡で除して得た数とします。

4　廊下を待合室にしている場合は、建基令第119条の規定による廊下の幅員以外の部分を３㎡で除して得た数とします。

⑹項（ロ・ハ）　従業者の数＋要保護者の数＝収容人員

> （要保護者の数）
> 　要保護者の数とは、高齢者・乳児・幼児・身体障がい者・知的障がい者等の数

【有料老人ホーム（⑹項ロ）の算定例】

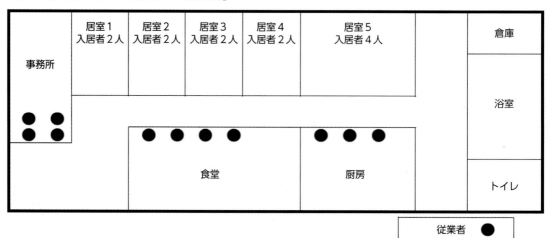

① 　従業者の数　11人

② 　利用者　12人

　　　　　　　　　　　　　　　　　　　　　　　　【合計】　①＋②＝23人

【注意事項】

1 　要保護者等の数は、定員により確認することとし、実情が定員より増減している場合は、その数とします。

2 　面積を除して得た数を算定する部分はありません。

(6)項二　教職員の数＋幼児・児童・生徒の数＝収容人員

【幼稚園（(6)項二）の算定例】

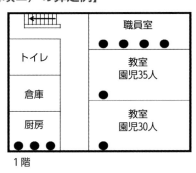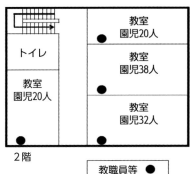

① 教職員等の数　13人

② 園児の数　175人

【合計】　①＋②＝188人

【注意事項】

1 幼児・児童等の数は、定員により確認することとし、実情が定員より増減している場合は、その数とします。

2 面積を除して得た数を算定する部分はありません。

(7)項　教職員の数＋児童・生徒・学生の数＝収容人員

【小学校（(7)項）の算定例】

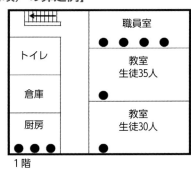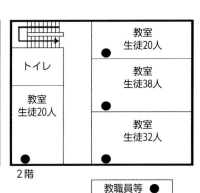

① 教職員等の数　13人

② 生徒の数　175人

【合計】　①＋②＝188人

【注意事項】

1 児童・生徒等の数は、定員により確認することとし、実情が定員より増減している場合は、その数とします。

2 面積を除して得た数を算定する部分はありません。

<table>
<tr><td>**⑻項**</td><td>**従業者の数＋閲覧室・展示室・会議室・休憩室の床面積の合計を３㎡で除して得た数＝収容人員**</td></tr>
</table>

【図書館（⑻項）の算定例】

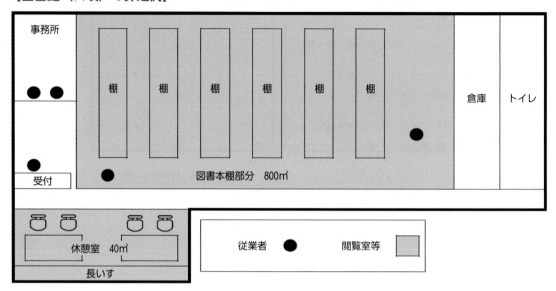

① 従業者の数　５人

② 図書本棚部分800㎡＋休憩室40㎡＝840㎡／３㎡＝280人（端数切捨て）

【合計】　①＋②＝285人

【注意事項】

1　飲食・休憩部分に固定式のいす席がある場合でも３㎡で除して得た数とします。

2　書架・陳列ケース等を置いている部分も床面積に入れます。

⑼項（イ・ロ）　従業者の数＋浴場・脱衣場・マッサージ室・休憩の用に供する部分の床面積の合計を３㎡で除して得た数＝収容人員

【銭湯（⑼項ロ）の算定例】

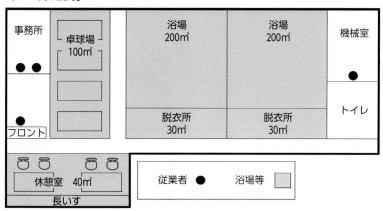

① 従業者の数　４人

② 浴場等の部分

浴場の合計	400㎡	休憩室	40㎡
脱衣所の合計	60㎡	合計／３㎡	600㎡／３㎡
卓球場	100㎡	人数	200人

（端数切捨て）

【合計】　①＋②＝204人

【注意事項】

　体育室・待合室・娯楽室等も休憩の用に供する部分として取り扱います。

⑽項　従業者の数＝収容人員

【駅舎（⑽項）の算定例】

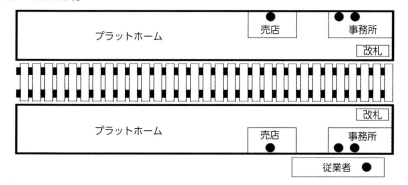

① 従業者の数　６人　　　　　　　　　　　　　　　　　【合計】　①＝６人

【注意事項】

1　従業者には、売店・食堂等の従業者も含まれます。

2　面積を除して得た数を算定する部分はありません。

【教会（(11)項）の算定例】

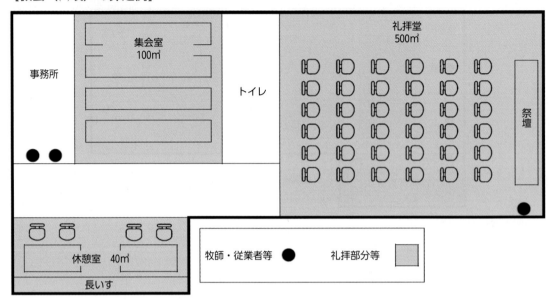

① 牧師・従業者の数　３人

② 礼拝等の部分

礼拝堂	500㎡		
集会室	100㎡	合計／３㎡	640㎡／３㎡
休憩室	40㎡	人数	213人

（端数切捨て）

【合計】　①＋②＝216人

【注意事項】

　礼拝堂等に固定式のいす席がある場合でも３㎡で除して得た数とします。

⑿項（イ・ロ）　従業者の数＝収容人員

【作業所（⑿項イ）の算定例】

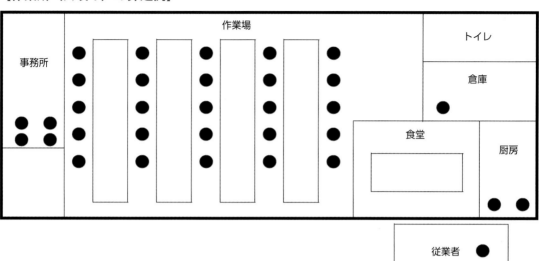

① 従業者の数　32人

【合計】　①＝32人

【注意事項】

面積を除して得た数を算定する部分はありません。

⑬項（イ・ロ）　従業者の数＝収容人員

【駐車場（⑬項イ）の算定例】

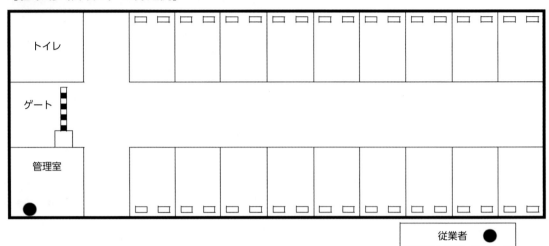

①　従業者の数　1人　　　　　　　　　　　　　　【合計】　①＝1人

【注意事項】

　　面積を除して得た数を算定する部分はありません。

⑭項　　従業者の数＝収容人員

【倉庫（⑭項）の算定例】

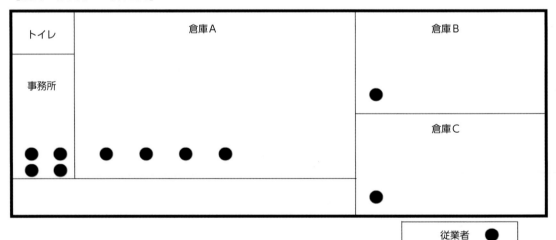

①　従業者の数　10人　　　　　　　　　　　　　【合計】　①＝10人

【注意事項】

　　面積を除して得た数を算定する部分はありません。

⑮項　従業者の数＋従業者以外の者が使用する部分の床面積を３㎡で除して得た数の合計＝収容人員

【銀行（⑮項）の算定例】

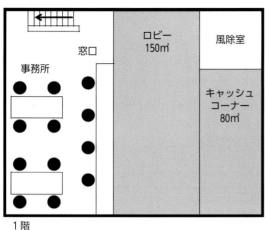

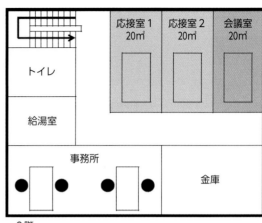

| | 従業者 ● | 従業者以外の者が使用する部分 | 食堂・会議室等 | |

① 従業者の数　16人

② 従業者以外の者が使用する部分

1 階		2 階	
ロビー	150㎡／３㎡＝50人	応接室 1	20㎡／３㎡≒6人
キャッシュコーナー	80㎡／３㎡≒26人	応接室 2	20㎡／３㎡≒6人
1 階人数	76人	2 階人数	12人

（端数切捨て）

【合計】　①＋②＝104人

（会議室の取扱い）

　従業者の合計16人＞会議室の床面積20㎡／３㎡≒6人であるため、階単位に収容人員を算定する場合に限り、会議室部分は従業者6人を算入します。

【注意事項】

1　理髪店・美容室の場合は、従業者の数＋待合の用に供する部分の床面積３㎡で１人とします（福岡市消防局の場合）。

2　ゴルフ練習場の場合は、従業者の数＋練習打席部分＋休憩又は待合の用に供する部分の床面積３㎡で１人とします（福岡市消防局の場合）。

3　⑮項には、様々な用途があるので算定方法には留意してください。

4　非常警報器具・非常警報設備・避難器具の設置の有無を判定する場合（階単位に収容人員を算定する場合）は、社員食堂・会議室等の部分を３㎡で除して得た数又は全体の従業者の合計の人数を従業者の数として算入します。⑮項以外の場合も同様に算入してください。

⒄項	床面積を5㎡で除して得た数=収容人員

【来賓接待所（⒄項）の算定例】

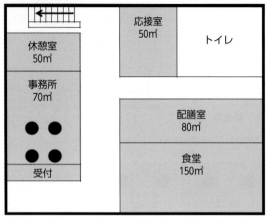

1階

2階

従業者 ●	床面積を5㎡で除して算定する部分 ▨

① 床面積を5㎡で除して算定する部分

1階		2階	
事務所	70㎡	倉庫	30㎡
休憩室	50㎡	配膳室	60㎡
応接室	50㎡	食堂	150㎡
配膳室	80㎡	寝室	120㎡
食堂	150㎡	貴賓室	200㎡
		談話室	80㎡
合計／5㎡	400㎡／5㎡	合計／5㎡	640㎡／5㎡
1階人数	80人	2階人数	128人

（端数切捨て）

【合計】 ①＝208人

【注意事項】

1 従業者の数は算入しません。

2 重要文化財等（⒄項）は、⒄項に掲げる防火対象物であるほか、⑴項から⒃項に掲げる防火対象物でもあるものとして取り扱うため、収容人員の算定に当たってもそれぞれ行います。例えば、神社が重要文化財として指定されている場合、収容人員の算定は、⑾項と⒄項とそれぞれ算定します。

3－4　則第5条の3

無窓階ってなに？

窓があっても
無窓階！？
立入検査でよくあるよ。

無窓階ってなんですか？

　無窓階っていうのは、
①消防の消火活動の時と**②利用者の避難の時**に
使える開口部（ドアとか窓）がない階のことをいうよ。

無窓階になると何かマズいんですか？

　無窓階になると、新たに消防用設備等が必要になる場合があるよ。（次のページを確認してみて♪）

無窓階かどうかって誰がいつ判定するんですか？

　無窓階かどうか、正確な判定は新築などの際に図面上で消防職員がしてるよ。

　でも、建物が使われ始めて、立入検査の時に無窓階かどうか、ある程度気付けるようにならないと、違反対象物を見逃してしまうことになるから、ここでちゃんと学んでおこう。

わかりました！

　じゃあ、次のページから、実際の事例や気を付けるところを見ていこう！

立入検査に行って、無窓階になっていたら、
要注意！！
高額な消防用設備等を設置しなければならない場合が多々あります！

パターン１：倉庫　250㎡＜その他構造＞

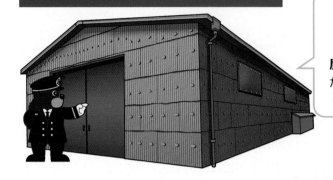

⑭項の倉庫が
無窓階に
なっていたら、
屋内消火栓設備の設置
が義務になります！！
（令第11条第1項第6号）

パターン２：飲食店150㎡

⑶項の飲食店が
無窓階に
なっていたら、
自動火災報知設備の設置
が義務になります！！
（令第21条第1項第10号）

無窓階に気付くことが大事！！

　どういう場合に**無窓階**になっていることがあるのか？
　「無窓階になっているかもしれない！」という状況に気付くことが大事！　無窓階かもしれないと思ったら、**許可をもらって**写真などを撮って、持ち帰って確認しよう。

有効開口部に**格子**を後付けしている場合

建物が**接続**され、面積が増えている場合

接続部

有効開口部を内側から**塞いでしまった**場合

上のような場合に気付けるようになろう！
無窓階になって新たに設備が必要になるかも！

開口部の種類って何でもいいんですか？

　開口部の種類は、窓、ドア、例外でシャッターもあるよ。

大きさの決まりとかあるんですか？

　大きさには、決まりがあるから、次のページで確認してみて。

ガラスの厚さとかは何ミリでもいいんですか？

ガラスは、種類によって有効な厚さが決まってるよ。後で詳しく説明するね。

開口部の位置って、駐車場の前とかでもいいんですか？

　駐車場と開口部に有効な幅（1m以上）が確保されている必要があるよ。

開口部に施錠がされているのはどうなんですか？

　基本、鍵がついてるのはダメだけど、火災時に自動で解錠されたり、内側と外側から非常時に開けられるものはＯＫ！

開口部の高さってどのくらいまで高くていいんですか？

　原則、窓は内側から見て開口部の下端までの高さが1.2m以下の高さにないと、有効な開口部とはいえないよ。

じゃあ、次のページから
無窓階判定の基本を学んでいこう！！

Q 有効な開口部とは？

有効な開口部として見るためには、条件があります。
　次の**4つのルール**を確認すれば、「有効な開口部」かどうか判断できるよ。

1	開口部の大きさ
2	ガラスの種類と厚さ
3	開口部の位置（幅と高さ）
4	開口部の施錠

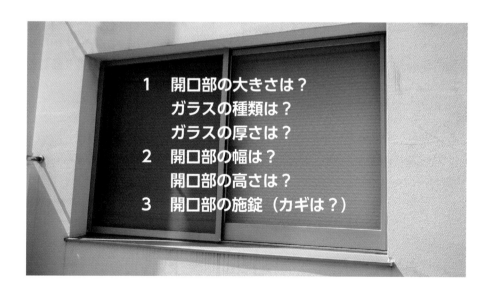

> **1 開口部の大きさは？**
> **ガラスの種類は？**
> **ガラスの厚さは？**
> **2 開口部の幅は？**
> **開口部の高さは？**
> **3 開口部の施錠（カギは？）**

それでは、順番に上の条件を詳しく見ていきましょう。

確認1．開口部の大きさについて

● **1つ目の確認**

　有効な開口部として算定するためには、次のとおり、ある一定の大きさがなければ、算定できません。

　窓が小さいと、「避難上」も「消火活動上」も使えないからね。

11階以上の無窓階判定をする場合

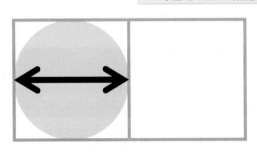

直径50cm以上の円が内接する
大きさの開口部であること。

10階以下の無窓階判定をする場合

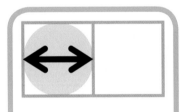

直径50cm以上の
円が内接すること。

+

大型開口部（最低2か所）

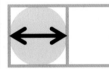

直径1m以上の円が
内接すること。

or

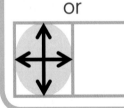

幅が75cm以上
高さが120cm以上

　上にあるように、**11階以上**か**10階以下**かで、有効な開口部に必要となる開口部の大きさが変わります。

　そして、その階が普通階かどうかを判定するのは、**次のページへ**

Q 普通階になるには？ (10階以下の場合)

その階にどのくらい有効に使える窓やドアがあるのか。
　下の計算式で条件を満たさないと「無窓階」になって、消火器や自動火災報知設備などの設置基準が強化されるよ。

10階以下の有効な開口部の面積の合計

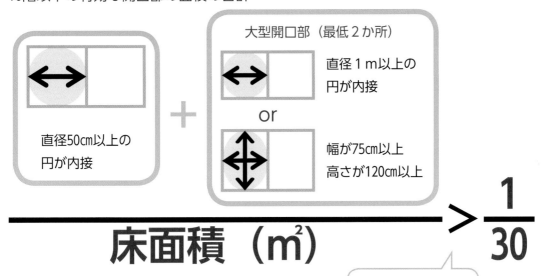

直径50cm以上の円が内接

＋

大型開口部（最低2か所）

直径1m以上の円が内接

or

幅が75cm以上
高さが120cm以上

$$\frac{有効な開口部の面積の合計}{床面積 (m^2)} > \frac{1}{30}$$

こうなれば、**普通階**

　有効な開口部を合計して、その階の床面積の30分の1を超えれば、その階は、普通階ということになります。

● **2つ目の確認**

ガラスについて確認します。

ガラスには次のとおり、いろいろな種類があり、その**種類や厚さ**によって有効な開口部かどうか判断されます。

ガラスの種類による開口部の取扱い（例）

ガラスの種類・厚さ		開口部の条件	判定
普通板ガラス フロート板ガラス 磨き板ガラス 型板ガラス 熱線吸収板ガラス 熱線反射ガラス	6.0mm以下	ＦＩＸ	○
		引き違い戸	○
鉄線入り板ガラス 網入り板ガラス	6.8mm以下	ＦＩＸ	×
		引き違い戸	△
	10mm以下	ＦＩＸ	×
		引き違い戸	▲
強化ガラス	5.0mm以下	ＦＩＸ	○
		引き違い戸	○
超耐熱性 　結晶化ガラス	5.0mm以下	ＦＩＸ	○
		引き違い戸	○
倍強度ガラス	―	ＦＩＸ	×
		引き違い戸	×
合わせガラス	フロート板ガラス6.0mm以下＋ＰＶＢ30mil(膜厚0.76mm)以下＋フロート板ガラス6.0mm以下	ＦＩＸ	×
		引き違い戸	△
	網入り板ガラス6.8mm以下＋ＰＶＢ30mil(膜厚0.76mm)以下＋フロート板ガラス5.0mm以下	ＦＩＸ	×
		引き違い戸	△
	フロート板ガラス5.0mm以下＋ＰＶＢ60mil(膜厚1.52mm)以下＋フロート板ガラス5.0mm以下	ＦＩＸ	×
		引き違い戸	▲
	網入り板ガラス6.8mm以下＋ＰＶＢ60mil(膜厚1.52mm)以下＋フロート板ガラス6.0mm以下	ＦＩＸ	×
		引き違い戸	▲
	フロート板ガラス3.0mm以下＋ＰＶＢ60mil(膜厚1.52mm)以下＋型板ガラス4.0mm以下	ＦＩＸ	×
		引き違い戸	▲

	構成するガラスごとに本表（線入り・網入りガラスは、厚さ6.8mm以下のものに限る。）により全体を判断する。
複層ガラス	（例） 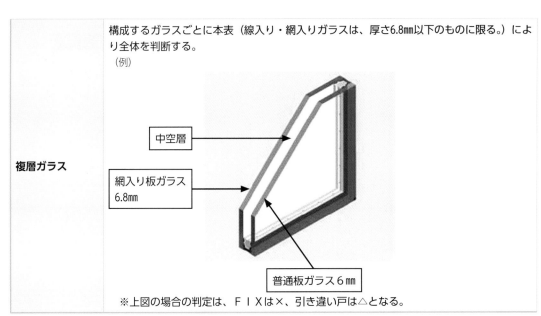 ※上図の場合の判定は、ＦＩＸは×、引き違い戸は△となる。

［備考］
　1　「引き違い戸」とは、片開き、開き戸を含め、通常は部屋内から開放でき、かつ、当該ガラスを一部破壊することにより、外部から開放することができるもの。
　2　「ＦＩＸ」とは、壁などに直接はめ込まれた開閉できない窓（はめごろし窓）をいう。
　3　「ＰＶＢ」とは、ポリビニルブチラール膜をいう。
　4　低放射ガラス（通称Ｌｏｗ－Ｅ膜付きガラス）並びにポリエチレンテレフタレート製フィルム（JIS A 5759の規定によるもので、厚さ100μm（0.1mm）以下のものに限る。）又は塩化ビニル製フィルム（厚さ400μm（0.4mm）以下のものに限る。）を貼付したガラスを用いた開口部については、基板となるガラスを本表（線入り・網入りガラスは、厚さ6.8mm以下のものに限る。）により判断する。

［凡例］
　○…有効な開口部として取り扱うことができる。
　△…ガラスを一部破壊し、外部から開放できる部分を有効な開口部として取り扱うことができる。（引き違い戸の場合おおむね1／2）
　▲…外部にバルコニー、屋上広場等の破壊作業のできる足場が設けられているものに限り、上記△の基準で認めることができる。
　×…有効な開口部として取り扱うことはできない。

※ガラスの種類による無窓階の取扱いは各自治体消防によって異なります（表は福岡市消防局の場合）。

これを参照することで、

有効な開口部かどうかを判断できます。

　例えば、この窓ガラスは、有効な開口部でしょうか？（大きさは満たしているとします。）

この窓は、
ガラスの種類は、「網入りガラス」
ガラスの厚さは、「6.8mm」
開口部の条件は、「引き違い戸」

ガラスの種類による開口部の取扱い（例）

ガラスの種類・厚さ		開口部の条件	判定
普通板ガラス フロート板ガラス 磨き板ガラス 型板ガラス 熱線吸収板ガラス 熱線反射ガラス	6.0mm以下	FIX	○
		引き違い戸	○
網入りガラス 鉄線入り板ガラス 網入り板ガラス	6.8mm以下	FIX	×
		引き違い戸	△
	10mm以下	FIX	×

6.8mm

引き違い戸

判定は、△

判定△って？

　ガラスの一部を破壊し、外部から開放できる部分を有効な開口部として取り扱うことができます。

　つまり、

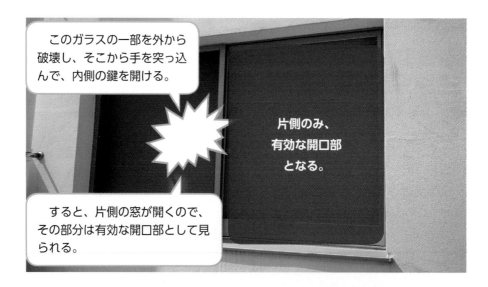

このガラスの一部を外から破壊し、そこから手を突っ込んで、内側の鍵を開ける。

片側のみ、有効な開口部となる。

すると、片側の窓が開くので、その部分は有効な開口部として見られる。

確認３．開口部の幅と高さについて

● **3つ目の確認**
開口部の「位置」について。
どんなに大きい窓でも、狭い所なんかにあったら、避難や消火活動に使えないよね。

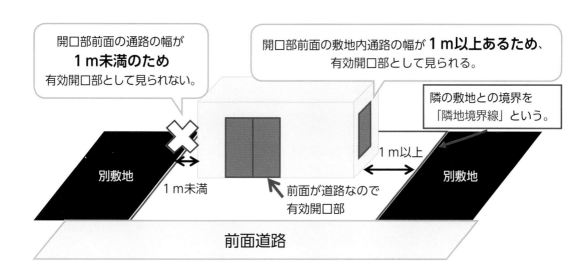

開口部前面の通路の幅が
１ｍ未満のため
有効開口部として見られない。

開口部前面の敷地内通路の幅が **１ｍ以上あるため、**
有効開口部として見られる。

隣の敷地との境界を
「隣地境界線」という。

別敷地

１ｍ未満

前面が道路なので
有効開口部

１ｍ以上

別敷地

前面道路

①開口部は、道又は道に通ずる有効幅員 **１ｍ** 以上の通路、その他の空地に面したものであること（11階以上の階は除く。）。

②開口部は、内部から容易に避難でき、かつ、外部からも容易に開放又は破壊できるものであること。

③開口部は、内側から見て、床面から1.2m以下の高さにあること。

窓の内側に棚などがある
場合は、有効な開口部とし
て見られないよ。

でも、コンビニのキャスターなどが付いてるマガジンラックなどは、容易に動かせるから、そこの部分の開口部は、有効な開口部として算定してるよ。

● **4つ目の確認**

原則、鍵などで施錠されている開口部は算定できません。

なぜか？

それは、無窓階判定の有効開口部は、

「避難上」だけでなく、「消火活動上」も使える窓

でなければならないからです。

 ### 有効な施錠方法

● 空錠（鍵なし）

● 非常時に自動的に解錠できる構造[※]

 ＜種類＞

 ① オートロック非常解錠装置

 ② 水圧解錠シャッター

 ③ 自動火災報知設備と連動して解錠する開口部　など

※非常時に自動的に解錠できる構造とは……

 停電時にサムターン等により手動開放できるなど、避難上支障とならない構造のもの

 ### 有効でない施錠方法

● 上記の鍵以外の方法で施錠されている開口部は、全て無効です。

練習問題

　通常、無窓階判定は、新築などの際に図面上で消防職員が行い、立入検査の現場で詳細な判定をすることは、ほぼありません（明らかに無窓階の場合を除きます。）。

　ただ、実際どのように無窓階判定がされているのかを理解することで、立入検査の際に、無窓階かどうか、より気付くことができるようになります。

　それでは、次の問題を順番に解いて、無窓階判定について理解を深めましょう。

Q1　床面積150㎡なら、何㎡を超える
　　開口部があれば、普通階でしょうか？

平面図

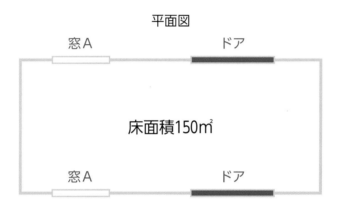

A1　解答

10階以下の有効な開口部の面積の合計

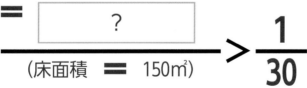

床面積150㎡なら、

5㎡を超える 有効な開口部が必要

Q2 この階は、無窓階？ 普通階？
　　窓とドアは、有効な開口部として考えてください。

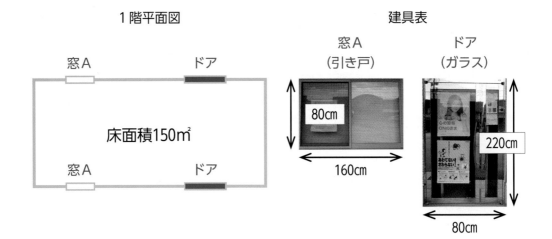

1階平面図　　　　　　　　　　　建具表

A2 解答　　窓Aとドアは、有効な開口部とすると……

窓A（引き戸）

窓Aの面積は、
$0.8m×1.6m＝1.28㎡$
窓Aは、2か所あるので、
$1.28㎡×2＝2.56㎡$

ドア（ガラス）

ドアの面積は、
$0.8m×2.2m＝1.76㎡$
ドアは、2か所あるので、
$1.76㎡×2＝3.52㎡$

窓A 2か所の面積　　ドア2か所の面積
2.56㎡　　　　　　　　3.52㎡

$＝6.08㎡ ＞ \dfrac{150㎡}{30}$

有効な開口部が、床面積の30分の1を超えるので、
この階は、**普通階**である。

3－5 建築基準法 消防法

内装ってなに？
（屋内消火栓設備の2倍・3倍読みなど）

少し難しいかもしれない
けど、知っておいてね！

内装と聞くと、部屋の飾りや壁紙なんかを想像するよね。
　ここでいう内装とは、建築基準法で規制される「内装制限」と、消防法で求める「内装」のことを指すよ。

Q　内装のことをどうして気にする必要があるの？

　まず第一に、内装制限は、火災の際にフラッシュオーバー（急激な爆発的燃焼を起こす状況）までの時間をできる限り遅らせ、また、火災の拡大を防ぐために必要なものです。

⚠　消防法上も内装制限があるかないかで、必要な消防用設備等が変わってくることがあるので要注意！！

内装制限で設備基準が変わるもの

設備基準	根拠法条
屋内消火栓設備に関する基準	令第11条第2項
スプリンクラー設備に関する基準	令第12条第4項
大型消火器以外の消火器具の設置	則第6条第2項
スプリンクラー設備を設置することを要しない構造	則第12条の2
スプリンクラー設備を設置することを要しない階の部分等	則第13条
スプリンクラー設備の水源の水量等	則第13条の6
避難器具の設置個数の減免	則第26条第5項
誘導灯及び誘導標識を設置することを要しない防火対象物又はその部分	則第28条の2
連結散水設備に関する基準の細目	則第30条の3第1項
特定共同住宅等の位置、構造及び設備を定める件	40号省令・平成17年消防庁告示第2号

例えば……

倉庫（⑭項）は、700㎡以上で屋内消火栓設備の設置が義務となりますが、

準耐火構造で内装制限がある場合は……2倍の1,400㎡

耐火構造で内装制限がある場合は………3倍の2,100㎡

以上でいいという緩和規定があります。

なので、この規定を適用している場合は注意が必要です！！　万が一、内装が改装されて、内装制限がない場合は、屋内消火栓設備の設置が義務となることがあります。

Q 建築基準法の内装制限とは？

大規模建築物の居室のみ、床面から1.2m以下は除く。

内装制限とは、火災が発生した際に内装が激しく燃えて火災が広がったり、有毒ガスが発生したりするのを極力軽減するために、もともとは建築基準法で規定されるものです。

火災と内装制限の歴史

年代	火災の歴史	建築基準法の改正
1953〜1957年	劇場等の火災 （有楽座、明治座など）	準不燃・難燃材の規定
1966〜1970年	旅館大火災 （菊富士、つるやなど）	内装制限の拡大
1987年	社会福祉施設火災 （特養　松寿園）	内装制限の合理化

Q どんな建物でも必要なの？

内装制限が必要な部分		仕上げ
2階以下の居室	天井	難燃以上
	壁※	
3階以上の居室	天井	準不燃以上
	壁※	難燃以上
廊下・階段	天井	準不燃以上
	壁※	

内装制限がかかる建物は、建築基準法上の特殊建築物等で一定規模以上の建物です。

具体的には、左の表の箇所に規制がかかります。

特殊建築物……建基法別表第1に該当するもので、消防法上の特定用途とは異なるよ！！

※壁は、1.2m以上の部分のみ内装制限がかかります。

Q 難燃？ 準不燃？

難燃材料や不燃材料とは、一定時間、<u>不燃性能</u>を有する建築資材のことです。当然ですが、難燃材料には不燃材料や準不燃材料も含まれます。

不燃材料
準不燃材料
難燃材料

不燃性能とは？	①燃焼しない
	②変形・溶解しない
	③有毒ガスを発しない

（不燃性能5分間）　（不燃性能10分間）　（不燃性能20分間）

壁紙のように大臣認定を受けたものと、コンクリートなど、もともと不燃性能を有するものがあるよ！

Q 消防法上の内装とは？

【建築基準法との違い】

①床面から１.２m以下の壁も対象となります。

②仕上げのみの指定で、下地までは問いません。

③４㎡未満の倉庫などは対象となりません。

　※ウォークインクローゼットは除く。

④<u>組み合わせによる内装仕上げ</u>は使えません。

●組み合わせによる内装仕上げとは？

建築基準法で認められている工法で、本来は「天井と壁を難燃材料で仕上げるべき居室」を「天井を準不燃材料とすれば、壁は自由な施工でよい」というものです。

Q 内装制限の適用除外とは？

以下の場合は、火災危険度の観点から内装に制限がかからないことになっているよ。

①スプリンクラー設備などの自動式消火設備と排煙設備が設置してある部分

②学校、体育館、スポーツ施設など（火気使用室を除く。）

③100㎡以内で防火区画された居室部分（耐火・準耐火構造のみ）

　※31mを超える部分は内装制限が必要　　　　　　　　　　　　　　などです。

建築物ってなに？

はじめに

　消防法では、建物の用途や面積に対して消防用設備等の設置や防火管理者の選任などが定められていますが、建築基準法では、その建物自体の構造や設備（階段や防火戸など）の規制について定められています。

　消防法と建築基準法は密接に関連しているため、立入検査時において、建築基準法令の知識も必要となります。そのため、建築基準法令の基本的な規定について「一歩ずつ」勉強していきましょう。

消防法令に出てくる建築基準法令の用語

　例えば、消火器を防火対象物に設置するときに、建築基準法の規定がどれだけ出てくるか確認してみましょう。

防火対象物に設置

防火対象物の中の建築物は建基法第2条第1号に出てくるよ！

建築物・工作物って何？

延べ面積○○m²以上に設置

延べ面積は建基令第2条第1項にあるよ！
（床面積の合計のことだね。）

建築面積・床面積どっちのこと？

階ごとに設置

階数の規定も建基令第2条第1項だよ！

階数の算定ってどうやるの？

建築物の定義

建築物とは、土地に定着する工作物のうち、屋根及び柱若しくは壁を有するものをいいます。

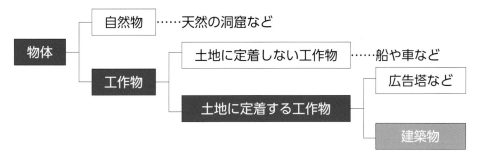

物体 ─┬─ 自然物 ……天然の洞窟など
　　　 └─ 工作物 ─┬─ 土地に定着しない工作物 ……船や車など
　　　　　　　　　 └─ 土地に定着する工作物 ─┬─ 広告塔など
　　　　　　　　　　　　　　　　　　　　　　　└─ 建築物

建築物の要件

建築物には、基本的に屋根があります。

屋根　を　柱　OR　壁　で支える

＝

建築物

門

屋根のない観覧場

建築物に附属する門や観覧のための工作物も、建築物に含まれます。

機械式駐車場

屋根がない場合は、工作物に該当するよ。

建築物の構造

建築物は、その建っている地域や用途によって防火性能を有する構造が必要となります。その種類は、「耐火構造」、「準耐火構造」、「防火構造」などがあります。

耐火構造

壁、柱、床その他の建築物の構造を通常の火災が終了するまでの間、建築物の倒壊及び延焼を防止するための耐火性能（非損傷性・遮熱性・遮炎性）を有する構造としたもの。その耐火時間は、下図のとおりです。

	塔屋		壁					柱	床	はり	屋根	階段
			外壁			間仕切壁						
			非耐力壁 延焼のおそれ		耐力壁	非耐力壁	耐力壁					
			あり	なし								
非損傷性	最上階 / 2 / 3 / 4	最上階及び最上階から数えた階数が2以上で4以内の階	ー	ー	1時間	ー	1時間	1時間	1時間	1時間	30分間	30分間
	5 / 6 / 7 / 8 / 9 / 10 / 11 / 12 / 13 / 14	最上階から数えた階数が5以上で14以内の階	ー	ー	2時間	ー	2時間	2時間	2時間	2時間	30分間	30分間
	15 / 16 / 17 / 18 / 19 / 20	最上階から数えた階数が15以上の階	ー	ー	2時間	ー	2時間	3時間	2時間	3時間	30分間	30分間
遮熱性			1時間	30分	1時間	1時間	1時間	ー	1時間	ー	ー	ー
遮炎性			ー	30分	1時間	ー	ー	ー	ー	ー	30分	ー

最上階からの階数に応じて耐火時間が求められます。
下階になるほど強さが必要となるので、長い時間の耐火時間が要求されます。

準耐火構造

　壁、柱、床その他の建築物の部分を通常の火災による延焼を抑制するために必要とされる耐火構造に準じた次表のような耐火性能を有した構造としたものです。

建築物の部分		45分準耐火	1時間準耐火
壁	間仕切壁（耐力壁）	45分	1時間
	外壁（耐力壁）	45分	1時間
柱		45分	1時間
床		45分	1時間
はり		45分	1時間
屋根（軒裏を除く。）		30分	30分
階段		30分	30分

　※　主要構造部を木造で作る大規模な建築物については、準耐火構造が別に定められているので留意する。

耐火建築物・準耐火建築物

　さらに、建築物の地域や用途によっては、「耐火建築物」、「準耐火建築物」にする必要があります。

> **Q**　「耐火構造・準耐火構造」と「耐火建築物・準耐火建築物」とあるけど、構造と建築物ってなにが違うの？

　「耐火建築物」とは、主要構造部が耐火構造で、延焼のおそれのある部分の開口部に防火設備を設けたものをいうよ！　詳しくは123ページで説明するよ！

●**主要構造部とは？**

　壁・柱・床・はり・屋根・階段をいいます。

　ただし、建築物の構造上重要でない間仕切壁、最下階の床やひさしなどは除かれます。

> **Q**　どのような場合に、耐火建築物や準耐火建築物にしなくてはいけないの？

　市街地の延焼を防ぐために、防火地域や準防火地域が定められていて、その地域内の建築物は耐火建築物などにしなくてはいけない場合があるよ！

　それ以外でも、建築物の用途や規模によっても耐火建築物などにしなくてはいけない場合があるよ！

　防火地域や準防火地域は、市街地における火災の危険を防除するために定める地域とされています（都市計画法第9条第21項）。防火地域内の建築物は、原則として耐火建築物にする必要があり、準防火地域内の建築物は、規模や用途により耐火建築物か準耐火建築物等にする必要があります（令和元年の建基令改正により、外壁や扉などの開口部に防火性能の高い材質を用いた延焼防止建築物・準延焼防止建築物も新たに加えられました。）。

　また、屋根や外壁等の規制を受ける「22条地域」（建基法第22条）という地域があります。

■地域による規制は、防火地域・準防火地域・22条地域・その他の地域に分かれています。

防火地域

　防火上の規制が最も厳しい地域。
　大規模な商業施設等が建ち並び人や交通量が多く、ひとたび火災が起きると大惨事になる可能性がある地域や、震災等の災害時に緊急車両の通行を確保しなければならない主要幹線道路沿いの地域等のこと。

22条地域

　都市計画で定められた防火地域・準防火地域以外の市街地でも、周辺の火災による火の粉で火災が広がるのを防止するために、屋根や外壁等の防火上の規定が必要な地域として、特定行政庁が指定する区域のこと。

準防火地域

　防火地域の外側で、住宅等の建物が密集しており、火災が起きたときの危険度が高い地域のこと。

その他（無指定地域）

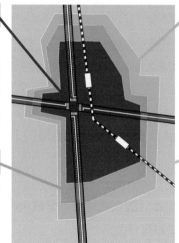

　防火地域・準防火地域内の小規模建築物は、耐火建築物や準耐火建築物でない建築物（木造等）でも建てられるけど、延焼のおそれのある部分の開口部に防火設備を設ける必要があるよ！

　隣地境界線や道路中心線から1階にあっては3m以下、2階以上にあっては5m以下の距離にある建築物の部分をいいます。

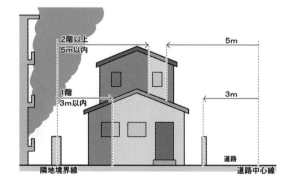

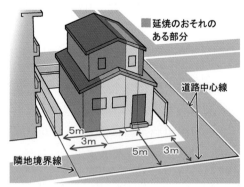

延焼のおそれのある部分

隣地境界線や道路中心線に対して角度が付いている建物は、延焼のおそれのある部分が緩和されるので、注意してね！

防火設備

　開口部に設ける防火設備には、「防火設備」と「特定防火設備」とがあり、防火戸、網入りガラス、ドレンチャー設備などがあります。

防火戸
 　常時閉鎖式の防火戸と煙感知器が作動して閉鎖する防火戸があります。 ※　古い建築物の場合、旧基準の熱を感知して閉鎖する防火戸が設置されていることもあります。
網入りガラス
 窓などの開口部に設けられます。 ※　透明の耐熱ガラスで防火設備に認定されているものもあります。
ドレンチャー設備
水幕を張り火炎を遮ります。

耐火建築物

　耐火建築物の要件は、屋内の火災に耐えるための耐火構造と、屋外の火災に耐えるための延焼のおそれがある部分の開口部に防火設備を設けることの2つが必要となります。

耐火構造 延焼のおそれがある部分の開口部 防火設備 耐火建築物

準耐火建築物

準耐火建築物は、3種類あります。先ほど説明した準耐火構造に、延焼のおそれのある部分の開口部に防火設備を設けるか、外壁を耐火構造にする等（外壁耐火型）とするか、又は柱・はりを鉄骨等の不燃材料とする等（不燃構造型）とし、延焼のおそれのある部分の開口部に防火設備を設けるかがあります。

構造を準耐火構造としたものをイ準耐（建基法第2条第9号の3イ）、外壁耐火型としたものを口準耐1号（建基法第2条第9号の3口・建基令第109条の3第1号）、不燃構造型としたものを口準耐2号（建基法第2条第9号の3口・建基令第109条の3第2号）といいます。

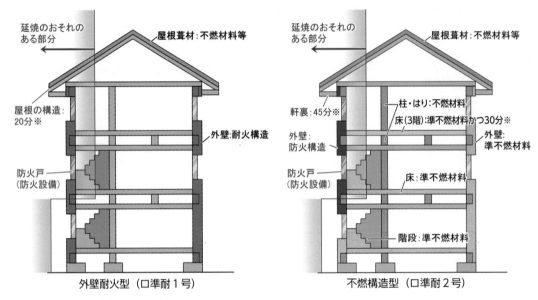

外壁耐火型（口準耐1号）　　　　　不燃構造型（口準耐2号）

※　時間は、材料試験基準で求められている時間を示している。

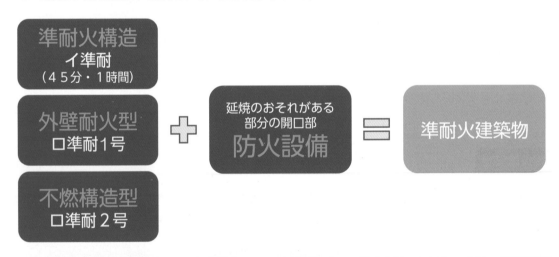

※　古い建築物の場合、簡易耐火建築物という対象物がある場合があります。今は、建築基準法の改正でこの呼び名はありませんが、現在の口準耐の1号又は2号に該当します。

消防法令に出てくる耐火構造や耐火建築物など

　消防法令には、防火対象物に対する耐火構造や耐火建築物などの規定があります。条文によって、構造のみを要求するものと、さらに、延焼のおそれのある部分の開口部に防火設備を設けた耐火建築物や準耐火建築物までを要求するものがあります。

令第8条	令8区画	耐火構造
令第11条第2項	屋内消火栓設備	耐火構造・イ準耐・ロ準耐（構造のみ）
令第12条第2項	スプリンクラー設備	耐火建築物
令第19条第1項・第2項	屋外消火栓設備	耐火建築物・準耐火建築物
令第21条第2項	自動火災報知設備	耐火構造
令第25条第1項	避難器具	耐火構造
令第27条第1項・第2項	消防用水	耐火建築物・準耐火建築物

※　消防法施行規則にも「耐火構造」などの規定があります。「構造」だけの要求か、「建築物」までの要求か確認しましょう。

防火区画

　建築物の用途や規模によって、火災の拡大を防ぎ、避難上の支障がないようにするための防火区画が要求されます。その種類は、以下のとおりです。

面積区画	耐火建築物	1500㎡以内ごとを耐火又は準耐火構造で区画
	準耐火建築物	1000㎡以内ごと、500㎡以内ごとを耐火又は準耐火構造で区画
高層区画	11階以上の部分	一定面積ごとに耐火構造で区画
竪穴区画	準耐火構造で、3階以上に居室があるなど	階段室・エレベーターなどを耐火又は準耐火構造で区画
異種用途区画	各用途相互間	駐車場と事務所などを耐火又は準耐火構造で区画

※　各区画に開口部を設ける場合は、「特定防火設備」や「防火設備」を設ける必要があります。

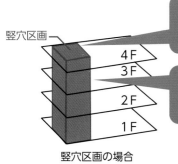

竪穴区画

4F
3F
2F
1F

竪穴区画の場合

　階段などの竪穴部分とその他の部分を耐火又は準耐火構造で区画する。

　竪穴部分とその他の部分に開口部がある場合は、防火設備等（防火戸）が必要

不燃材料・耐火構造・防火設備の各関係性

「不燃材料・準不燃材料・難燃材料」、「耐火構造・準耐火構造・防火構造」、「防火設備・特定防火設備」などの関係性は、包含関係となっています。

【例】

則第12条の２第１号イのスプリンクラー設備の規定で「……居室を準耐火構造……」とある準耐火構造には、耐火構造も含まれます。

不燃材料
（20分）

準不燃材料（10分）

難燃材料（5分）

防火材料の関係

耐火構造
（3時間～30分）

準耐火構造
（1時間～30分）

防火構造（30分）

準防火構造（20分）

耐火・防火構造の関係

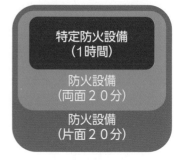

特定防火設備
（1時間）

防火設備
（両面20分）

防火設備
（片面20分）

防火設備の関係

面積・階数・高さの算定

建築面積

建築面積とは、いわゆる「建て坪」のことで、敷地面積に対する割合（建蔽率）に用います。その算定方法は、水平投影面積（1ｍ以下のひさし等を除く。）によります。

※　消防法令の規制では、建築面積を使うことはありません。

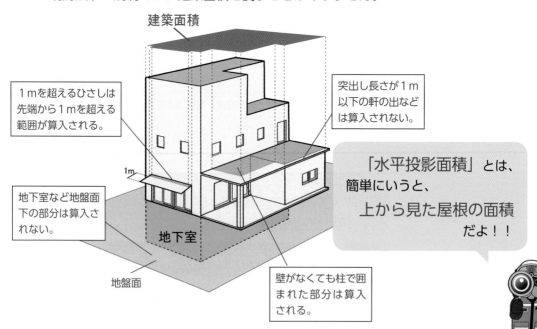

建築面積

１ｍを超えるひさしは先端から１ｍを超える範囲が算入される。

突出し長さが１ｍ以下の軒の出などは算入されない。

地下室など地盤面下の部分は算入されない。

地下室

地盤面

壁がなくても柱で囲まれた部分は算入される。

「水平投影面積」とは、簡単にいうと、上から見た屋根の面積だよ！！

床面積・延べ面積

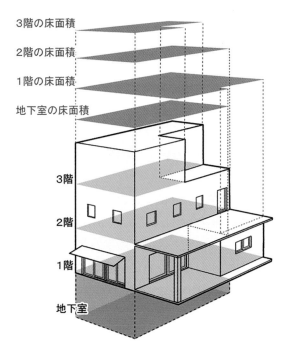

3階の床面積

2階の床面積

1階の床面積

地下室の床面積

3階

2階

1階

地下室

① 床面積

　床面積とは、建築物の各階又はその一部で、壁等で区画された部分の水平投影面積によります。

② 延べ面積

　延べ面積とは、各階の床面積の合計をいいます。敷地面積に対する割合（容積率）に用います。

③ 消防法令の規制

　消防法令で消防用設備等の設置基準等で使用する面積は、一部の例外を除き、上記の「床面積」、「延べ面積」を用います。

階　数

　階数の算定は、消防法令の規制でも多く使用されます。「地上階」、「地階」とがあり、水平投影面積の合計が建築面積の合計の１／８以下の「機械室、階段室等の塔屋」や「地下の機械室、階段室、倉庫等」は、階数に算入されません。

6	
5	
4	
3	
2	
1	GL
B1	
B2	
B3	

地上６階・地下３階の建築物

　建築面積の１／８以下の塔屋（機械室や階段室等）は、階数に算入されません。
　（注）　人が継続的に使用する居室や倉庫等であれば、面積に関係なく階数に算入されます。

　建築面積の１／８以下の地下（機械室や階段室や倉庫等）は、階数に算入されません。
　（注）　居室であれば、面積に関係なく階数に算入されますが、屋上の塔屋との違いは、地下の場合だと倉庫であっても階数に算入されません。

立入検査時の注意点

⚠　地上６階・地下３階建ての建築物であるが、階数に算入されていない塔屋や地下の使用用途が変わる（倉庫等に使用する）と地上７階・地下４階建ての建築物となる場合があります。

　建築基準法令では、建築物の高さによって高さ制限や非常用エレベーターの設置などの規制があり、様々な算定方法があります。消防法令でも、建築物の高さによる規制がありますが、その算定方法は、一般的に軒の高さを使用します。

　軒の高さとは、地盤面から建築物の小屋組又はこれに代わる横架材を支持する壁、敷桁又は柱の上端までの高さとされています（建基令第２条第１項第７号）。

高層建築物

　消防法令では、地盤面からの高さが31mを超える建築物を高層建築物といい、防炎規制などの規定があります（建築基準法・建築基準法施行令には高層建築物という定義はありません。）。

　また、途中階で高さ31mを超える階には、条例でスプリンクラー設備の設置義務などの規制がある場合がありますが、その算定方法は、各消防本部により規定されています。

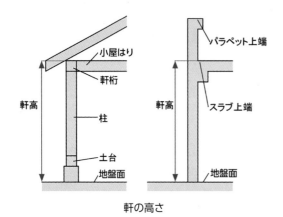

軒の高さ

建築物の高さ	規制内容
31mを超える建築物 （高層建築物）	統括防火管理者 （法第８条の２）
	防炎規制 （法第８条の３）
31mを超える階	スプリンクラー設備 （福岡市消防局の場合）
	連結送水管の技術基準 （福岡市消防局の場合）

消防法令上の高さによる規制

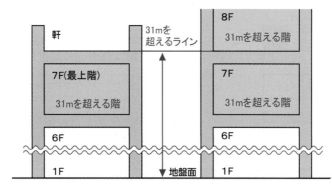

消防法令上の高さの算定（福岡市消防局の場合）

階段の種類

　階段は、転落等の事故防止のため、その安全性について規定されています。さらに、建築物の用途や規模によっては、避難上の安全性を高めた階段（直通階段や避難階段）を設ける必要があります。

階段（一般構造）　（建基令第23条・第24条・第25条）

　階段の幅や踊場等の基準が定められています。建築物に階段を設ける場合は、この基準に従う必要があります。

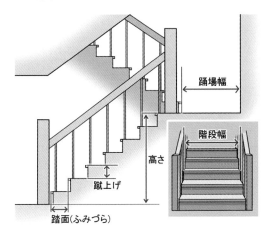

階段の種別	階段・踊場の幅（cm）	蹴上げの寸法（cm）	踏面の寸法（cm）
①小学校の児童用	140以上	16以下	26以上
②中学・高校の生徒用、物販店（1500㎡超）、劇場等の客用	140以上	18以下	26以上
③直上階の居室の床面積が200㎡以上等	120以上	20以下	24以上
④住宅の階段	75以上	23以下	15以上
⑤その他の階段	75以上	22以下	21以上

※　踊場は、上表の①又は②の階段は、高さが３ｍを超えると高さ３ｍ以内ごとに、③から⑤の階段は、高さ４ｍを超えると高さ４ｍ以内ごとに設ける必要があります。

※　階段には必ず手すりを設ける必要があります。

直通階段　（建基令第120条・第121条・第121条の２）

　避難階以外の階には、迷うことなく地上又は避難階に通ずる直通階段を設ける必要があります。また、建築物の用途や規模によっては、直通階段を２つ以上設ける必要があります。

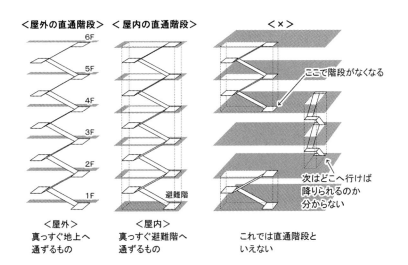

① 屋内避難階段

- 構造は、耐火構造とする。
- 階段室は、耐火構造の壁で囲み、天井・壁の室内面は、不燃材料とする。
- 階段室には、採光窓又は予備電源付きの照明装置を設置する。
- 階段室の出入口には、防火設備で遮炎性能を有する防火戸を設ける。

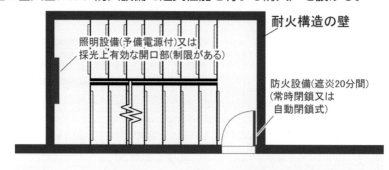

② 屋外避難階段

- 構造は、耐火構造とする。
- 屋内から屋外避難階段への出入口には、防火設備で遮炎性能を有する防火戸を設ける。
- 階段から2m未満の外壁には、開口部を設けてはいけない（1㎡以内で防火設備をはめ殺しとした窓は設けることができる。）。

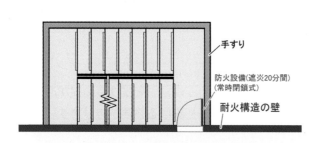

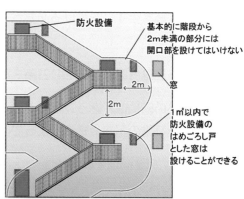

屋内避難階段

屋外避難階段

❸ 特別避難階段

- 特別避難階段は、屋内避難階段へ入る前にバルコニー又は付室を設け、そこを通じて階段室へ出入りすることにより安全性を高めたものである。
- 階段及び付室の構造は、耐火構造とする。
- 階段室及び付室は、耐火構造の壁で囲み、天井・壁の室内面は、不燃材料とする。
- 付室には、排煙のための窓又は排煙設備を設ける。
- 屋内からバルコニー又は付室への出入口には、特定防火設備で遮炎性能を有する防火戸を設ける。
- バルコニー又は付室から階段室への出入口には、防火設備で遮炎性能を有する防火戸を設ける。

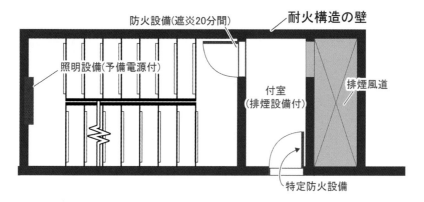

付室型

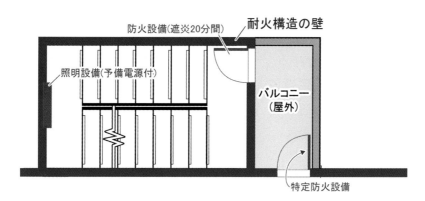

バルコニー型

その他建築基準法令による設備等

建築基準法令にも避難や消火活動上必要となる設備の規制が定められています。

❶ 排煙設備（建基令第126条の２・第126条の３）

建築物の用途や規模によっては、火災時の避難に役立たせるために、排煙設備を設置しなくてはいけません。

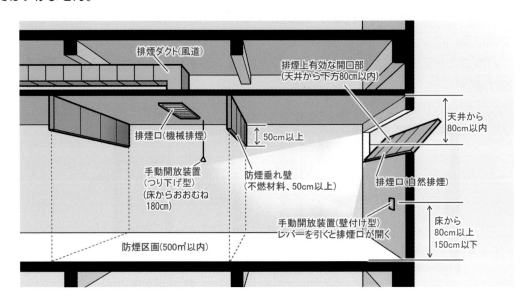

❷ 非常照明（建基令第126条の４・第126条の５）

建築物の用途や規模によっては、火災時に停電でパニックとならないように、非常用の照明装置を設置しなくてはいけません。

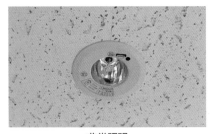

非常照明

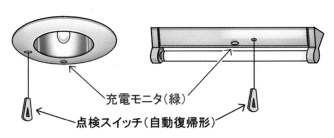

❸ 非常用の進入口（建基令第126条の6・第126条の7）

建築物の高さ31m以下の部分にある3階以上の階には、基本的に火災時に消防隊が進入する非常用の進入口を設けなくてはいけません。

非常用進入口

代替進入口

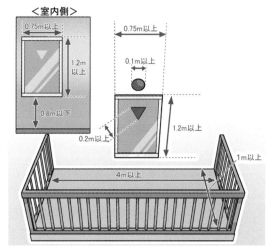

❹ 非常用エレベーター（建基令第129条の13の2・第129条の13の3）

高さ31mを超える建築物には、基本的に非常用の昇降機を設けなくてはいけません。

非常用エレベーター

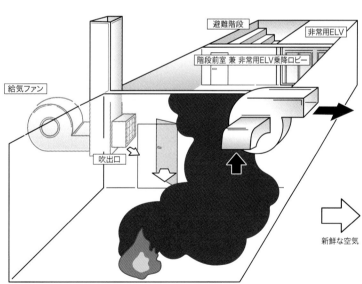
非常用エレベーターの付室

消防法令と建築基準法令の関係性

　消防法令には、建築基準法令に基づく規定を使用する場合が多くあります。その規定内容の代表例は、以下の表のとおりです。

規定内容		消防法令	建築基準法令
建築物・工作物	防火対象物の要件	法第２条第２項	建基法第２条第１号
耐火構造	令８区画	令第８条	建基法第２条第７号 建基令第107条
主要構造部	屋内消火栓設備の倍読み規定	令第11条第２項	建基法第２条第５号 建基法第２条第７号
	自動火災報知設備の天井裏の感知器免除	令第21条第２項	
防火設備	防火戸の管理	法第８条の２の４	建基法第２条第９号の２ロ 建基令第109条
	屋内消火栓設備の非常電源	則第12条第１項第４号イ（二）	
避難階	特定一階段の要件	令第４条の２の２第２号	建基令第13条第１号
	避難器具の基準	令第25条第１項	
避難階段・特別避難階段	避難上有効な構造を有する場合	則第４条の２の３	建基令第123条・第124条
難燃材料	屋内消火栓設備の倍読み規定	令第11条第２項	建基令第１条第６号
床面積・階数の算定	消防用設備等の設置基準	令第10条～第29条の３	建基令第２条
居室	地下街等に設置することができるハロゲン化物消火器等	則第11条第２項	建基法第２条第４号
	スプリンクラー設備の設置免除構造	則第12条の２第１項第１号イ	

> **あくまで一例です！！**
> 他にも建築基準法令に関連する規定はたくさんあります。

3－7

特定一階段等防火対象物ってなに？

略して「トクイチ」
要チェック！

特定一階段ってなに？

端的にいうと、火災時の危険性が高い建物のことだよ！

●平成13年9月1日「新宿区歌舞伎町ビル火災」

　4階建て516㎡という比較的小規模な雑居ビルでの火災でしたが、44人の死者を出すという過去に例を見ない大惨事となりました。

　この火災は、直通階段が屋内に1つしかなく、多くの物品が存置されており、避難経路を有効に使用できませんでした。

⇒これを受け、平成15年に特定一階段等防火対象物に対する規制が強化されました。

Q　特定一階段等防火対象物とは？

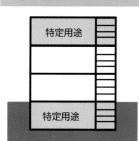

特定用途

特定用途

3階以上の階又は地階に(1)項〜(4)項、(5)項イ、(6)項、(9)項イがあり

かつ

屋内階段が1つしかない建物
※階段が屋外階段、屋内特別避難階段であれば非該当
※屋内避難階段で告示の基準を満たす場合は非該当

Q　どういった規制がかかるの？

1 1年に1回の防火対象物定期点検報告が必要となります。　　令第4条の2の2第2号

　　※防火管理が義務の場合に限ります。

2 面積に関係なく自動火災報知設備が義務になります。　　令第21条第1項第7号

　　※特定一階段であれば、建物全体に必要となります。

3 自動火災報知設備の屋内階段に設置する煙感知器の必要個数が増えます。

則第23条第4項第7号へ

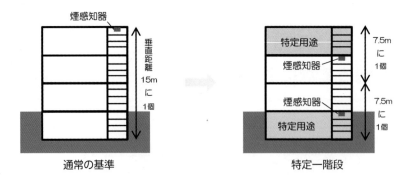

通常の基準　　　　　　　　　特定一階段

4 自動火災報知設備の受信機は再鳴動機能が必要です。

則第24条第2号ハ

　火災が発生し、ベルが鳴動した後に人為的にベルを停止した場合、2～8分後に再鳴動させる機能を受信機に備えなければなりません。

　これは、火災報知の遅れによる逃げ遅れの危険性を排除するためのものです。

5 避難器具の要件が厳しくなります。

則第27条第1項第1号

- 安全かつ容易に避難できるバルコニー等に設ける。
- 常時、使用できる状態で設置する（固定はしごなど）。
- 一動作で使用できるものを設置する。

※上記のいずれかに適合するように設置する必要があります。

6 避難器具の設置場所の明示が必要になります。　　**則第27条第1項第3号**

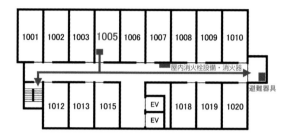

避難経路図
EMERGENCY EXIT
10F

- 避難器具設置場所の出入口に標識を設ける。
- 避難器具がある階のエレベーターホール・階段室の出入口に設置場所を明示した標識を設ける。

　　避難経路図に避難器具の設置場所を示す。
　　（様式・材質は問わない。）

3－8 法第8条

防火管理ってなに？

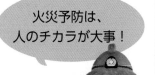

火災予防は、人のチカラが大事！

まずは、過去の火災事例をいくつか取り上げながら防火管理に関する歴史を追ってみましょう。

大阪市　千日デパート火災

大村市　グループホーム火災

●昭和33年「千代田区宝塚劇場火災」（死者３人） 　従来の「防火責任者」制度では不十分であったため、法第8条を「防火管理者」制度に改めた。
昭和41年「群馬県　菊富士ホテル火災」（死者30人） 　防火管理者の責務の拡大（避難訓練の実施、設備等の維持管理）
●昭和43年「北九州市　喫茶田園火災」（死者５人） 　「共同防火管理」制度の発足（法第8条の２）
昭和47年「大阪市　千日デパート火災」（死者118人） 　防火管理者の資格・責務の強化（令第３条、第３条の２）
●昭和48年「熊本市　大洋デパート火災」（死者103人） 　防火管理業務が適正に行われていない場合の消防長・消防署長の措置命令権を規定（法第8条）
平成18年「大村市　グループホーム火災」（死者７人） 　社会福祉施設の防火管理体制の強化（令第１条の２）

このように、昭和30年から40年代にかけて多数の死者を出した火災を契機に、防火管理制度が強化されていきました。

138

Q 防火管理制度を一言で言うと？

火災の予防と鎮圧は我々消防の任務ですが、火災発生直後の適切な行動が被害を最小限に抑えることは、過去の火災が示しています。

➡ つまり防火管理とは、火災の発生を防ぎ、万一火災が発生した場合でもその被害を最小限にとどめるため、万全の対策（消防計画）を樹立し、実践（行動）することです。

そのためには、あらゆることを想定した日頃からの出火防止対策が大事！
★火災の危険性の排除
★万一の火災に備えて消防用設備等の維持管理
★消防用設備等を使いこなせるように訓練を実施

Q 防火管理者は誰が選任するの？

管理権原者（消防法上の管理について権原を有する者）が防火管理者を選任します。

└─➤ 防火管理の最終責任者になります。

選任！

管理権原者
最終責任者

消防計画

防火管理者
推進責任者

【具体例】コンビニの場合
・建物の所有者
・コンビニグループの親会社
・コンビニの店長

Q 防火管理者はどんな建物で必要となるの？

用途	収容人員
⑹項ロ	10人以上
特定用途 （⑹項ロを除く）	30人以上
非特定用途	50人以上

○収容人員は建物全体で計算します。
「3－3 収容人員ってなに？」を参照
○新築工事中の建築物で収容人員が50人以上（大規模な建築物等）も選任義務あり。
○建造中の旅客船で収容人員が50人以上のものも選任義務あり。

Q 防火管理者には誰でもなれるの？

年齢・国籍等の制限はありませんが、防火管理講習を受講するなど<u>一定の資格要件を満たし</u>、かつ、<u>管理的又は監督的な地位にある者</u>でなければなりません。

※アルバイト店員等は防火管理者として認められません。

○防火管理者の資格として認められる者

<防火管理講習を受講した者>		<必要な学識経験を有する者>
甲種防火管理講習の修了者 乙種防火管理講習の修了者	又は	①消防職員で消防士長を1年以上経験した者 ②消防団員で班長以上を3年以上経験した者 ③警察官で巡査部長を3年以上経験した者 ④防火対象物点検資格者　　　　など

Q 防火管理者講習について教えてください。

防火管理者の講習には「乙種防火管理講習」と「甲種防火管理講習」があります。

「乙種」は比較的小規模な建物や収容人員の少ないテナントのみ選任可能です。

	甲種防火管理講習	乙種防火管理講習
選任できる建物	全ての建物	特定用途：300㎡未満 非特定用途：500㎡未満
選任できるテナント ※テナントごとに 選任する場合	全てのテナント	(6)項ロ：10人未満 特定用途：30人未満 非特定用途：50人未満
講習日数	2日	1日

●防火管理者の再講習とは？
（福岡市消防局の場合）

　防火管理講習の修了者で、市内の建物の防火管理者に選任されている場合は、5年ごとに再講習を受講する必要があります。

　法令改正や火災現況について、最新の知識を学びます。講習は半日程度で修了できます。

※上記は、則第2条の3に定められ、収容人員が300人以上の建物に選任された防火管理者が受講義務となる「甲種防火管理再講習」とは、別の講習です。

甲種防火管理講習の時間割（例）

	9:30〜9:55	受付
1日目	10:00〜12:00	オリエンテーション・防火管理の重要性
	13:00〜14:00	火災・地震の基礎知識
	14:00〜17:00	施設・設備の維持管理（実技訓練）
2日目	9:30〜9:55	受付
	10:00〜11:00	火気管理と出火防止対策
	11:00〜12:00	自衛消防の組織と教育訓練
	13:00〜15:00	防火管理の進め方と消防計画の作成要領
	15:00〜15:30	効果測定・修了証の交付

Q 講習について、立入検査時によく聞かれることは？

○新規講習を受けたいのですが、内容は難しいですか？

⇒最後に確認テストがありますが、講習を受講すれば必ず資格を取得できますので、安心して受講してください。

○再講習を受けていないのですが、防火管理者の資格は失効しますか？

⇒防火管理者の資格は失効することはありません。選任されていない場合は再講習の受講は必要ありません。

※則第2条の3に定められている「甲種防火管理再講習」の受講は、甲種防火管理新規講習修了者で収容人員が300人以上の特定用途の甲種防火対象物で防火管理者として選任されている方に限ります。この人は速やかに再講習を受講してください。

○元消防団員なんですが、再講習は必要でしょうか？

⇒班長以上を3年経験していれば不要です。

※手続きが必要な場合がありますので、査察の担当課まで連絡してください。

Q 防火管理者はどんな業務を行うの？

【防火管理者の責務】
①消防計画の作成・届出
②消火・通報・避難訓練の実施
③消防用設備等の点検・整備
④火気の使用・取扱いに関する監督
⑤避難施設（階段・通路など）の管理
⑥収容人員の管理　　　　　　　などなど

Q 消防計画とは？

防火管理者の責務の中でも特に重要なものが「消防計画の作成」です。

消防計画に定める主な事項は次のとおりです。

○自衛消防の組織・役割　　　　　○防火教育
○建物の火災予防上の自主検査　　○消火・通報・避難訓練
○消防用設備等の点検　　　　　　○火災・地震対応
○避難施設の管理　　　　　　　　○消防機関との連絡体制
○定員の遵守　　　　　　　　　　○工事中に関すること

Q 統括防火管理者ってなに？

●共同防火管理者制度

　1つの建物に複数のテナントが入り、防火に関して管理権原が分かれている場合、それぞれのテナントが防火管理に熱心であっても、協力体制がなければ、いざというときに混乱を招きます。

　そこで、連携のとれた防火管理体制を構築するために、昭和43年に「共同防火管理者制度」が始まりました。

　ところが、近年の雑居ビル等での火災や、東日本大震災で高層ビル等において人的・物的被害が発生したことを受け、平成26年4月1日に「統括防火管理者制度」に見直しが行われました。

見直し

＜旧制度からの変更点＞
・統括防火管理者の選任を消防法に規定
・業務・役割の明確化
・各防火・防災管理者への「指示権」の付与

●統括防火管理者制度

○高層建築物（高さ31mを超える建築物）
○避難困難施設（令別表第1（6）項ロの施設）が入っている防火対象物のうち、地階を除く階数が3以上で、かつ、収容人員が10人以上のもの
○特定用途の防火対象物のうち、地階を除く階数が3以上で、かつ、収容人員が30人以上のもの（令別表第1（6）項ロの施設を含む防火対象物を除く。）
○非特定用途の複合用途の防火対象物のうち、地階を除く階数が5以上で、かつ、収容人員が50人以上のもの
○地下街のうち消防長又は消防署長が指定するもの
○準地下街

　前記のうち、管理権原が分かれている建物は、管理権原者の協議により、統括防火管理者を選任しなければなりません。

　また、統括防火管理者は全体についての消防計画を作成します。

Q　防災管理ってなに？

　近年、大規模地震（首都直下、南海トラフ）の発生の切迫性が指摘されており、発生した場合の被害額は100兆円ともいわれています（国家予算を超える。）。

　そこで、地震発生時の対応力強化を図るために平成19年6月に始まった制度です。

> 防火管理は「火災」対策だったけど、防災管理は「地震やテロ」に備えることだよ。

防災管理が必要な建物

対象用途	地階を除く階数	延べ面積
共同住宅、格納庫、倉庫、地下街、準地下街、アーケード、山林、舟車を除く全ての防火対象物	11階以上	1万㎡以上
	5階以上10階以下	2万㎡以上
	4階以下	5万㎡以上
地下街	―	1,000㎡以上

　上の表に該当する建物は防災管理者を定め、自衛消防組織を設置し、防災に係る消防計画を作成します。

　また、管理権原が分かれている場合は、統括防災管理者を選任し、全体についての防災計画を作成します。

> 　大規模地震等の発生時には、消防力を超えた被害が生じることもあります。そのため、大きな事業所の自衛消防能力を向上させ、被害を最小限に食い止めようという制度です。

Q　防火管理について、立入検査時に注意することはありますか？

　防火管理者が必要な建物で選任されていない場合は、単に選任を指導するだけではいけません。

　防火管理者の選任指導と併せて、日頃の出火防止対策などの防火管理業務を関係者に伝えることを忘れないでください。

　そのためには、過去の火災事例を学ぶことが重要です。

Q　出火防止対策ってなに？

　簡単にいうと、火災の原因を分析し、その危険性をあらかじめ排除することです。

○火災原因のトップ３は…

❶放火（放火の疑いを含む）

❷たばこ

❸たき火

　出火防止対策は、防火管理の中でも特に重要な業務であり、これが完全に行われれば、他の業務は不要であるといっても過言ではありません。

　しかし、現実的には100％火災危険を排除することは困難であるため、以下のような対策が求められます。

放火対策

＜放火の特徴＞
・福岡市では平成元年から火災原因の第１位
・共用部分や屋外の可燃物に放火されるケースが多い。
・夜間帯の放火が多い。

＜放火の対策＞
・階段・廊下などの共用部分を整理整頓する。
・建物周辺の可燃物等を整理する。
・無人になる時間帯は火気及び施錠の確認をする。

喫煙管理

＜たばこによる火災の特徴＞
・たばこの不始末による火災が多い。
・無炎燃焼を継続し、出火まで長時間を要する場合がある。

＜たばこ火災の対策＞
・喫煙場所と禁煙場所を分ける。
・喫煙所には十分な数とサイズの灰皿を用意する。
・灰皿には水を張っておく。
・喫煙所の近くに消火器を配置する。

火気使用器具の管理

＜こんろ火災の特徴＞
・福岡市の場合、住宅火災の中では、出火原因第１位
・「点火放置」によるものが多い。
・住宅用火災警報器が設置されていれば、火災に至らないケースが多い。

＜こんろ火災の対策＞
・使用中は、その場を絶対に離れない。
・こんろ周りに燃えやすいものを置かない。
・過熱防止装置付きこんろを使用する。

＜その他の出火対策＞
・飲食店の厨房は、レンジフードに油が付着していないか確認しましょう。
・電気ストーブは、可燃物の近くで使用せず、配線の状態も確認しましょう。

避難施設の管理ってなに？
（廊下・階段・避難口・防火戸など）

いざというとき
使えるかな？

Q　避難施設ってなに？

具体的には、階段、廊下、避難口、避難通路などのことをいうよ！！
法第8条の2の4に避難施設の管理について規定されているので確認してみよう！

通路にこんなに物を置いてたら、
火災のとき逃げられないよ！！

【避難施設の管理が人命被害を左右した火災事例】
○階段の物品が延焼経路となったり、避難路が断たれて消火活動の障害となったもの
昭和45年　豊橋市　　豊栄デパート火災（負傷者17人） 　　　　　　宇都宮市　福田屋百貨店火災（負傷者9人） 昭和48年　熊本市　　大洋デパート火災（死者103人） 平成13年　東京都　　歌舞伎町ビル火災（死者44人）
○非常口が施錠されていたため逃げ遅れたもの
昭和44年　郡山市　　磐光ホテル（死者31人）
○窓が内装装飾で塞がれ、避難の支障となったもの
昭和51年　東京都　　国松ビル火災（死者6人） 　　　　　　沼津市　　三沢ビル火災（死者15人）

　上の表を見てわかるように、避難施設の管理は、火災時の被害を大きく左右します。
　立入検査では、火災になったときのことをイメージしながら階段や通路の確認をしましょう。

Q 具体的にどのように指導するの？

1 避難施設（廊下・階段・避難口）の管理

大原則＝廊下や階段には物を置いたらいけません！！

もう少し詳しく言うと、

・避難の妨害となる設備を設け、又は物件を放置しないこと

・避難に際し、つまづき、滑りなどを生じないように常に維持されていること

を確認します。

2 防火戸の管理

機能	・防火戸自体が正常に作動するか ※消防用設備等点検結果報告書に点検結果が添付されている場合あり ※不明な場合は関係者に確認しましょう。
管理	・防火戸の直近に閉鎖障害となる物品がないか ※常閉のものと非常時閉鎖するものがあります。 ※常閉の防火戸をドアストッパーで固定しているケース多し

3 避難口の施錠

避難口は原則外開きで、屋内からカギ等を使用しなくても開けられる構造としなければならないよ！！

3－10　令第3条の2

避難訓練ってなに？

> 訓練でできないことは、本番ではできないよ。

●昭和41年に発生した群馬県の『菊富士ホテル火災』では、防火管理体制の不備（消防計画の未作成、訓練の未実施等）が一因となり、30人の死者が出ました。
これを受けて、防火管理者の責務が強化されました。

●防火管理者が選任され、消防計画が作成されていても、全従業員が災害対応を理解し自分の役割を実行できなければ、形式的なものとなり目的は達成されません。

避難訓練とは、火災が発生した際の初動対応を建物の関係者が主体となって行う訓練です。

部分訓練	消火	消火設備の位置や使用方法の確認
	通報	119番通報の要領
	避難	避難施設（階段・通路）・避難器具の確認と避難誘導
総合訓練		火災を想定し、消火から避難完了までを一連の流れで実施

Q　どの建物も訓練をやらないといけないの？

> 避難訓練は、消防計画に基づき実施するよ！！

	消火	通報	避難
特定用途	年2回以上	消防計画に定める時期	年2回以上
非特定用途		消防計画に定める時期	

　特定用途の防火対象物の訓練回数は、則第3条第10項に規定されていますが、非特定用途の場合は、規定がありません。

　なので、消防計画の中に訓練に関する項目を定め、それに基づいて実施することになります。

　また、防火管理者の選任義務がない対象物は、避難訓練の実施については任意となります。

Q 消火・避難訓練通知書はいつ出せばいいの？

特定用途の場合は、事前に「消火・避難訓練通知書」を消防署に提出します。

⇒非特定用途は、消火・避難訓練通知書の提出の必要はありませんが、実施記録を残すように指導します。

⇒届出の様式と方法は「3－15　届出ってなに？」を参照してください。

Q 訓練の具体的なやり方は？

消火訓練

1 消火器の設置箇所を確認させ、火元まで持参させます。

2 消火器の操作

　安全ピンを抜く　⇒ホースを火元に向ける　⇒レバーを強く握る

【消火器の使い方】

①ピンを抜く　　②ノズルを持つ　　③距離をとって　3〜5m　　④レバーを握って放射

※手前から火元に向けて、ほうきで掃くように操作します。この時に火元から安全な距離（およそ5m）を保つよう指導してください。

※訓練では約20秒ほど消火体勢を維持してもらいましょう。実際には15秒程度の放射時間となります。

※訓練用の水消火器を活用しましょう。

●通報者と消防機関の役に分かれ、内線電話等を使用して模擬通報を行います。

通報者	（119番通報をする）
消　防	「はい、119番消防です。火事ですか？　救急ですか？」
通報者	「火事です」
消　防	「場所はどこですか？」
通報者	「○○区○○　○丁目○番○号　○○○○です」
消　防	「その建物は何階建てですか？　何階が燃えていますか？」
通報者	「○階建ての○階が燃えています」
消　防	「逃げ遅れた人はいませんか？」
通報者	「○人が逃げ遅れています」
消　防	「何が燃えているかわかりますか？」
通報者	「○○が燃えています」
消　防	「近くに目標になる建物はありますか？」
通報者	「○○○があります」「○○○の北側です」
消　防	「あなたのお名前と連絡先を教えてください」
通報者	「○○です。電話番号は○○○−○○○○です」
消　防	「わかりました。消防隊を出動させます」

避難訓練

①避難経路の選択

・火災の際には、安全に使用できる経路を選択する（火元から離れる経路）。

・エレベーターは火災時は停電で停止するおそれがあるので使用しない。

屋外階段・屋外避難階段	外気にさらされているため煙の影響が少なく安全性が高い
屋内避難階段	防火戸が作動すれば、竪穴区画が形成され安全に避難できる
屋内階段	煙の流入を防げないので危険だが、火元から遠い場合には使用可
避難器具	最終手段となるが、設置場所と器具の状況を確認

②避難場所の設定

　　・屋外の安全な場所（駐車場や近くの公園など）を指定する。

　　・屋外に避難できない場合は、バルコニーや屋外階段へ一時避難

③搬送方法

　　・自力避難が困難な人がいる場合は、搬送訓練も実施する。

背負い　　　　　　　　　　　　抱きかかえ

担架

　2〜4人の人員が必要であり、特に階段等を降りる場合は、安全性を考慮して最低4人の人員が必要になります。布製のものもあります。担架がない場合は毛布による応急担架が代用できます。

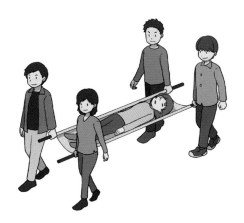 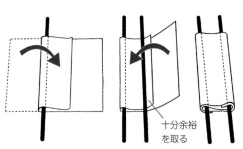

十分余裕
を取る

毛布の1/3のところに棒を置いて、毛布を折り返してつくります。

※素材によっては滑りやすいものもあるので注意が必要です。

3－11　法第8条の3

防炎ってなに？
（カーテン・じゅうたんなど）

放火や延焼拡大を
未然に防ごう！

●防炎規制のきっかけ

　昭和41年に発生した群馬県の『菊富士ホテル火災』（死者30人）では、ロビーにクッション用フェルト（速燃性）が使用されていたことで、延焼が急激に広がりました。

　これを受けて、防炎規制がスタートしました（法第8条の3）。

　また、平成21年の「杉並区高円寺雑居ビル火災」（死者4人）でも、飾り布が延焼拡大の要因となりました。

Q　防炎とは？

　防炎とは、燃えにくい性能を持つものです。火災の原因になりやすい繊維製品（カーテンやじゅうたんなど）について、消防法で昭和44年から規制されているものです。

防炎物品
（消防法で規制）

Q　どんなものに防炎規制がかかるの？

○布製カーテン　○暗幕　○どん帳　○布製ブラインド　○じゅうたん

○のれん　○人工芝　○展示用合板　○工事用シート

（令第4条の3第3項）　　　　　　　　　　　　　　　　　　　　　　　など

Q　防炎じゃなくてもよいものは？

○プラスチック製ブラインド　○木製ブラインド　○2㎡以下のじゅうたん

○1m未満ののれん　○畳　○外壁の広告幕　○のぼり　○シャワーカーテン

　　　　　　　　　　　　　　　　　　　　　　　　　　　　　　　　　　など

●ちなみに……

　防炎義務のかからない寝具（布団、シーツ、毛布等）やテント類などで審査項目をクリアしたものは『**防炎製品**』と呼ばれます。

　このようなものにもラベルが表示されます。

Q　どんな用途でも防炎のものを使わないといけないの？

特定用途や高層建築物、地下街では防炎物品を使用します。

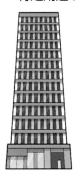

高層建築物（高さ31m超え）・地下街
※高層建築物や地下街は用途に関係なく、建物全体が防炎対象となります。

物販店や飲食店などの不特定多数の者が出入りする用途
（⑴項～⑷項、⑸項イ、⑹項、⑼項イ、⑿項ロ）
※⒃項（複合用途）では、上記用途部分のみ防炎規制

Q　防炎物品を使用してないときは？

基本的には防炎物品に取り換えるよう指摘しましょう。

ただし、以下の方法でも対応可能です。

○防炎加工を施す（クリーニング業者などに依頼）。

○撤去する。

○のれん等は1m以下で使用する。

⚠　『防炎物品には防炎ラベルを表示することができる。』と、消防法で決められています。防炎ラベルがないからといって、防炎物品ではないと決めつけず、関係者にお願いして製品情報シートなどで確認するようにしましょう。

いつでも使えるように
メンテナンス！

●昭和48年に発生した熊本市の「大洋デパート火災」（死者103人）等を受けて、消防法に消防用設備等の点検の実施義務が定められました（法第17条の3の3）。

　建物に設置している消防用設備等は、日常的に使用するものではなく、火災が発生した際に緊急的に使用するものですので、維持管理を適正にしておかなければ、非常時に有効に使用することができません。

　そこで、消防法において「消防用設備等の点検報告制度」が設けられ、適正な維持管理が義務付けられています。

Q　点検をしなければならない建物は？

　　　　　法令や条例の求めで消防用設備等の設置を義務付けられた建物です。

※任意設置の設備については、点検報告の義務はありませんが、適正な維持管理を指導しましょう。

Q　点検は誰が行ってもいいの？

延べ面積1,000㎡以上の特定防火対象物	
延べ面積1,000㎡以上の非特定用途及び⒅項で、消防長又は消防署長が指定したもの	消防設備士 消防設備点検資格者
特定一階段等防火対象物	
全域放出方式の不活性ガス消火設備（二酸化炭素を放射するものに限る。）が設置されている防火対象物	
上記以外	資格要件なし（※）

※1,000㎡未満の建物については、資格要件はありませんが、設備に関する知識や技術、専用の工具等がないと点検ができないため、有資格者による点検を勧めましょう。

Q 点検の種類は？

機器点検（目視点検）	半年に１回
総合点検（作動点検）	１年に１回

※年に１回は、機器点検と総合点検を同時に行うことになります。

Q 報告の期間は？

特定防火対象物	１年に１回
非特定用途と⒅項	３年に１回

※点検報告の起点日は、消防用設備等が設置された日です。ただし、昭和50年３月31日以前から
　ある建物は、昭和50年４月１日が起点日となります。

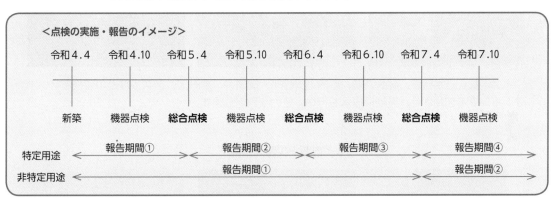

＜点検の実施・報告のイメージ＞

令和4.4　令和4.10　令和5.4　令和5.10　令和6.4　令和6.10　令和7.4　令和7.10

新築　機器点検　**総合点検**　機器点検　**総合点検**　機器点検　**総合点検**　機器点検

特定用途　報告期間①　報告期間②　報告期間③　報告期間④
非特定用途　報告期間①　報告期間②

⚠ よくある勘違い
・事務所ビル（⒂項　非特定用途）
　だから、３年に１回点検して報告
　すればいいんだよね～
　⇒報告は３年に１回でOKです
　　が、点検は半年に１回実施して
　　くださいね。

＜消火器＞

本体容器、安全栓、レバー、ホースなどの外形点検を行い、必要なものについては消火薬剤の量や性状などの内部点検を行います。

＜屋内消火栓設備＞

　水源、加圧送水装置、起動装置、屋内消火栓箱、開閉弁、ホース、ノズルなどの点検を行います。ポンプを起動させ、実際に放水も行い、圧力を測定します。

＜自動火災報知設備＞

　受信機、感知器、音響装置、発信機、表示灯などの点検を行います。実際に感知器を作動させたり、発信機を押したりして、作動状況を点検します。

＜避難器具＞

器具本体、取付具、支持部、格納状況などの点検を行います。実際に避難器具を作動させ点検します。

＜誘導灯・誘導標識＞

表示面、非常電源、光源、採光、輝度などの点検を行います。配線も点検します。

＜連結送水管＞

送水口、配管、放水口、開閉弁、ホース、ノズルなどの点検を行います。配管やホースの耐圧性能点検も定期的に行います。

Q 耐圧性能点検ってなに？

　　　　長期間、使用しないままの配管や消防用ホースについて、使用時の圧力を実際にかけて性能を点検するものです。
　　　　具体的には次のとおりです。消火器も対象となります。

連結送水管の**配管**	設置後10年を経過したもの
消防用ホース （屋内消火栓設備・屋外消火栓設備・連結送水管）	**製造年から10年を経過したもの**
消火器の容器（水圧点検）	**製造年から10年を経過したもの**

※屋内消火栓設備の保形ホース（易操作性１号消火栓・２号消火栓）は対象外です。
※移動式の泡消火設備や動力消防ポンプのホースも対象となります。
※2011年以前に製造された消火器は、2022年１月１日から型式失効により設置不可になりました。

＜１号消火栓＞　　　　　　　　＜易操作性１号消火栓＞
耐圧対象　　　　　　　　　　　　　耐圧対象外

Q　点検済表示制度とは？

　点検実施者の責任の明確化や資質の向上を目的に、一般財団法人　日本消防設備安全センターにより定められた要綱に基づき、適正な点検が実施された消防用設備等に点検ラベルを表示する制度です。

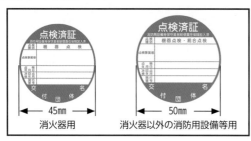

点検済証	点検済証
← 45mm →	← 50mm →
消火器用	消火器以外の消防用設備等用

このシールは必ず貼るというものではないから注意！！

3－13　法第8条の2の2

防火対象物の定期点検・報告ってなに？

防火管理体制をチェックする点検だよ！消防用設備等の点検とは別の制度なので要注意！

●平成13年9月1日「新宿区歌舞伎町ビル火災」

　5階建て516㎡という比較的小規模な雑居ビルでの火災でしたが、44人の死者を出すという過去に例を見ない大惨事となりました。

　この火災を受けて、平成15年10月「防火対象物定期点検報告制度」が新設されました。

Q　どんな制度なの？

　火災時の危険性が高い建物に対して、防火管理業務全般について専門的知識を有する資格者に定期点検を行わせる制度です。

　通称「防対点検」なんて言ったりします。点検は年に1回必要で、消防用設備等の点検とは違うので注意してね！

Q　どんな建物が点検を要するの？

①収容人員30人以上300人未満の特定一階段等防火対象物
②収容人員300人以上の特定用途の防火対象物

<点検が義務となる防火対象物>

①収容人員が30人以上300人未満の建物で次の要件に該当するもの
　1．特定用途部分が地階又は3階以上に存するもの（避難階は除く。）
　2．階段が1つのもの（屋外階段等であれば免除）

小規模雑居ビル等

```
              3F
              2F
GL            1F
              地階
```

②特定用途の防火対象物で収容人員が300人以上のもの

百貨店、遊技場、映画館、
病院、老人福祉施設等

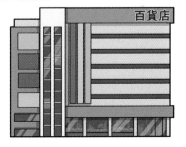
百貨店

	●防火管理者を選任しているか。
点検項目	●消火・通報・避難訓練を実施しているか。
	●避難経路に障害となるものがないか。
	●防火戸の閉鎖障害がないか。
	●カーテン等は防炎物品を使用しているか。
	●消防用設備等が基準どおり設置してあるか。　など

Q　誰が点検するの？

　点検は、防火対象物の火災予防に関し専門的な知識を有する防火対象物点検資格者に行わせなければなりません。

※点検を実施したら、その結果を管轄消防署に報告する必要があります。

　点検の結果、消防法令に適合している場合は、点検済証を1年間表示できるよ！
　ちなみにこのマークは消防署が渡すわけではなくて、各都道府県の消防設備安全協会に申し込んで、購入してもらうんだよ。

〈防災管理点検制度〉

　防災管理業務の実施が義務付けられた大規模建築物等については、その実施状況を毎年1回定期的に防災管理点検資格者に点検させ、その結果を消防機関に報告しなければなりません。

　点検の結果、消防法令に適合している場合は、点検済証を1年間表示できるよ！

Q 特例認定ってなに？

　3年間継続して、防火対象物点検基準に適合している建物は、管理権原者の申請により特例申請ができます。

　特例が認定されると、以後3年間の定期点検報告義務が免除されます。

特例認定申請のイメージ

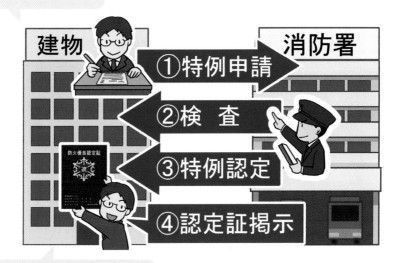

点検報告の義務が
ある建物

「防火優良認定証」を
表示することができます。

消防機関から特例認定を受け
た建物は防火優良認定証を3年
間表示できるよ！

表示マーク（銀）　　表示マーク（金）

これは、平成24年に広島県福山市で発生したホテル火災（死者７人）を受けて、平成26年に復活した「宿泊施設を対象とした適マーク制度」です。

<福山市ホテル火災の概要>

○発生日時：平成24年５月13日　午前６時50分頃
○建物構造：木造（一部鉄筋コンクリート造）４階建て
○延べ面積：1,361㎡
○使用状況：１階「事務所・駐車場」２～３階「ホテル」４階「機械室」
○出火場所：１階「事務所」原因不明
○被害状況：全焼　死者７人、負傷者３人

この火災で、被害が拡大した要因として、建築基準法不適合（竪穴区画）、消防用設備等の不備に加え、初期消火活動が実施されていなかったこと、第１発見者による通報及び避難誘導が行われていなかったことが指摘されました。

「適マーク制度」は、ホテル等の宿泊客の安全・安心に対する信頼を獲得するための制度です。
防火対象物定期点検報告とは別の制度なので、ごっちゃにしないように注意してね！

3－14

火災予防条例 ってなに？

火災予防条例も
しっかり勉強しよう！

火災予防条例とは、自治体において火災予防上必要な事項を定めた条例です。

Q そもそも条例ってなに？

条例とは、都道府県や市町村がその地域の事務を処理するにあたり、法令に違反しない範囲で制定することができる「決まり」のことです（地方自治法第14条）。

Q 誰が制定するの？

条例は、議会の議決によって制定されます。ちなみに、規則は市町村長、規程は消防関係でいえば消防長が定めます。

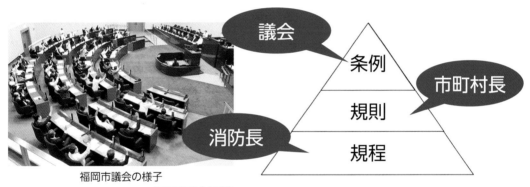

福岡市議会の様子
（福岡市議会提供）

議会 → 条例
市町村長 → 規則
消防長 → 規程

【例規の種類と制定者】

○○市火災予防条例	議会の議決
○○市火災予防規則	市町村長
○○市火災予防規程	消防長

Q 消防法と火災予防条例の関係は？

消防法は、全国統一の基本的事項を規定しています。火災予防条例では、消防法からの委任に基づく規定や、消防用設備等の設置基準の付加の規定や、法令に違反しない範囲において地方的な事情により必要とされるものを設けています。

【委任】

消防法には、「○○の基準は、市町村条例でこれを定める。」と条例に委任している規定があります。このように、法から委任を受けて定める規定が火災予防条例にはあります。このことを「委任条例」といいます。

| 消防法「○○の基準は、市町村条例でこれを定める。」 | 委任 | 火災予防条例第○条（○○の基準） |

(委任されている規定)

火を使用する設備・器具等		
法第9条	⇨	火災予防条例（例）第3条〜第22条の2
住宅用防災機器		
法第9条の2	⇨	火災予防条例（例）第29条の2〜第29条の7
指定数量未満の危険物・指定可燃物の貯蔵及び取扱い		
法第9条の4	⇨	火災予防条例（例）第30条〜第34条の2

【付加】

法第17条第2項には、「市町村は、…前項の消防用設備等の技術上の基準…と異なる規定を設けることができる。」とあり、「政令で定める技術上の基準（令第10条〜第29条の3）」（法第17条第1項）より厳しい基準を条例で付加できるという規定があります。このことを「付加条例」といいます。

| 法第17条第2項「市町村は、異なる規定を設けることができる。」 | 付加 | 福岡市火災予防条例第34条の2の2〜第34条の12 |

Q　火災予防条例の内容は、どうなってるの？？

　火災予防条例は、市町村によって内容が違います。ただし、消防法から委任を受けて定める基準や、全国統一的な規制を図るため、消防庁が「火災予防条例（例）」を作成しています。各市町村は、この「火災予防条例（例）」を基に火災予防条例を制定しています。

　では、これから具体的な火災予防条例（例）の内容を確認していきましょう。

「火災予防条例（例）」

●第1章　総　則【第1条】

この条例の目的を定めています。

●第2章　削　除

過去の改正で削除されています。

●第3章　火を使用する設備の位置、構造及び管理の基準等【第3条～第29条】

炉・厨房設備・変電設備等の基準や喫煙等の制限などについて定めています。

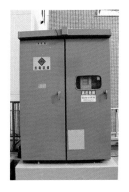

【立入検査時のチェックポイント】
① 厨房設備から可燃物までの離隔距離を確認しましょう。
② 厨房のグリスフィルターが清掃されているか確認しましょう。
③ 電気室が整理整頓されているか確認しましょう。
④ 喫煙等の制限を受ける物販店等は、「禁煙」等の標識が必要です。

●第3章の2　住宅用防災機器の設置及び維持に関する基準等【第29条の2～第29条の7】

住宅の寝室等に住宅用火災警報器を設置する基準を定めています。

設置義務
1階以外に寝室がある場合には、階段にも取り付けます

設置義務
火災警報器は、少なくとも寝室に当たる部屋に取り付けます

オススメ
台所にはガス漏れ検知機能付の火災警報器がおすすめ

【立入検査時のチェックポイント】

　自動火災報知設備が設置されていない共同住宅や専用住居部分の寝室や階段等に、住宅用火災警報器が設置されているか確認しましょう。

●第4章　指定数量未満の危険物及び指定可燃物の貯蔵及び取扱いの技術上の基準等
【第30条～第34条の3】

【立入検査時のチェックポイント】

　指定数量未満の危険物や指定可燃物の基準は、「3－17　危険物・指定可燃物ってなに？」を参照してください。

●第5章　避難管理【第35条～第42条】

　劇場の客席やキャバレー・百貨店等の避難通路の基準について定めています。

劇場等のいす席の基準

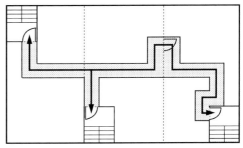

百貨店等の避難経路の基準

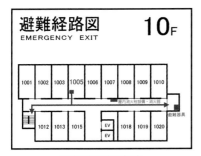

避難経路図の掲出

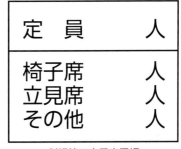

劇場等の定員表示板

【立入検査時のチェックポイント】

1　物販店等で売場面積が150㎡以上ある階があれば、避難通路を保有する必要があります。

2　避難経路図を掲出しなくてはいけない劇場・百貨店・ホテル・病院等があり、ホテルや病院の就寝場所には、併せて携行用電灯が必要です（福岡市火災予防条例の場合）。

●第5章の2　屋外催しに係る防火管理【第42条の2・第42条の3】

　祭礼・縁日・花火大会等で、多数の者が集合する屋外での催しに対しての規制について定めています。該当する催しを消防長（消防署長）が指定し、防火担当者を定めさせたりします。

●第6章　雑　則【第43条～第48条】

　防火対象物の使用開始時などの各種届出等について定めています。

※福岡市火災予防条例の場合、違反対象物の公表制度について定めています。

防火対象物使用開始届出書
（福岡市消防局の場合）

違反対象物の公表制度
（福岡市消防局の場合）

【立入検査時のチェックポイント】

　条例に基づく届出の基準は、「3－15　届出ってなに？」を参照してください。

●第７章　罰　則【第49条・第50条】

　少量危険物・指定可燃物施設での貯蔵及び取扱いの違反や、屋外催しに係る防火管理の違反については、罰則があります。

30万円以下
の罰金

●附　則

　条例の制定時や改正時の「施行期日」や「経過措置」について定めています。
【立入検査時のチェックポイント】
　既存の防火対象物の場合は、火気使用設備（厨房など）・少量危険物・指定可燃物の規制が、改正前の基準（過去の基準）のままでよい場合があります。

【参考】付加条例（福岡市火災予防条例）

●第４章の２　消防用設備等の技術上の基準の付加【第34条の２～第34条の14】

【立入検査時のチェックポイント】
　例としては、令第21条第１項第４号では、共同住宅（(5)項ロ）は500㎡以上で自動火災報知設備の設置義務がありますが、福岡市火災予防条例第34条の７第１項第１号により共同住宅が木造等であれば、200㎡以上で自動火災報知設備の設置が必要になります。
※法第17条第２項に基づき、消防法令による消防用設備等の基準とは別に、更に付加基準を定めています。

3-15

届出ってなに？

これを知らないと窓口業務できないんだぞ！

消防署の窓口に届け出る書類には様々なものがあります。

例えば…

火災とまぎらわしい煙の届出
道路工事届出
水道断水届出
消火・避難訓練通知書
防火管理に関する届出
消防用設備等に関する届出
危険物に関する届出
催物開催に関する届出

などが挙げられますが、<u>立入検査時に使用頻度の高いもの</u>について詳しく説明します。

消火・避難訓練の届出

様式第2号

消 火 ・ 避 難 訓 練 通 知 書

年　月　日

（宛先）福岡市　　消防署長

防火管理者
氏　名

防火対象物名	
所　在　地	（電話　番）
訓 練 日 時	年　　月　　日　　訓練責任者 時 分 ～ 時 分　　参 加 人 数　　　人
訓 練 種 別	□総合訓練(消火，通報及び避難誘導訓練を連携して行う場合) □部分訓練(□消火訓練　□通報訓練　□避難誘導訓練)
使 用 器 材	
訓 練 概 要	
そ の 他 特 記 事 項	
※ 受 付 欄	※ 経 過 欄

備考　1　この用紙の大きさは，日本産業規格A4とします。
　　　2　訓練種別の欄は，総合訓練又は部分訓練のいずれかに該当する項目の□にレ点を記入し，部分訓練を選んだ場合は，さらに，実施する訓練のいずれかの項目の□にレ点を記入してください。
　　　3　法第36条において読み替えて準用する法第8条に基づく避難訓練を実施する場合は，様式第2号の5をあわせて提出してください。
　　　4　※印の欄は，記入しないでください。

（福岡市様式）

則第3条第10項及び第11項に基づき、避難訓練を実施する際、事前に消防署に知らせるものです。

通報の方法は特に消防法施行規則で規定されていませんが、各消防本部では一定の様式を定め、文書による連絡を求めているところが多くあります（左は福岡市消防局の届出様式）。

防火管理者の選任・解任届出書

別記様式第1号の2の2（第3条の2、第51条の9関係）

防火
防災　管理者選任（解任）届出書

年　　月　　日

消防長（消防署長）（市町村長）殿

届出者
　　住　所
　　　　　（法人の場合は、名称及び代表者氏名）
　　氏　名

下記のとおり、防火
　　　　　　防災　管理者を選任（解任）したので届け出ます。

記

防火対象物その他の工作物	所　在　地						
	名　称		電話（　　）				
	用　途	令別表第1　（　　）項		収容人員			
	種　別	□甲種　□乙種	管理権原	□単一権原　□複数権原			
	区　分	名　称		用　途		収容人員	
	※令第2条を適用するもの						
	※令第3条第3項を適用するもの						
防火・防災管理者	選任	氏名・生年月日				年　月　日生	
		住　所					
		選任年月日			年　月　日		
		職務上の地位					
		資格	講習	種　別	□甲種（□新規講習　□再講習）□乙種	□防災管理（□新規講習　□再講習）	
				講習機関			
				修了年月日	年　月　日	年　月　日	
			その他	令第3条第1項第　号（　　）令第47条第3項第　号（　　）			
				規則第2条第　号（　　）規則第51条の5第　号（　　）			
	解任	氏　名					
		解任年月日			年　月　日		
		解任理由					
	その他必要事項						
	※※受付欄		※※経過欄				

備考　1　この用紙の大きさは、日本産業規格A4とすること。
　　　2　「防火
　　　　　防災」の横書きの文字については、該当しない文字を横線で消すこと。
　　　3　※印の欄は、消防法施行令第2条を適用するものにあっては同一敷地内にある同令第1条の2の防火対象物ごとに、同令第3条第3項を適用するものにあっては管理権原に属する部分ごとに記入すること。
　　　4　消防法施行令第1条の2第3項第2号及び第3号の防火対象物にあってはその他必要な事項の欄に工事が完了した際の防火対象物の規模を記入すること。
　　　5　消防法施行令第3条第1項又は同令第47条括弧書を適用するものにあってはその他必要な事項の欄に管理的又は監督的な地位にある者のいずれもが防火及び防災管理上必要な業務を適切に遂行することができない理由を記入すること。
　　　6　□印のある欄については、該当の□印にレを付けること。
　　　7　※※印の欄は、記入しないこと。

（則様式）

　防火管理者を選任又は変更する際に、必要な書類です。

　選任する防火管理者が決まったら、必要事項を記載し、消防署へ提出します。解任又は変更する場合も同様です。

　届出者名は、その建物の管理権原者です（所有者・占有者など）。

消防計画の作成・変更届出書

別記様式第1号の2（第3条、第51条の8関係）

消防計画作成（変更）届出書

年　　月　　日

消防長（消防署長）（市町村長）殿

防火
防災　管理者
　住　所
　氏　名

別添のとおり、防火
　　　　　　防災　管理に係る消防計画を作成（変更）したので届け出ます。

管理権原者の氏名 （法人の場合は、名称及び代表者氏名）		
防火対象物又は建築物その他の工作物の所在地		
防火対象物又は建築物その他の工作物の名称 （変更の場合は、変更後の名称）		
防火対象物又は建築物その他の工作物の用途 （変更の場合は、変更後の用途）		令別表第1 （　　）項
その他必要な事項 （変更の場合は、主要な変更事項）		
※受付欄	※経過欄	

備考　1　この用紙の大きさは、日本産業規格A4とすること。
　　　2　「防火
　　　　　防災」の横書きの文字については、該当しない文字を横線で消すこと。
　　　3　※印の欄は記入しないこと。

（則様式）

　消防計画を作成・変更したときに提出する書類です。

　作成した消防計画を添えて、提出します。

　基本的には、防火管理者の届出とセットになります。

防火対象物使用開始届出書

様式第6号
（1枚目）

防火対象物使用開始届出書

年　月　日

（あて先）福岡市　消防署長

届出者
住　所　　　　　　　　（電話）
番
氏　名

所 在 地					電話		番	
名　　称			主要用途					
建築確認 （計画通知） 年 月 日			建築確認 （計画通知） 番　号					
消防同意 年 月 日			消防同意 番　号					
工事着手	年　月　日	工事完了 （予定）		年　月　日	使用開始 （予定）		年　月　日	
他の法令による 許　認　可								
敷地面積		㎡	建築面積		㎡	延面積		㎡
用途地域等				防火地域等				
従業員数				公開時間又 は従業時間				
屋外消火栓設備, 動力消防ポンプ設備, 消防用水の概要								
建築工事種別	新　築,　増築,　改築,　その他（　　　　　）							
その他 必要な事項								
※　受　付　欄			※　経　　過　　欄					

（福岡市様式）

　建物の使用を開始するときに提出する書類です。

　基本的には、新築時に提出するものですが、用途を変更するときにも提出してもらいます。

　福岡市消防局の場合、使用開始の7日前までに、図面を添付して提出します。

少量危険物・指定可燃物の届出書

様式第16号

少量危険物・指定可燃物等　貯蔵　届出書
　　　　　　　　　　　　　取扱
　　　　　　　　　　　　　廃止

年　月　日

（宛先）福岡市　消防署長

届出者
住　所　　　　　　　（電話　番）
氏　名

貯蔵又は取扱いの 場所	所 在 地				
	名　　称				
類・品名及び 最　大　数　量	類	品　　名	最大貯蔵数量	1日最大取扱 数　量	
貯蔵又は取扱い の開始予定時期					
貯蔵又は取扱い 方 法 の 概 要					
貯蔵又は取扱い場 所の位置,構造及 び設備の概要					
消 防 用 設 備 等 又 は 特 殊 消 防 用 設 備 等 の 概 要					
※　廃 止 年 月 日	年　　　月　　　日				
※　廃 止 理 由					
※　届出年月日等	年　月　日　受理番号　第　　号				
※※　受　付　欄		※※　経　過　欄			

備考　1　この用紙の大きさは、日本産業規格A列4番とします。
　　　2　法人にあつては、その名称、代表者氏名及び主たる事務所の所在地を記入してください。
　　　3　貯蔵又は取扱場所の見取図を添付してください。
　　　4　※印の欄は、廃止届の場合のみ記入してください。（届出年月日等の欄には、貯蔵又は取扱届を行つたときの受理年月日及び受理番号を記入してください。）
　　　5　※※印の欄は、記入しないでください。
　　　6　その他必要な書類を添付してください。

（福岡市様式）

　指定数量の1／5以上指定数量未満の危険物を取り扱うときに提出するものです。

　立入検査時に、無届で危険物を取り扱っていることが発覚した場合は、危険物の種類と量を詳しく把握しましょう。

　指定可燃物も同様です。

ボイラー等（火を使用する設備）の届出書

様式第7号

炉・厨房設備・温風暖房機・ボイラー
給湯湯沸設備・乾燥設備・サウナ設備　設　置
ヒ ー ト ポ ン プ 冷 暖 房 機　廃　止　届出書
火 花 を 生 ず る 設 備・放 電 加 工 機

					年　　月　　日	
（宛先）福岡市　　消防署長						
		届出者				
			住　所		（電話　　番）	
			氏　名			
防 火 対象物	所 在 地				電話　　　番	
	名　　称			主要用途		
設 置 場 所	用　　途		床面積	㎡	消防用設 備等又は	
	構　　造		階　層		特殊消防 用設備等	
届 出 設 備	設備の種類					
	着工(予定)年月日		竣工(予定)年月日			
	設備の概要					
	使用する 燃料・熱 源・加工液	種　　　　類		使　　用　　量		
	安 全 装 置					
取扱責任者の職氏名						
工事施工者	住　所				電話　　　番	
	氏　名					
※　廃 止 年 月 日		年　　　月　　　日				
※　廃 止 理 由						
※※ 受　　付　　欄			※※ 経　　過　　欄			

備考　1　この用紙の大きさは、日本産業規格A列4番とします。
　　　2　法人にあつては、その名称、代表者氏名及び主たる事務所の所在地を記入し
　　　　てください。
　　　3　階層欄には、屋外に設置する設備にあつては、「屋外」と記入してください。
　　　4　設備の種類欄には、鉄鋼溶解炉、暖房用熱風炉、業務用厨房設備等を記入し
　　　　てください。
　　　5　設備の概要欄に書き込めない事項は、別紙に記載して添付してください。
　　　6　※印の欄は、廃止届の場合のみ記入してください。
　　　7　※※印の欄は、記入しないでください。
　　　8　設置届にあつては、設備の設計図書を添付してください。

（福岡市様式）

　火を使用する設備（ボイラー、厨房設備など）は、その取扱いについて条例（例）第3条〜第10条の2で規制されています。

　火災危険を把握し、出火危険を最小限にするために、無届で該当しそうなものを発見した場合は、上司に相談しましょう。

3－16 特例・特定共同住宅等ってなに？

40号省令
令第29条の4

（118号通知・49号通知・170号通知・220号通知・40号省令）

構造などを強化することで消防用設備等が一部免除されている共同住宅だよ。

Q そもそも、「特例・特定共同住宅等」ってなに？

簡単に説明すると、

「**一定の構造要件を満たす**（壁や窓を火災に強くして、隣の住戸などに火災の被害が及びにくくする）ことにより、**本来必要な消防用設備等（屋内消火栓設備やスプリンクラー設備など）**を設置しないことができる共同住宅」のことをいうよ。

具体例　「特定共同住宅等」（40号省令）の場合

用途	⑸項ロ　共同住宅
階数	11階建て
延べ面積	2,500㎡
構造	耐火建築物

一定の構造要件を満たしたら…

本来必要な設備	**実際に設置する設備**
消火器	消火器
屋内消火栓設備	屋内消火栓設備　　　←免除
スプリンクラー設備	共同住宅用スプリンクラー設備
自動火災報知設備	共同住宅用自動火災報知設備
…など	…など

　上の例をみると、通常の共同住宅だったら、「屋内消火栓設備」と「スプリンクラー設備」が本来必要だったけど、「一定の構造要件を満たす」ことによって、屋内消火栓設備は設置しなくてもよくなったね。

　でも、逆に、勝手なリフォームなどによって、その構造要件が崩れてしまったら、免除されていた設備が必要になるということだね。

　それと、「共同住宅」であることが大前提なので、「共同住宅」以外の用途が入ってしまった場合でも、要件を満たさなくなるので、事務所や店舗などの看板が掲げられてないか、確認してね。

「特例」と「特定」ってなにが違うの？

呼び方は、下のとおり、分かれてるよ。

特例共同住宅等		
昭和36年〜	118号通知共同住宅	
昭和50年〜	49号通知共同住宅	
昭和61年〜	170号通知 共同住宅	49号通知 共同住宅
平成7年〜	220号通知共同住宅	

消防庁の通知によるもので、
それぞれ免除となる条件や
設備の種類等が、
自治体ごとに異なる。

特定共同住宅等	
平成17年〜	40号省令共同住宅

全国バラバラだったのを
省令で定め、
基準を全国統一化

つまり、平成17年以降新築されたものは、
「40号省令」の特定共同住宅等ってことだね。
ちなみに、その中にも

2方向避難型
開放型
2方向避難・開放型
その他型

とか、いろいろあるので、詳しく知りたいなら、
上司や先輩に聞いてみよう。

危険物・指定可燃物ってなに？

危険物について勉強しよう！

はじめに

　消防法に定められている危険物は、その性質から自然発火や引火の危険性が著しく高く、出火の際は、人的被害はもちろん物的被害にも重大な損害を引き起こすおそれがあります。

　また、消防法で規制を受ける危険物施設は、その危険物を大量に貯蔵又は取り扱っており、過去にも火災・爆発・流出等の事故が発生しています。

【過去の重大事故】

水島製油所重油流出事故

○昭和39年「勝島倉庫爆発事故」		東京都
死者19人　負傷者114人（消防職員・団員19人殉職）		
○昭和49年「水島製油所重油流出事故」		岡山県
損害額500億円		
○昭和60年「柿の木坂タンクローリー火災」		東京都
負傷者１人		
○平成24年「アクリル酸製造施設の爆発事故」		兵庫県
死者１人　負傷者36人（消防職員１人殉職）		
○平成26年「多結晶シリコン製造施設の爆発事故」		三重県
死者５人　負傷者13人		

危険物施設で事故が起きると、重大な損害を引き起こします！！

　危険物行政に携わる我々消防職員は、危険物施設に対して適正に指導を行わなければなりません。しかし、査察の担当課以外は、危険物施設の立入検査に行く機会は滅多にありません。

　このような状況ではありますが、危険物は危険物施設だけで貯蔵又は取り扱われているわけではないので、危険物の性質や危険性はもちろん、危険物に対する法令等の規制についても勉強していきましょう。

危険物

　一般に危険物とは、引火性・有毒性・爆発性・放射性などの危険性がある物質を総称していますが、消防法では、これらの危険性のある物質のうち、法別表第1の品名欄に掲げる物品のように、火災発生や引火性の危険性が大きく、消火が困難なものを危険物と定めています。また、危険物はいずれも常温・常圧で液体か固体で、気体の危険物はありません。

【消防法上の危険物】

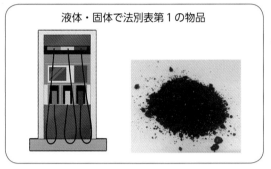

液体・固体で法別表第1の物品

危険物

気体

非危険物

指定可燃物

　指定可燃物とは、火災が発生した場合にその拡大が速やかであり、又は消火の活動が著しく困難となるものとして火災予防条例（例）別表第8の品名欄に掲げる物品で同表の数量以上のものをいいます。危険物との違いは、指定可燃物は、それ自体の危険性は高くないが、大量に扱う場合に危険性があることです。

条例（例）別表第8の物品で同表の数量以上のもの

危険物の種類

危険物は、6つの種類があり、それぞれ指定数量が定められています。

この数量が重要！！

類	物品例	特徴	品名・性質		指定数量
第1類 酸化性固体	塩素酸塩類	可燃物を激しく燃焼させる固体	第1種酸化性固体		50kg
			第2種酸化性固体		300kg
			第3種酸化性固体		1,000kg
第2類 可燃性固体	鉄粉	着火又は引火しやすい固体	硫化りん等		100kg
			第1種可燃性固体		
			鉄粉		500kg
			第2種可燃性固体		
			引火性固体		1,000kg
第3類 自然発火性物質 禁水性物質	アルキルアルミニウム	空気中や水と接触して発火又は可燃性ガスを発生	カリウム等		10kg
			第1種自然発火性物質及び禁水性物質		
			黄りん		20kg
			第2種自然発火性物質及び禁水性物質		50kg
			第3種自然発火性物質及び禁水性物質		300kg
第4類 引火性液体	ガソリン	引火しやすい液体	特殊引火物		50 L
			第1石油類	非水溶性	200 L
				水溶性	400 L
			アルコール類		400 L
			第2石油類	非水溶性	1,000 L
				水溶性	2,000 L
			第3石油類	非水溶性	2,000 L
				水溶性	4,000 L
			第4石油類		6,000 L
			動植物油類		10,000 L
第5類 自己反応性物質	ニトロセルロース	加熱、衝撃により爆発的に燃焼	第1種自己反応性物質		10kg
			第2種自己反応性物質		100kg
第6類 酸化性液体	硝酸	可燃物を激しく燃焼させる液体			300kg

第４類の危険物（引火性液体）は、数多く貯蔵又は取り扱われているので、詳しく確認していきましょう。

品名		物品例	定義における引火点等	指定数量
特殊引火物		アセトアルデヒド ジエチルエーテル	－20℃以下	50 L
第１石油類	非水溶性	ガソリン ベンゼン トルエン	21℃未満	200 L
	水溶性	アセトン ブチルアルコール ピリジン		400 L
アルコール類		エチルアルコール メチルアルコール n－プロピルアルコール	炭素の原子の数が１個から３個	400 L
第２石油類	非水溶性	灯油 軽油 キシレン	21℃以上70℃未満	1,000 L
	水溶性	ぎ酸 酢酸		2,000 L
第３石油類	非水溶性	重油 クレオソート油 アニリン	70℃以上200℃未満	2,000 L
	水溶性	グリセリン エチレングリコール		4,000 L
第４石油類		ギヤー油 マシン油 シリンダー油	200℃以上250℃未満	6,000 L
動植物油類		ヤシ油 アマニ油	250℃未満	10,000 L

※最低、ガソリン・灯油・軽油・重油・第４石油類・動植物油類の指定数量は覚えましょう。

危険物規制の法体系

危険物を貯蔵・取り扱う場合は、数量により規制を受ける法令が変わります。指定数量以上を貯蔵・取り扱う場合は、市町村長の許可が必要です。指定数量未満を貯蔵・取り扱う場合は、条例による規制を受けます。しかし、危険物を運搬する場合は、数量に関係なく消防法の規制を受けます。

貯蔵・取扱い要件

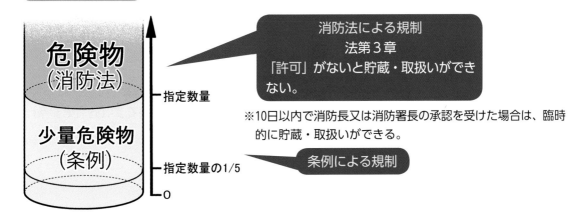

消防法による規制
法第３章
「許可」がないと貯蔵・取扱いができない。

※10日以内で消防長又は消防署長の承認を受けた場合は、臨時的に貯蔵・取扱いができる。

条例による規制

【指定数量の倍数の算定方法】

$$\frac{危険物の貯蔵量}{危険物の指定数量} = 指定数量の倍数$$

条例による
届出が必要

灯油

貯蔵量　：2,000 L
指定数量：1,000 L
倍数：2倍
　（指定数量以上）

「許可」が必要（消防法による規制）

灯油

貯蔵量　：　200 L
指定数量：1,000 L
倍数：0.2倍
　（指定数量未満）

少量危険物に該当（条例による規制）

※2種類以上の危険物を貯蔵・取り扱う場合は、それぞれの倍数を合算します。

$$\frac{Aの取扱量}{Aの指定数量} + \frac{Bの取扱量}{Bの指定数量} + \frac{Cの取扱量}{Cの指定数量} = 指定数量の倍数$$

灯油 ＋ 軽油 ＋ ガソリン ＝ 1.1倍

「許可」が必要
（消防法による規制）

灯油
貯蔵量　：　200 L
指定数量：1,000 L
倍数：0.2倍

軽油
貯蔵量　：　400 L
指定数量：1,000 L
倍数：0.4倍

ガソリン
貯蔵量　：　100 L
指定数量：　200 L
倍数：0.5倍

運 搬

数量に関係なく
消防法による規制
（法第16条）

自動車用消火器

※指定数量以上運搬する場合は、消火器を設置したり、「危」の標識が必要です（危令第30条）。

危険物施設の許可等の手続き

　指定数量以上の危険物を、製造・貯蔵・取り扱う施設は、市町村長の許可を受け、さらに完成検査を受けて合格しなければなりません。

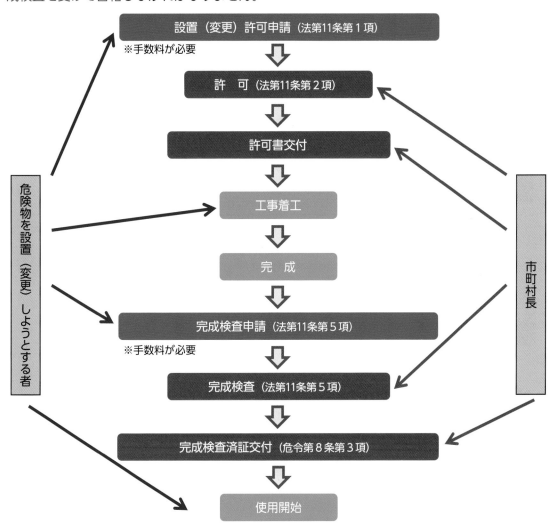

※許可書が交付されないと工事の着手はできません。
※施設によっては、「完成検査前検査」があります。これには「完成検査前検査申請」が必要です。
※変更許可の場合、工事以外の部分の一部又は全部を市町村長の承認を受けて使用することができます。これには「仮使用承認申請」が必要です。

危険物施設をつくるのは、大変なんだなぁ。

危険物施設の区分

　危険物施設の種類は、製造所・貯蔵所・取扱所の３つに区分され、さらに貯蔵、取扱いの方法に応じて細分化され、それぞれ基準が定められています。

製造所　…危険物を製造する施設

| 原油 | → | ガソリン | 軽油 | 重油 |

（例）原油からガソリン・軽油・灯油・重油などを製造する施設などが該当

貯蔵所

屋外タンク貯蔵所

屋内貯蔵所

移動タンク貯蔵所

地下タンク貯蔵所

屋内貯蔵所
容器等で危険物を建築物内で貯蔵する。

屋外タンク貯蔵所
屋外にあるタンクで危険物を貯蔵する。

屋内タンク貯蔵所
屋内にあるタンクで危険物を貯蔵する。

地下タンク貯蔵所
地盤面下にあるタンクで危険物を貯蔵する。

簡易タンク貯蔵所
簡易なタンクで危険物を貯蔵する。

移動タンク貯蔵所
車両に固定されたタンクで危険物を貯蔵する。

屋外貯蔵所
容器等で危険物を屋外で貯蔵する。

取扱所

給油取扱所
（ガソリンスタンド）

一般取扱所
（自家発電設備）

給油取扱所
車両や航空機、船舶に給油する。

販売取扱所
容器に入った危険物を売る。

移送取扱所
パイプで危険物を移送する。

一般取扱所
上記以外の取扱所（例：自家発電施設）

危険物施設に必要な事項（代表例）

危険物取扱者

免状の種類は、
甲種・乙種・丙種

危険物取扱者免状			
氏　名　頑張 太郎			
生年月日　H1.1.1		本籍 福岡県	
種類等	交付年月日	交付番号	交付知事
甲　種	R01.11.11	111111	福　岡
乙種1類	R01.03.03	030303	福　岡
乙種2類	H30.12.12	121212	福　岡
乙種3類	H29.09.09	090909	福　岡
乙種4類	H28.08.08	080808	福　岡
乙種5類	H27.07.07	070707	福　岡
乙種6類	H26.06.06	060606	福　岡
丙　種			

写真の書換えは
2029年
11月11日まで

福岡県知事

- 　危険物施設では、危険物取扱者以外の者が危険物を取り扱うことができません。ただし、甲種又は乙種の危険物取扱者が立ち会えば、無資格者でも取り扱うことができます。
- 　危険物施設の種類や規模によっては、危険物保安監督者・危険物保安統括管理者・危険物施設保安員が必要になります。
- 　危険物取扱者は、3年ごとに保安講習を受講する必要があります。

予防規程

- 　危険物施設の種類や規模によっては、予防規程が必要になります。防火対象物に例えると、消防計画のようなものです。

定期点検

- 　危険物施設の種類や規模によっては、定期点検が必要になります。
- 　定期点検は、危険物取扱者・危険物施設保安員等が実施しなくてはいけません。ただし、甲種又は乙種の危険物取扱者が立ち会えば、無資格者でも実施することができます。
- 　地下タンクを有する施設等は、タンクの漏れの点検が必要です。

地下タンクは、
漏れの点検（圧力点検）が必要

各種申請及び届出（例）

危険物施設を設置又は変更するとき	市町村長の許可	法第11条
危険物の品名・数量・倍数を変更するとき	市町村長に届出	法第11条の4
危険物施設を廃止するとき	市町村長に届出	法第12条の6
許可を必要としない危険物施設の変更をするとき	市町村長に届出	自治体規則
危険物施設の名称や設置者の名称を変更するとき	市町村長に届出	自治体規則
地下タンクの漏れの点検を実施したとき	市町村長に届出	自治体規則

指定数量未満の危険物（条例による規制）

指定数量未満の危険物を貯蔵又は取り扱う場合は、条例の規制を受けます。

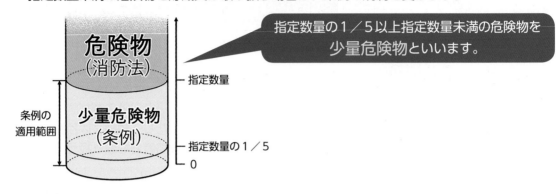

危険物
（消防法）

指定数量

条例の
適用範囲

少量危険物
（条例）

指定数量の1／5

0

指定数量の1／5以上指定数量未満の危険物を
少量危険物といいます。

条例（例）第30条

・ 指定数量未満の危険物を貯蔵又は取り扱う場合は、この規制を受けます。

・ 規制の内容は、「危険物を貯蔵する場所では、みだりに火気を使用しないこと。」など当たり前の規制内容となっています。

少量危険物

・ 指定数量の1／5（20％）以上指定数量未満の危険物を貯蔵又は取り扱う場合は、条例（例）第30条のほか、条例（例）第31条から第32条までの規制を受けます。

・ 規制の内容は、危険物施設が消防法で受ける規制内容に準じたものとなっています。

・ 条例（例）第46条により届出が必要となります。

【屋内において貯蔵又は取り扱う場合の規制】

条例（例）第30条
指定数量未満の危険物
の貯蔵・取扱い基準

条例（例）第31条の2
少量危険物の全てに共通
する貯蔵・取扱い基準

条例（例）第31条の3の2
少量危険物の屋内におけ
る貯蔵・取扱い基準

条例（例）第31条の4
タンクがある場合

少量危険物施設は、危険物施設に準じた規制を受けますが、以下の2点が危険物施設と大きく違います。

・「許可」がいらない。

・危険物取扱者がいらない。

指定可燃物規制の概要

【条例（例）別表第8の品名欄に掲げる品名及び数量】

品　　　名		規制を受ける数量	届出が必要な数量
綿花類		200kg	1,000kg
木毛及びかんなくず		400kg	2,000kg
ぼろ及び紙くず		1,000kg	5,000kg
糸類		1,000kg	5,000kg
わら類		1,000kg	5,000kg
再生資源燃料		1,000kg	1,000kg
可燃性固体類		3,000kg	3,000kg
石炭・木炭類		10,000kg	50,000kg
可燃性液体類		2㎥	10㎥
木材加工品及び木くず		10㎥	50㎥
合成樹脂類	発泡させたもの	20㎥	20㎥
	その他のもの	3,000kg	3,000kg

- ・　集積単位（集めて置く量）などの規制を受けます。
- ・　条例（例）第46条により届出が必要となります。赤字の品名は、その数量以上、その他は指定数量の5倍以上であれば届出が必要となります。
- ・　日常的に使用される物品（図書館の図書類等）や搬送用の道具等（ビールケース・段ボール等）として使用する場合は、規制の対象外です。

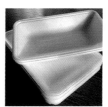

（綿花）　　　　　　（かんなくず）　　　　　　（木炭）　　　　　（発泡スチロール）

標識等

【危険物施設】
危険物
地下タンク貯蔵所
危険物の類別第　　類
危険物の品名
貯蔵最大数量
取扱最大数量
指定数量の倍数
保安監督者
火気厳禁

【少量危険物施設】
少量危険物貯蔵取扱所
類別第　　類
品名
最大数量
火気厳禁

【指定可燃物施設】
指定可燃物貯蔵取扱所
品名
最大数量
火気注意

可燃性液体類は「火気厳禁」

【最後にアドバイス】

立入検査時

　立入検査時に危険物があった場合は、数量を確認しましょう。危険物の数量によっては、無許可貯蔵に該当することがあります。そのような場合は、すぐ危険物担当係に連絡しましょう。

危険物法令

　危険物関係の法令に触れる機会は、あまりありません。しかし、危険物の危険性を関係者に説明し、指導する必要があるので、「一歩ずつ」覚えていきましょう。

立入検査でよく見る消防用設備等

消防用設備等の種類や立入検査時のチェックポイントがわかるよ。

4－1

令第10条

消火器具

一番、身近な
消火設備だよ！

● **消火器のチェックポイント**

消火器は消防用設備等の中で最も一般的と思われる設備です。
立入検査で目にする機会も多く、関係者からの質問も多く寄せられます。
　まずは、立入検査時にどのようなことを確認したらいいのかを紹介します。

＜標識・外観＞

□消火器置場には見やすい標識があるか？
　※色、大きさ、材質など細かい決まり事があります。
□取り出しやすい場所に置いてあるか？
□容器に腐食、変形がないか？
□使用済みの消火器が置いてないか？

＜配置＞

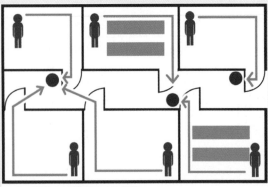

← 実際に人が移動できる導線
● 消火器位置

□歩行距離20m以内に設置しているか？

建物のどこからでも歩いて20m以内で
消火器に行きつくよう配置します！

<ラベル>

□製造年の確認

※製造から10年を経過した消火器には
「耐圧性能に関する点検」が必要になります。

□住宅用消火器が置いてないか？

※皆さんが立入検査に行く対象物では「業務用」を設置しなくて
はいけません。

●消火器の仕組み・構造

消火器の中には消火のための薬剤が入っています。
中身の薬剤は次の3つに分類されます！

<粉末>	<水系>	<ガス系>

※イラストは加圧式消火器の例

ピンク等に着色された粉末が入っています。

3種類の中で最も流通しており、立入検査時に目にするもののほとんどが粉末です。

使用されている消火器
・蓄圧式消火器
・加圧式消火器

※イラストは蓄圧式消火器の例

消火のための液体が入っています。粉末に次いで多い消火器です。

水系には強化液、水（浸潤剤等入り）、機械泡、化学泡などの種類があります。

使用されている消火器
・蓄圧式消火器
・加圧式消火器

二酸化炭素ガスが入っており、窒息消火を目的とします。

電気室や精密機器室などに設置されていることが多いです。

放射方法は2つに分類されるよ！

〈蓄圧式〉

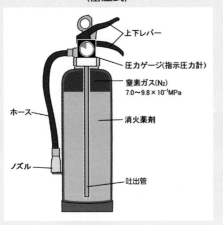

- 上下レバー
- 圧力ゲージ(指示圧力計)
- 窒素ガス(N₂) 7.0～9.8×10⁻¹MPa
- ホース
- 消火薬剤
- ノズル
- 吐出管

容器の中に圧力がかかっていて、その力で放射します。

一度薬剤を放射しても、レバーを離せば放射は止まります。

（長所）安全性が高い。

（短所）薬剤の詰め替えが難しい。

〈加圧式〉

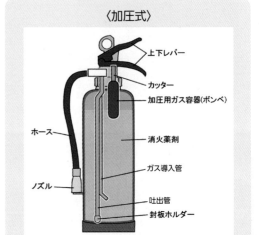

- 上下レバー
- カッター
- 加圧用ガス容器(ボンベ)
- ホース
- 消火薬剤
- ガス導入管
- ノズル
- 吐出管
- 封板ホルダー

容器の中に小さなガスボンベが入っていて、その力で薬剤を放射します。

基本的に一度放射を始めると消火剤がなくなるまで放射は止まりません。

（長所）薬剤の詰め替えが簡単

（短所）レバーが固い。

⚠ かつては圧倒的に加圧式の方が多かったのですが、今は蓄圧式が主流になっています。

その理由として「加圧式消火器の破裂事故」が挙げられます。

加圧式の消火器は放射の時に急に圧力をかけるため、本体容器がさびや傷・へこみなどによりもろくなっていると、操作した時に底が抜けて破裂するおそれがあります。

実際に事故も多数発生しており、完全に加圧式の生産を中止しているメーカーもあります。

	加圧式	蓄圧式
レバーの固さ	固い	固くない（加圧の1/4）
レバーを離すと薬剤の放出が	止まらない（基本的に）	止まる
内部点検の必要な時期	製造から3年	製造から5年
薬剤の詰め替え	簡単	難しい

●消火器の適応性・能力

消火器はどんな火災にも使用できるよ！

消火器のラベルには、どの火災に適応しているか表示するように決められています。
火災の種類は3つに分類され、メジャーな粉末消火器は、どの火災にも対応するようにできています。

A. B. C.

普通火災（A火災）	木材、紙などの一般可燃物の火災
油火災（B火災）	ガソリンなどの石油類、食用油、可燃性液体、樹脂類などの火災
電気火災（C火災）	電気室や発電機からの出火で、感電の危険性がある火災

消火能力を表す数値を「能力単位」というよ！

能力単位とは、火災に対してどの程度有効なのかという消火能力を表す数値です。
普通火災に対しての能力単位、油火災に対しての能力単位が試験により決められています。

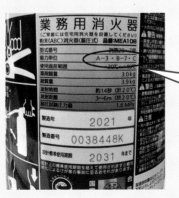

ラベルに「A－3　B－7　C」と記載されています。
これは、
「普通火災（A火災）に対して3の能力があります」
「油火災（B火災）に対して7の能力があります」
「電気火災に対して使用できます」
という意味です！

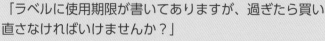

立入検査をしていると、関係者から、

「10年以上前に買った消火器ですが、使ってもよいのですか？」

「ラベルに使用期限が書いてありますが、過ぎたら買い直さなければいけませんか？」

などと聞かれることがあるのですが？

適正に法定点検をして、点検結果で問題がないのであれば、使い続けていいよ！

ただし、消火器は製造から10年を過ぎると「本体容器の耐圧性能に関する点検」がプラスされるので、実情は新品に取り換える※ことになるので要注意！

※「耐圧性能点検を行う事業者が少ない」「耐圧性能点検の費用が新品購入より高くなる」「耐圧性能点検の間、消火器がなくなるので代わりが必要になる」などの理由による。

建物に消火器が何本必要かは、どうやって決めたらいいのでしょうか？

次のようにして決めるよ。

① 建物の規模、構造などから、その建物に必要な能力単位数を算定する。

（例えば準耐火構造、延べ面積2,000㎡の倉庫であれば、必要能力単位数は20となる。）

② 設置する消火器の普通火災に対する能力単位の合計が、上記①を上回るようにする。

（Ａ３Ｂ７Ｃの消火器10本であれば、３×10で30となるのでＯＫ）

③ 各階に、建物の各部分から歩行距離20mを満たすように設置する。

●ちなみに…

③の歩行距離を満たせば能力単位の数字はほぼ間違いなく満たしていますが、100％ではないので可能ならば計算をしてみましょう。

能力単位の計算方法については、**則第６条**に記載されています。

豆知識コーナー

　実はこんなものも消火器具として一定の能力単位が認められています。

　「バケツ置けばいいんでしょ！！」と言われたら、実は〇Kなんです。

　ただし、消火器の代わりにバケツを設置しようと思ったらかなりの個数が必要になるし、実際に設置されているのを見たこともありません。

<水バケツ>

８リットル水バケツ９杯
で一般的な消火器１本分です。

<乾燥砂>

<膨張ひる石>

　この２つは水をかけることができない危険物での火災に有効です。乾燥砂に関しては実際に多くの危険物施設に設置されています。

4-2 令第11条

屋内消火栓設備

ホースが入っているアレです。消防学校にもあったよね！
消防隊じゃなくて関係者が使う設備だよ。

●屋内消火栓設備の仕組み・構造

屋内消火栓設備は消火器に次いで一般的な消火設備の1つだよ。

　立入検査に行くと「これって消防士さんが使うものなんですよね？」なんて言われたりしますが、これは建物の関係者が初期消火に使用するためのものです！

　略して「内栓（ないせん）」と呼んだりしますが、あくまで略称なので、市民への説明では使わないようにしましょう。

　屋内消火栓設備の構造を簡単に説明すると、以下の図のような感じです。

　ポンプの力で水を吸い上げて圧力を加えて消火栓から放水します（消防車と基本的な仕組みは同じです。）。

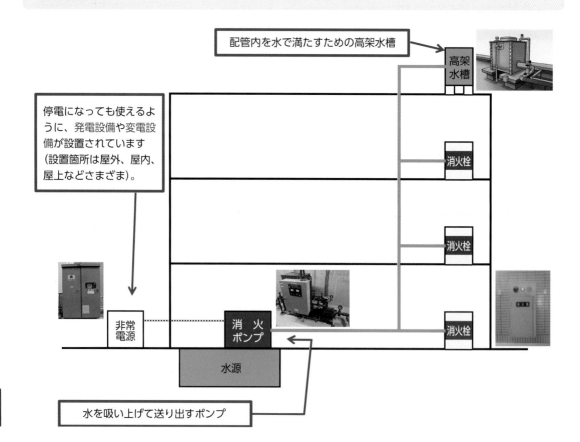

配管内を水で満たすための高架水槽

高架水槽

停電になっても使えるように、発電設備や変電設備が設置されています（設置箇所は屋外、屋内、屋上などさまざま）。

消火栓

消火栓

消火栓

非常電源

消火ポンプ

水源

水を吸い上げて送り出すポンプ

●消火栓の種類

消火栓には、同じような形に見えても様々な種類があるよ。

種別	1号	易操作性1号	2号	広範囲型2号
		屋内消火栓設備の比較		
防火対象物	どの対象物も可能		工場・倉庫 ((12)項イ・(14)項) は不可	
設置間隔	25m以下		15m以下	25m以下
ホース	平ホース 呼称40 15m×2本	保形ホース 呼称30 30m×1本	保形ホース 呼称25 20m×1本	保形ホース 呼称25 30m×1本
ノズル	棒状又は 棒状と噴霧の切替	棒状と噴霧の切替	棒状又は 棒状と噴霧の切替	棒状又は 棒状と噴霧の切替 (アスピレート ノズル)
放水圧力	0.17MPa		0.25MPa以上	0.17MPa以上
放水量	130L／分以上		60L／分以上	80L／分以上
操作性	2人以上必要	1人で操作可能		
立上り管	50mm以上		32mm以上	40mm以上
水源水量	5.2㎥※		2.4㎥※	3.2㎥※
外観				

※水源水量は、基本的には表のとおりですが、消火栓箱が1基しかない場合は、半分の量でOKです。

> ⚠ 基本的に立入検査でチェックするところは変わりないのですが、消防職員として覚えておき
> ましょう。
> 　　特徴①：1号消火栓の方が放水能力が高い。
> 　　特徴②：保形ホースの方が操作が簡単
> 　　特徴③：平ホースだと、製造から10年を経過した場合に耐圧性能点検が必要
> 　　特徴④：バルブを開けば自動的にポンプが起動するものと、ポンプ起動スイッチで起動させ
> 　　　　　 るものがある。

●消火栓箱周囲の確認

<標識・外観>

□箱の前に物品がないか？
□箱に標識が掲示してあるか？
□表示灯が点灯しているか？

<ホース>

□ホースは配管に接続されているか？
　※まれに外れている場合あり
□平ホースの製造年を確認
　※製造から10年を経過している場合は耐圧性能点検！

●こんなことになっていたら要注意！

過去には物販店の立入検査などで屋内消火栓設備が完全に隠れていたことも…場合によっては法第5条の3に基づき**命令する**ことも！

BEFORE　　　　　　　　　　　　　AFTER

●ポンプ室の確認

ポンプ室の確認は必須事項です。以下のような箇所を確認してください。

制御盤

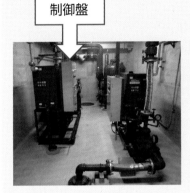

□ポンプ室内に不要な可燃物等が置かれていないか？
□各種バルブ類が正しい状態にあるか？
　※「常閉」「常開」などの札がついています。
□「制御盤」の電源ランプは正常に点灯しているか？
　※警告表示など出ていないか。
□呼水槽に水が入っているか？
　※トイレのタンクと同じような原理で常に水が入っています。

●ポンプ室の整理について

　屋内消火栓設備のポンプ室で物品除去を指導すると、
「ほかに置く場所がないんですよね〜」
「普段は誰も来ないのでいいでしょ？」
「燃えないものしか置いてないんで…」とか言われます。

　なぜポンプ室を物置にしてはいけないのかというと…
・ポンプは屋内消火栓設備の心臓部です。もし焼損すると水は出ません。
　火災が発生する可能性をできる限りゼロにしなければなりません。
・物が置かれていると点検時や非常時に操作の支障になります。

　というような理由です。関係者を納得させる話術も身に付けましょう。

豆知識コーナー

Q　これってあり？　色が違う屋内消火栓箱…

　立入検査をしていると、まれに箱の色が違う消火栓に出くわすことがあります。内装の色と合わせていることが多いのですが、これ実は「アリ」です。

　則第12条第１項第３号イでは「…箱には、その表面に「消火栓」と表示すること」と規定されていますが、屋内消火栓箱の色自体は規定されていません。

4－3 令第12条

スプリンクラー設備

自動消火設備の
横綱！

●スプリンクラー設備の構造・仕組み①

スプリンクラー設備は、自動消火設備の代表的なもので、天井や壁面にある「ヘッド」から自動的に水が出て消火する設備です。
略して「ＳＰ（エスピー）」と呼んだりします。

　ここではごく基本的な構造を説明します。消防用設備等のメーカーのＨＰなどにわかりやすいアニメーションなどもあるので、ぜひ調べてみてください。

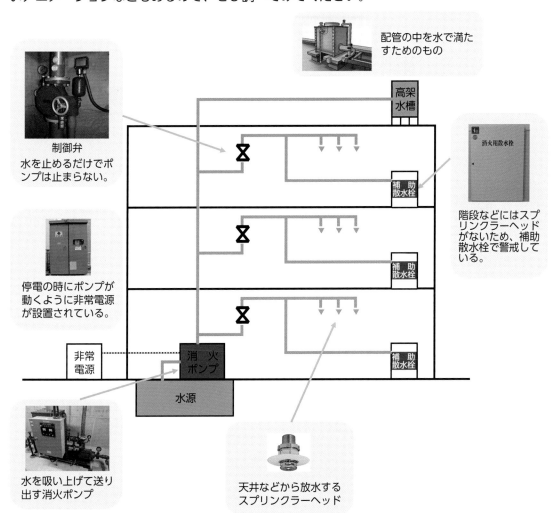

配管の中を水で満たすためのもの

高架水槽

消火用散水栓

補助散水栓

補助散水栓

補助散水栓

非常電源

消火ポンプ

水源

制御弁
水を止めるだけでポンプは止まらない。

停電の時にポンプが動くように非常電源が設置されている。

階段などにはスプリンクラーヘッドがないため、補助散水栓で警戒している。

水を吸い上げて送り出す消火ポンプ

天井などから放水するスプリンクラーヘッド

●スプリンクラー設備の構造・仕組み②

スプリンクラー設備の中で代表的な閉鎖型の仕組みは次のとおりです。

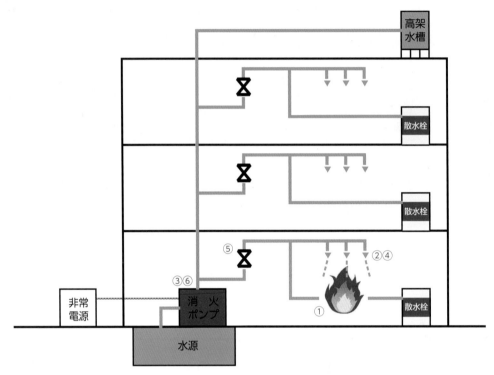

①	火災が発生
②	スプリンクラーヘッド（閉鎖型）の先端が熱で融解し、配管内の水を放水
③	配管内の圧力が下がったことを消火ポンプが感知し、起動
④	②のスプリンクラーヘッドから、加圧された水が放出され、消火
⑤	消火を確認したら、水を止めるために制御弁を閉鎖
⑥	ポンプを停止

●スプリンクラー設備のチェックポイント①〜ポンプ室〜

　ポンプ室で確認すべき内容は、屋内消火栓設備と同様になります。再確認してみましょう。

制御盤

□ポンプ室内に不要な可燃物等が置かれていないか？
□各種バルブ類が正しい状態にあるか？
　※「常閉」「常開」などの札がついています。
□「制御盤」の電源ランプは正常に点いているか？
　※警告表示など出ていないか。
□呼水槽に水が入っているか？
　※トイレのタンクと同じような原理で常に水が入っています。

●スプリンクラー設備のチェックポイント②〜制御弁〜

　制御弁には様々な種類のバルブや計器があり、それぞれ「常閉」「常開」と表示してあります。一番大きなバルブは必ず確認しましょう。

制御弁

□各種バルブ類が正しい状態にあるか？
　※「常閉」「常開」などの札がついています。
　※制御弁室はパイプシャフトなどの中にあるのが一般的ですが、外から見てわかるように標識があります。
　※大規模商業施設の場合、制御弁が何個も並んでいることがあります。そのような時に、どの制御弁がどの区域を受け持っているのか、平面図などで表示するようになっています。

スプリンクラーヘッドは基本的には新築の時に規則的に配置されていますが、立入検査で指摘の対象となる代表的なものは以下の3つです。

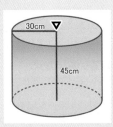

①積み上げられた物品により、散水障害が発生

（原則）スプリンクラーヘッドの周囲には、散水の障害となるので何も置いてはいけません。

その範囲は、左図に示すような半径30cm縦45cmの円筒状の空間です。

スプリンクラー設備の指摘事項として、断トツで多いものです！

②ヘッドの免除部分に可燃物が置いてある

スプリンクラーヘッドはある一定の箇所には設置を免除することができます。

いろんな免除部分があるのですが、注意してほしいのは「可燃物がなく、火災発生の危険性がない場所」という条件があることです。

以下のような場所に可燃物を置くと、ヘッドの増設が必要になったりします。

ただし、スプリンクラーヘッドの増設には多額の費用がかかります。関係者に説明し、可燃物の除去を促しましょう。

| 階段 | シャワー室 | トイレ | ポンプ室 |

③部屋のパーテーション変更により、散水障害が発生

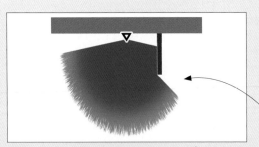

障害物によって散水されない未警戒部分

もともと規則的に並んでいたところにパーテーションができると放水の阻害になります。

豆知識コーナー

① 間仕切り用カーテン

病院や老人ホームなどで左記のような形のカーテンを見かけたことはないでしょうか？

上が網目状になっていますが、なぜこのような不自然な形状になっているのか…

それは自動火災報知設備の未警戒やスプリンクラーヘッドの散水障害を発生させないためです。

通常のカーテンで天井まで区切ってしまうと、その区画内に感知器やヘッドを増設する必要があります。

② スプリンクラーヘッドの種類

スプリンクラー設備は、放水に至る過程がいろいろとあるので、放水するスプリンクラーヘッドにも様々な種類があります。

スプリンクラーヘッドの例				
閉鎖型スプリンクラーヘッド			開放型	放水型
露出型（下向き）	露出型（上向き）	埋込型（下向き）	開放型（下向き）	放水型（側壁型)

③ 防護板付きヘッド

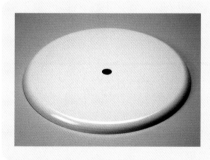

飲食店の厨房などでよく見かけるものです。これは、天井部分に設けられた給排気ダクト等で散水障害となる場合に、ダクトの下部に散水できるようヘッドを下して配置したものです。

防護板と呼ばれる金属製の板をヘッド周辺に設置し、感熱部が上部ヘッドからの消火水により影響を受けないようにしています。

❹　補助散水栓と屋内消火栓設備の違い

スプリンクラー設備が設置されている対象物で左下の写真のようなものを見かけます。
「これって屋内消火栓設備じゃないの？」と思われるかもしれませんが、これは「スプリンクラー設備の補助散水栓」というものです。
水を出して消火活動に使用する点では同じですが、様々な違いがあります。

①	スプリンクラー設備の設置が必要な建物では、ほぼほぼ屋内消火栓設備の設置が必要
②	スプリンクラー設備で警戒されている範囲については屋内消火栓設備の設置は不要
③	階段、トイレ、機械室など、スプリンクラーヘッドで警戒されていない部分は、屋内消火栓設備で警戒が必要
④	スプリンクラー設備と屋内消火栓設備を併設するのには、水源やポンプも複数セット必要になり、金銭的な負担が大
⑤	屋内消火栓設備でなく、スプリンクラー設備の水源やポンプ、配管を利用した補助散水栓で警戒

　つまり、スプリンクラー設備を利用して合理的に屋内消火栓設備を設置したものが、補助散水栓です。
　屋内消火栓設備と補助散水栓では、放水圧力や放水量も違います。

4－4 令第21条

自動火災報知設備

自動で火災の発生を
知らせる設備だよ！

Q 自動火災報知設備ってなに？

　一言でいうと、建物の内部にいる人に火災発生を知らせるための設備です。感知器という天井のセンサーが熱や煙を感知して、**自動で警報音を発**します。また、自動火災報知設備を略して「**自火報（じかほう）**」と呼んだりします。

受信機

火災が起こっている場所を確認したり、
警報音を止めたりすることができます。

総合盤

発信機・表示灯・地区音響装置が１つに
まとめられたものです。

感知器

天井などに設置されており、熱や煙などで火災を感知し、
火災信号を受信機に送ります。

発信機	表示灯
火災発生時に押すことで、火災の発生を建物全体に知らせます。	発信機の位置がわかりやすいように設けられます。

地区音響装置

受信機からの火災信号を受けて、建物内に警報音を鳴ら
します。ベル、サイレン、機械音声などがあります。

これらの機器が配線でつながっているよ！

まず、感知器が火災の煙や熱に反応して火災信号を発します。

発報した感知器は、赤いランプが点灯します。
ちなみに、熱感知器よりも、煙感知器の方が敏感です。

感知器から火災信号を受けた受信機が警報音を発します。

感知器が反応したエリアのランプが点灯します。**警戒区域図**で出火場所を確認しましょう。

建物全体に火災が発生したことを知らせるために、ベルが鳴動します。

5階建て3,000㎡以上の建物は出火階と直上階のみ鳴動する設定（区分鳴動）になっている場合があります。

●自動火災報知設備のチェックポイント

受信機の周囲には操作の障害になるようなものは置かれていないかな？
（則第24条の2第1号イ）

＜受信機＞

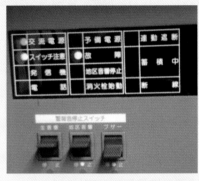

□電源ランプ（緑色）は正常に点灯しているか？

□「スイッチ注意」が点灯してないか？

※このランプが点灯している場合は、火災が発生しても有効に機能しないおそれがあるので、復旧させます。

□スイッチ類は定位にあるか？

※音響が停止されているとベルが鳴りません！

※レバーが下に下がっていれば停止されています！

□受信機の付近に電話機が置いてあるか？

※発信機との間で相互通話できるものです。

※表示窓が5以下の受信機にはその機能がありません。

受信機の付近に警戒区域一覧図は掲示されているかな？
これについては素材や大きさの決まりはないけど、必ず掲示しないといけないよ！

＜発信機＞

□視認や操作の支障になるものは置かれてないか？

□表示灯は点灯しているか？

□発信機が押された状態になっていないか？

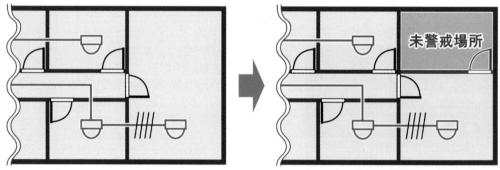

感知器の未警戒部分がないか確認しよう！
※感知器は原則、区画ごとに必要だよ。

例1 もともと1つの空間だったのが間仕切られ、感知器のない部屋が発生した。

1つの部屋に1つの感知器でよかったのが…

未警戒場所

パーテーションを設けたので未警戒箇所発生！

例2 トイレやシャワー室など、感知器が不要だった場所の使用形態が変わった。

トイレ、浴室、シャワー室などは本来感知器が不要だが…

このように物置状態になっていると**未警戒**

例3 もともと感知器があった天井を内装工事で覆ってしまった。

感知器がついていた天井に…

内装工事で…

感知器が隠れてしまい**未警戒**

豆知識コーナー

① 似ているようで別のもの

<住宅用火災警報器>

住宅用火災警報器は煙を感知すると、それ自体が警報を発するもので、受信機もありませんし、配線工事なども必要ありません。

住警器（じゅうけいき）などと略して呼ばれており、見た目が自動火災報知設備の感知器と似ているためによく混同されます。

住宅用火災警報器は条例で設置が義務付けられており、設置対象となるのは自動火災報知設備が設置されていない一般住宅やアパート、マンションの寝室部分等です。

<警備会社の感知器>

立入検査に行くと、自動火災報知設備の設置はないはずなのに、感知器が付いている場合があります。これは警備会社が設けたものである可能性があります。

感知器や受信機など、個別の機器は消防用設備等と同じものが付いていたりしますが、消防用設備等ではありません。

感知器をよく見ると警備会社のシールが貼ってあるので、よく見てみましょう。

現地で迷った場合は写真などを撮っておき、立入検査後に上司や先輩に確認してもらいましょう。

② 住警器に見えて実は自動火災報知設備

<特定小規模施設用の自動火災報知設備>

受信機も配線もない自動火災報知設備も存在します。

それは、カラオケボックス、病院や社会福祉施設又はホテルで、300㎡未満のものに設置が許されたものです。

消防法令の改正で新たに自動火災報知設備の設置義務が生じた小規模な施設の費用負担を軽減するために開発された設備です。

住警器と違って、感知器が相互にワイヤレスで接続されており、火災が発生すると全ての感知器から警報が発せられます。

ちなみに、正式な消防用設備等なので、点検の義務があります。

③ この赤い電話機はなに？

　これは火災通報装置というもので、火災時に消防へ通報するための設備です。正式名称は「消防機関へ通報する火災報知設備」といいます。

　福祉施設や病院などでよく見かけます。通報装置は原則ボタンを押さないと通報されません。

　通報ボタンを押すと、自動で119番へ通報し、建物の情報を自動音声で伝える仕組みになっています。

例外
　避難困難者が多数入居する福祉施設や病院は自動火災報知設備と連動しなければならないよ！！

※福祉施設は⑥項ロのみ義務
※病院は⑥項イ⑴⑵のみ義務

＜火災通報装置の音声メッセージ例＞

ピ、ピ、ピ、ピ、ピ　火事です。火事です。
こちらは、博多区博多駅前４丁目19番７号
博多消防署　４階建て
電話番号は、475－0119
逆信してください。

4－5 令第22条

漏電火災警報器

電気と火災は密接に
関係しているよ！

Q どんな建物に必要なの？

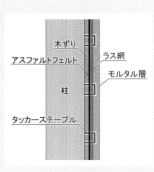

木ずり
アスファルトフェルト
ラス網
モルタル層
柱
タッカーステープル

ラスモルタル造（壁や天井に鉄網が入っているもの）で規模と用途により設置義務があります。
- ●ラスモルタル造とは…ラス（鉄網）とモルタル（セメントと砂を混ぜたもの）からなるもの。
- ●ラスとモルタルは基本的にセットです。単独のラス造とかモルタル造というのは基本的にはありません。

ラスモルタル造の建築物に漏洩電流が流れると、鉄網が熱せられ火災が発生するおそれがあります。

Q どんな機器なの？

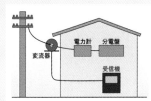

変流器
電力計　分電盤
受信機

- ●漏電による火災を防止するために、漏電を早期に感知する器具です。
- ●漏電とは…電気は通常電線から建物、そして電気製品まで電線を流れてきますが、その通常経路以外に流れてしまうことです。

漏電火災警報器は、受信機と変流器で構成されます。

受信機　　　　　　　　　変流器

古いアパートに設置されているケースが多いよ。

4－6 令第24条

非常警報器具・設備

手動で火災の発生を知らせる設備だよ！

Q 非常警報器具ってなに？

非常警報器具は、拡声器や手動式サイレンなどの持ち運び可能なものです。

収容人員が20人以上50人未満の物販店（コンビニ）や工場などに設置されます。

＜非常警報器具＞

警鐘

携帯用拡声器

手動式サイレン

これらを使って火災の発生を知らせるのです！

豆知識コーナー

非常警報関係の設備は、収容人員が多くなるほど、設置する設備の仕様が大きくなります。

また、自動火災報知設備が設置されている場合は、重ねて非常警報器具・設備を設置する必要はありません。

| 非常警報器具 | → | 非常警報設備 | → | 放送設備 |

少ない ————————————————→ 多い

収容人員

Q 非常警報設備ってなに？

非常警報設備には、非常ベルや自動式サイレンがあるよ！
それから、放送設備も非常警報設備の仲間です。

<非常警報設備>

非常ベル

自動式サイレン

放送設備

これらを使って火災の発生を知らせるのです！

豆知識コーナー

　放送設備は、収容人員が300人以上の飲食店・物販店や500人以上の⒃項イな
どに設置されます。
　法令上は、非常ベルと放送設備を両方設置することとなっていますが、放送
設備が必要な建物であれば、床面積から自動火災報知設備が設置されるので、
実際は「自動火災報知設備＋放送設備」という組み合わせになります。

(法令)	非常ベル、自動式サイレン	プラス	放送設備

↓ 代替え

(実際)	自動火災報知設備	プラス	放送設備

●立入検査時のチェックポイント

＜非常警報器具＞

□多数の者の目に触れやすく、火災時に速やかに使用できる場所にあるか？
□電池式の拡声器は、電池の容量が低下していないか？

＜非常警報設備＞

□多数の者の目に触れやすく、火災時に速やかに使用できる場所にあるか？
　・起動装置は階ごとに歩行距離50m以下
　・音響装置は水平距離25m以下
　※一体型がほとんどで、別々に設置されることはありません。
□床面から0.8m～1.5mの高さに設けられているか？
□表示灯（赤ランプ）は点灯しているか？
□非常電源（内蔵バッテリー）の容量は適正か？
　※点検報告書で確認しましょう。
　※内蔵バッテリーがない機器もあります。
　　（その場合は、専用受電設備又は蓄電池設備の点検票が添付されています。）

4－7 　令第25条

避難器具

避難のときに階段が使えない場合に使用するものだよ！

●いろいろな避難器具

まずは、最もポピュラーな避難はしごから紹介するよ。

〈避難はしご（ハッチ式）〉

蓋を開くと自動的に下に伸びる、マンションなどでも見かける一般的なもの。

〈避難はしご（つり下げ式）〉

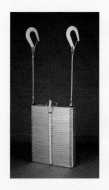

箱から本体を取り出し、窓枠やベランダに引っかけるタイプです。
※４階以上の階には基準の細目があります（則第27条第１項第５号）。

〈避難はしご（その他）〉

壁面に固定されているものや、ワンタッチで開閉できるタイプのものもあります。

次に、はしご以外の避難器具を見てみよう。

〈緩降機〉

　体にベルトを巻き付け、ロープで降りる器具です。速度を調節する機能があり、**安全な速度で降りてい**
きます。はしごに次いで一般的な器具といえます。

〈救助袋〉

垂直式　　　　　　　　　　　斜降式

　垂直に降りるタイプと斜めに降りるタイプがあります。垂直式は下ろすだけで設定できますが、斜降式
は固定環に接続する必要があります。

〈滑り台〉

　短時間で多数の人が降下できる優れ物ですが、コストがかかります。
　福岡市消防局の指導基準では、病院、福祉施設、幼稚園、保育園などの自力避難困難者が入所する施設には基本的に滑り台をつけてもらっています。

まだまだあるよ〜

〈避難ロープ〉

　これもシンプルで安価な避難器具の１つです。
　ただし、(6)項の防火対象物には設置できませんし、３階以上には設置できません。

〈その他の避難器具〉

●避難用タラップ
●避難橋
●滑り棒

　これらは、あまり見かけないレアな避難器具です。しかし、立派な消防用設備等であることには間違いないので、非常時に使用できるように維持管理する必要があります。

●避難器具のチェックポイント（共通）

避難器具は火災時に建物の関係者が使用して逃げるためのものです。
立入検査の時は、実際に使うイメージで設備を見てみましょう。
具体的に確認するべき事項は、次の４点です。

□避難器具の周囲に障害物はないか？

□降りる空間内（降下空間）に障害物はないか（看板、樹木、物干し等）？

□避難器具で降りる場所（降下位置）に障害物はないか（駐車車両、自転車等）？

□降りてから、安全な道路や広場まで至る通路（避難通路）に障害物はないか？

屋外の安全な場所へ避難

消防士なら懸垂降下！

●避難器具のチェックポイント（標識）

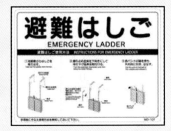

□避難器具を置いている場所には標識があるか？

　記載内容は「避難器具であること」と「使用方法」です。

　また、消火器の標識と同じく材質なども決められています（福岡市消防局の場合）。

□避難器具の設置場所は明確に！

　特定一階段等防火対象物であれば必要になります。

　その他の建物において則第27条により必要とされていますが、設置場所がわかりやすければ、告示では特に設置を求められていません。

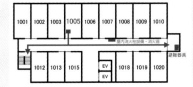

□共用部に設ける案内図

　左の表示は、特定一階段等防火対象物に限って義務付けられているものです。避難器具の重要性が高いために、このような規定が設けられています。

　エレベーターホールや階段の出入り口に設けられるもので、その階の平面図に避難器具の設置箇所が記してあります。

□避難器具の降下位置表示はあるか？

　避難器具の降下位置にこのような表示がある場合があります。

　これは法令義務ではなく、福岡市消防局では指導基準に基づき指導しているものです。

4－8 令第26条

誘導灯

火災時の避難方向を
知らせる設備だよ！

Q 誘導灯ってなに？

誘導灯には、避難口誘導灯、通路誘導灯と客席誘導灯の3種類があるよ！

＜避難口誘導灯＞

避難口に設置されます。

＜通路誘導灯＞

廊下、通路などに設置されます。

＜客席誘導灯＞

劇場や映画館の客席に設置されます（床面の照度確保）。

＜階段通路誘導灯＞

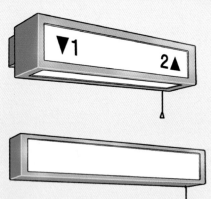

階段室や傾斜路に設置されます。
※非常用の照明装置が設けられ、避難上必要な照度が確保
　されるとともに、避難の方向の確認（階数表示）ができ
　る場合には、通路誘導灯の設置の必要はありません。

誘導灯の中には、バッテリーが内蔵されていて、停電時にも点灯するように
なってるよ！

●誘導灯のチェックポイント

　誘導灯は「24時間365日いつでも点灯」が大原則。
点灯していない場合は指摘しましょう。

□改装などにより、誘導灯の設置が不十分になっていないか？
　誘導灯の示す方向に従って迷わずに出口まで出られるのかを確認
し、不十分だと感じたときは図面などにメモして持ち帰って相談し
ましょう。

　誘導灯の確認で大事なのは、避難する
人の目線で見ること。誘導灯の示す方向
に歩いてみよう！

□広告物などによる視認障害がないか？
　物販店などで特に多くみられるのが、広告物などによる誘導灯の
「視認障害」です。
　こういった状況を見たらきちんと指摘しましょう。

　う〜ん、見えにくい…

　誘導灯の中には、バッテリーが内蔵さ
れていて、停電時にも点灯するようになっ
てるよ！

□内蔵バッテリーの容量は良好か？
　誘導灯には、バッテリーの状態を確認するために、点検用のヒモ
やボタンが付いています。
　ヒモであれば**引っ張っている間**、ボタンであれば**押している間**、
バッテリーに切り替わります。
　その間に電気が消えるようであれば、バッテリー不良です。
※「一回引っ張るとバッテリーに切り替わり、もう一回引っ張ると
　元に戻る」は間違った覚え方です。

　点検ヒモはちぎれることがあるので、
優しく引いてね！

豆知識コーナー

① （高輝度）蓄光式誘導標識

　これは、簡単にいうと、通常時の光を蓄えておいて、暗くなると発光するもので、誘導灯の代わりに設置できるものです。パネルタイプなので、電源は不要です。

　ただし、一定条件を満たす場合でないと設置が認められないため、立入検査時に関係者に聞かれた場合は、査察の担当課に相談してください。

② 点滅機能と音声誘導機能

「避難口はこちらです！」

点滅！
まぶしい！

　誘導灯の中には、自動火災報知設備の作動と連動して、誘導灯の下がフラッシュしたり、音声で案内するものがあります。法令で義務付けられている機能ではないのですが、市町村によっては独自の指導基準で以下のような建物に設置している場合があります。

　①視力や聴力が弱い人が利用する福祉施設関係
　②大規模物販店の地下

③ 誘導灯の免除

　小部屋で、避難口までの歩行距離が10m以内で、なおかつ部屋のどの部分からも避難口を容易に見通すことができる場合は、誘導灯の設置は不要です。

　※ただし、地階・無窓階は免除できません！

　誘導灯の設置免除については細かな決まりがあります。興味があれば、設置基準を勉強してみてください。

4-9 令第28条〜第29条の3

消火活動上 必要な施設
（連結送水管・非常コンセント設備など）

> 火災のときに消防隊が使う設備だよ！
> 連送と連散を間違えないように！

Q 消火活動上必要な施設ってなに？

その名のとおり、消防隊が消火活動時に使用するものだよ！！
よく使う連結送水管から見てみよう。

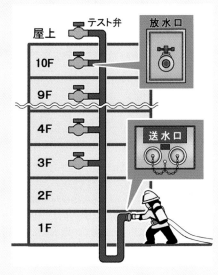

【連結送水管】
屋上　テスト弁　放水口
10F
9F
4F　送水口
3F
2F
1F

　左の図を見てわかるように、ホースを高いところまで延長する手間を省いてくれる設備です。
　地上の送水口に2線部署し、高層階の放水口からホースを延長して使用します。

【立入検査時の着眼点！！】
□地上の送水口は視認障害がないか？
□送水口に標識があるか？
□各階の放水口は使用できる状況か？
　（ボックスが錆等で開かなくなっていないか）
□放水口のバルブは閉鎖しているか？
□10年経過した配管とホースは耐圧試験を実施しているか？

豆知識コーナー

　配管内は、水が常に充水されている「湿式」タイプと、空の状態の「乾式」タイプがあるよ。
　7階建て以上の建物に設置されていて、放水口は3階以上の階に設置されている。「7・3分けの髪型」と覚えよう。

次の設備は、最初のうちはなかなか見る機会の少ないものだけど、火災現場では使う可能性のある設備なので簡単に説明するよ。

〈連結散水設備〉

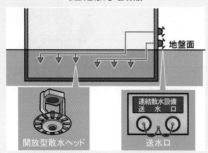

地下での火災は、噴出する煙や有毒ガス、熱気等のため進入が困難になることが予想されます。

そのため、地下街や建物の地階には連結散水設備が設けられています。

地上の送水口にポンプ車から送水することで、散水ヘッドから散水することができます。

〈排煙設備〉

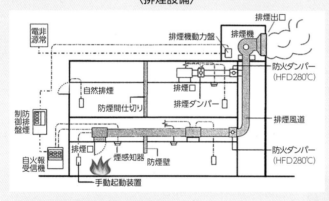

火災時に発生する煙を屋外に有効に排出し、消防活動を円滑にするための設備です。

排煙機、排煙ダクト、排煙口などから構成されます。また、建基令により設置される場合もあります。

〈非常コンセント設備〉

その名のとおり、通常のコンセントに非常電源が付置してある設備で、火災時にも使用できるものです。

電圧は100Vです。高層階（11階以上の階）や地下街に設置してあります。

〈無線通信補助設備〉

無線がつながりにくい地下の火災時でも、消防隊が円滑に無線交信できるように、補助アンテナ等が設けてあります。

福岡市では1,000㎡以上の地下街（博多駅や天神地下街など）に設置しています。地上の端子箱に無線機を接続し、進入隊員と交信します。

●いろいろな送水口

　送水口と言っても、実に様々なものがあって、気を付けないと、消火設備を有効に使用できないばかりか、火災でない場所に放水するという事態まで発生してしまうよ！

　これらは、連結送水管の送水口です。
　一番ポピュラーなもので、使う機会も一番多いです。
　福岡市消防局は独自の基準で、直近に表示灯を付加しています。

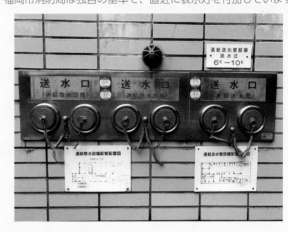

　これは、消防用水の採水口です。
　大規模な敷地の建物に設置される、消火のための水利です。
　吸管を接続して、負圧で水を吸い上げます。まれに、加圧送水装置付きのものがあるので注意が必要です。

これらは、連結散水設備の送水口です。
　連結散水設備は地下街や建物の地階に設置されますが、送水口は地上に設置されます。
　連結送水管の送水口と非常に似ているため、誤送水による水損事故が発生することもあります。
　火災対応の際は、送水口の表示をしっかり確認して、どの送水口に部署するか決定しましょう！！

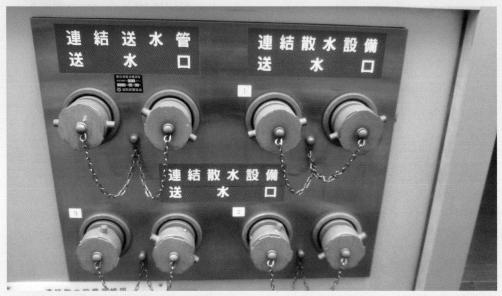

これは、スプリンクラー設備の送水口です。
　スプリンクラー設備の水源を使い果たすと、火災を鎮圧していなくても、ヘッドから水が出なくなります。
　そこで、ポンプ車から送水口に送水することで、スプリンクラーヘッドを引き続き有効活用することができます。

実は大事！　資料編＿

用途と規模による設置が必要な消防用設備等の一覧が確認できるよ。

用途別説明ページ

用途別にわかりやすく説明しているよ。

(1)項イ	劇場、映画館、演芸場、観覧場　【特定用途】
該当用途	劇場、映画館、演芸場、客席を有する各種競技施設

※だれでも映画、演劇、スポーツ等を鑑賞できる対象物が該当します。
※小規模な選手控室のみを有する体育館は対象外です。
※事業所等の体育施設で公衆に観覧させないものは対象外です。

◎(1)項イの用途の特徴と査察の着眼・指導事項

・客席の面積に対する収容人員が多い反面、開口部や窓が少なく、設けられた出入口も入場口以外一箇所を除いては、閉鎖されている場合があります。

・入場者の大半は、不特定な人々で、かつ、客室内が暗く内部構造に精通していないため、火災時の危険性は非常に高いです。

・客席及び舞台部は、喫煙等の禁止場所に指定されており、喫煙所は別の場所に設けられるようになっています。

・出演者控室や衣裳部屋等は、可燃物が非常に多く置かれているにもかかわらず、関係者は準備等に追われて、火気及び喫煙等の管理が不行き届きとなりがちです。

収容人員の算定	従業者の数＋客席部分の人数 （固定式のいす席の数） （立見席の床面積）÷0.2㎡ （その他の客席の床面積）÷0.5㎡	則第1条の3
防火管理者	収容人員30人以上	令第1条の2
防炎規制	義務あり	令第4条の3

◎過去の火災事例や傾向など

【火災事例】

・昭和33年2月1日　千代田区宝塚劇場火災　死者3人・負傷者25人

　演出用の火の粉が、舞台部の幕に燃え移り出火。舞台部と客席を区画するシャッターが閉鎖できなかったため、客席の吹抜け部分の3階層まで延焼拡大した。

防火管理者制度に関する消防法の改正のきっかけとなった火災です。
また、内装制限などの建築基準法の改正もありました。

(1)項ロ	公会堂又は集会場　【特定用途】
該当用途	市民会館、公民館、貸ホール、町内会集会場、結婚式場、音楽堂

※公会堂とは、集会、会議、社交等の目的で公衆の集合する施設であって、これらの用に供する客席を有するもののうち、国や地方公共団体が管理するものをいいます。

※集会場とは、集会、会議、社交等の目的で公衆の集合する施設であって、これらの用に供する客席を有するもののうち、公会堂に該当しないものをいいます。

◎(1)項ロの用途の特徴と査察の着眼・指導事項

・多目的に使用され、催し物によって使用者が異なる場合が多く、また、映画会、公開録画等を開催する場合、主催者側において定員以上の入場券を発行し、定員を無視して収容することがあるなど、避難上の配慮が足りないものも見受けられる場合があります。

・これらの施設には、宿泊施設、結婚式場、展示場、貸室等が付設されていることが多いので、避難管理には十分注意を促す必要があります。

収容人員の算定	従業者の数＋客席部分の人数〔(固定式のいす席の数) (立見席の床面積)÷0.2㎡ (その他の客席の床面積)÷0.5㎡	則第1条の3
防火管理者	収容人員30人以上	令第1条の2
防炎規制	義務あり	令第4条の3

◎過去の火災事例や傾向など

【火災事例】

・平成23年10月8日　博多百年蔵火災（福岡市博多区）　焼損面積約1,000㎡
結婚披露宴中に漏電により出火。国の登録有形文化財となっていた築100年の建築物であった。

⑴項（イ・ロ）

項　目	設置上の基準	根拠法令	補足事項
消火器	全部（⑴項イのみ）	令第10条	
	延べ面積　150㎡以上 （（⑴項ロのみ）以下同じ。）		
	地階・無窓階・3階以上の階 50㎡以上		
	少量危険物・指定可燃物		
大型消火器	指定可燃物　500倍以上	則第7条	
屋内消火栓設備	延べ面積　500㎡以上 （耐火構造又は内装制限付き準耐火構造で1,000㎡以上　　内装制限付き耐火構造で1,500㎡以上）	令第11条	※　内装制限とは、壁及び天井の室内に面する部分の仕上げを難燃材料としたもの
	地階・無窓階・4階以上の階 100㎡以上 （耐火構造又は内装制限付き準耐火構造で200㎡以上　　内装制限付き耐火構造で300㎡以上）		
	指定可燃物　750倍以上		
スプリンクラー設備	舞台部の床面積　500㎡以上 （地階・無窓階・4階以上の階 300㎡以上）	令第12条	
	11階建て以上　全部		
	延べ面積 6,000㎡以上（平屋建以外）		
	指定可燃物　1,000倍以上		
	地階・無窓階　1,000㎡以上		
	4階以上の階　1,500㎡以上		
水噴霧消火設備等	p.315「水噴霧消火設備等の設置を必要とする防火対象物の部分」参照	令第13条	
屋外消火栓設備	1階・2階の床面積の合計3,000㎡以上 （耐火建築物9,000㎡以上　準耐火建築物6,000㎡以上）	令第19条	※　同一敷地内に2棟以上あるときは、1階3m以下、2階5m以下の近接対象物は1棟とみなす。
動力消防ポンプ設備	屋内・屋外消火栓設備設置対象物	令第20条	
自動火災報知設備	延べ面積　300㎡以上	令第21条	
	特定一階段等防火対象物		
	指定可燃物　500倍以上		
	道路の用に供する部分 屋上600㎡以上　その他400㎡以上		
	駐車の用に供する部分 地階・2階以上200㎡以上		
	11階以上の階		

設備	条件	根拠条文	備考
ガス漏れ火災警報設備	温泉設備	令第21条の2	
	地階の床面積の合計 1,000㎡以上		
漏電火災警報器	延べ面積　300㎡以上	令第22条	※　ラスモルタルのみ
	契約電流　50Aを超えるもの		
消防機関へ通報する火災報知設備	延べ面積　500㎡以上	令第23条	【緩和条件】 ・消防機関から著しく離れた場所 ・消防機関から歩行距離500m以下の近い場所 ・電話がある（令第23条で規定している用途）。
非常警報器具	――		
非常警報設備	収容人員　50人以上	令第24条	
	地階・無窓階 収容人員の合計20人以上		
放送設備	収容人員　300人以上		
	11階建て以上　全部		
	地階の階数が3以上　全部		
避難器具	地階・2階以上の階 収容人員　50人以上 （耐火構造の2階を除く。）	令第25条	
	地上に通ずる階段が2以上ない3階以上の階 収容人員　10人以上		
誘導灯	全部（客席誘導灯を含む。）	令第26条	※　設置免除規定あり（則第28条の2）。
消防用水	敷地面積20,000㎡以上で1階・2階の床面積の合計5,000㎡以上 （耐火建築物15,000㎡以上　準耐火建築物10,000㎡以上）	令第27条	※　同一敷地内に2棟以上あるときは、1階3m以下、2階5m以下の近接対象物は1棟とみなす。
	高さ31mを超える建築物で、延べ面積25,000㎡以上		
排煙設備	舞台部の床面積　500㎡以上	令第28条	
連結散水設備	地階の床面積　700㎡以上	令第28条の2	
連結送水管	7階建て以上	令第29条	
	5階建て以上で、延べ面積6,000㎡以上		
	道路の用に供される部分を有するもの		
非常コンセント設備	11階以上の階	令第29条の2	
無線通信補助設備	――	令第29条の3	

(2)項イ	キャバレー、カフェー、ナイトクラブその他これらに類するもの　【特定用途】
該当用途	クラブ、バー、サロン、ホストクラブ、キャバクラ等

※風俗営業等の規制及び業務の適正化等に関する法律（以下「風営法」という。）で定める洋式の設備を設ける対象物が該当します。

※キャバレーとは、客にダンスをさせ、かつ、客の接待をして客に飲食をさせる施設をいいます。

※カフェーとは、客を接待して客に遊興又は飲食をさせる施設をいいます（ラウンジやキャバクラが該当します。）。

※ナイトクラブとは、客にダンスをさせ、客に飲食させる施設をいいます。

※客を接待することとは、客席において接待を行うもので、カウンター越しに接待を行うことは含まれません。

◎(2)項イの用途の特徴と査察の着眼・指導事項

・装飾のためのカーテン等が多いうえに、客席でキャンドル等の裸火等が使用されることもあり、舞台では、ショーの演出効果のための裸火等が使用されることがあります。そのため、カーテン等は防炎物品が使用されているか確認する必要があります。

・客のほとんどが飲酒しており、また、これら避難誘導に当たる従業員は、職業柄異動が激しいため、内部事情に精通している者が少なく、災害時の避難誘導は困難が予想されます。そのため、避難管理の重要性については関係者に十分認識させる必要があります。

収容人員の算定	従業者の数＋客席部分の人数 〔（固定式のいす席の数）（その他の客席の床面積）÷3㎡	則第1条の3
防火管理者	収容人員30人以上	令第1条の2
防炎規制	義務あり	令第4条の3

◎過去の火災事例や傾向など

【火災事例】

・昭和39年12月21日　キャバレー「金の扉」火災（東京都豊島区）　死者1人・負傷者18人
　訓練不足のため、従業員が初期消火に失敗して延焼拡大した。

・昭和47年5月13日　大阪市千日デパート火災　死者118人・負傷者81人

　　複合用途防火対象物の3階から出火。3階は工事中で、作業員のたばこの不始末が出火原因と推定されている。出火時、営業中の7階のキャバレーで多くの死傷者が発生した。避難のための階段が煙突状態となったため、死者の多くは一酸化炭素中毒によるものであった。逃げ場がなくなった客の中には、窓ガラスを割り7階から飛び降りた者もいた。

(2)項ロ	遊技場又はダンスホール　【特定用途】
該当用途	ボーリング場、パチンコ店、マージャン屋、ディスコ、観客席を有しないアイススケート場等

※遊技場で行う競技は、娯楽性のある競技が該当します。
※風営法で指定された指導員（ダンス講師・インストラクター）が指導するダンス教習所（教室）は対象外です。

◎(2)項ロの用途の特徴と査察の着眼・指導事項

・遊技場は、出入口付近に売場等が設けられ、その周囲に自動販売機等が置かれ、避難の障害となる場合が多いので特に確認をする必要があります。また、従業員の居室や更衣室は、奥まった場所にあることが多く、整理整頓が悪くなりがちであるので、火気管理と併せて避難管理にも十分注意する必要があります。

・ダンスホールは、キャバレー等と違って酔客は少ないですが、喫煙管理や避難管理についておろそかになりがちなので、注意が必要です。

収容人員の算定	遊技場	従業者の数 ＋ 遊技機器を使用して遊技できる者の数 ＋ 観覧・飲食・休憩部分の固定式のいす席の数	則第1条の3
	ダンスホール	従業者の数＋客席部分の人数　〔（固定式のいす席の数）／（その他の客席の床面積）÷3㎡〕	
防火管理者	収容人員30人以上		令第1条の2
防炎規制	義務あり		令第4条の3

◎過去の火災事例や傾向など

【火災事例】
・平成21年7月5日　パチンコ店火災（大阪府大阪市）　死者5人・負傷者18人
　雑居ビル1階のパチンコ店から出火。ガソリンをまいて火をつけた放火事件であった。犯人は、平成28年2月23日死刑が確定した。

(2)項ハ	風営法第2条第5項に規定する性風俗関連特殊営業を営む店舗（(1)項イ・(2)項ニ・(4)項・(5)項イ・(9)項イを除く）その他これらに類するものとして総務省令で定めるもの 【特定用途】
該当用途	ファッションヘルス、性感マッサージ、ＳＭクラブ、のぞき劇場等

※風営法第2条第5項に規定する性風俗関連特殊営業を営む店舗とは、店舗型性風俗関連特殊営業が該当し、個室を設け、当該個室において異性の客の性的好奇心に応じて接触する役務を提供するもの等をいいます。

※店舗型性風俗関連特殊営業のうち、ソープランド（(9)項イ）、ストリップ劇場（(1)項イ）、ラブホテル（(5)項イ）、アダルトショップ（(4)項）、個室ビデオ（(2)項ニ）については、(2)項ハとして取り扱いません。

※その他これらに類するものとして、則第5条第1項第2号に規定する客（同性含む。）に接触する役務を提供する営業を営む店舗も(2)項ハとして取り扱います。

◎(2)項ハの用途の特徴と査察の着眼・指導事項

・性風俗関連施設は、飲食を主たる目的としないものであり、不特定多数の者が利用し、その大半が性的サービス等を伴い、サービスに熱中することによる避難の困難性等から人命危険が高い施設です。

・酒気や騒音、個室等の形態、照明の暗さ、飲食提供による火気使用等の火災危険性も加わります。

収容人員の算定	従業者の数＋客席部分の人数 ⎰（固定式のいす席の数） （その他の客席の床面積）÷3㎡	則第1条の3
防火管理者	収容人員30人以上	令第1条の2
防災規制	義務あり	令第4条の3

◎過去の火災事例や傾向など

【火災事例】
・平成20年3月3日　名古屋ヘルス店火災（愛知県名古屋市）　死者3人
　雑居ビル3階の風俗店から出火。男性従業員3人が死亡した。

(2)項ニ	カラオケボックスその他遊興のための設備又は物品を個室において客に利用させる役務を提供する業務を営む店舗で総務省令で定めるもの　【特定用途】
該当用途	カラオケボックス、インターネットカフェ、漫画喫茶、個室ビデオ、テレクラ等

※個室において、カラオケやインターネットの利用や漫画を閲覧させる役務を提供する業務を営む
　店舗が該当します。また、風営法に規定するテレクラ、個室ビデオも該当します。
※(2)項ニに該当する対象物は、一の防火対象物に複数のカラオケ等を行う個室を有するものをいい、
　一の防火対象物に個室が１つしかないものは含まれません。
※個室については、壁等で完全に区画されたものだけではなく間仕切り等による個室に準じた閉鎖
　的スペースも含まれます。

◎(2)項ニの用途の特徴と査察の着眼・指導事項

・特徴としては、(2)項ハと同様で、不特定多数の者が利用し、カラオケ等に熱中することによる避
　難の困難性等から人命危険が高い施設です。
・酒気や騒音、個室等の形態、照明の暗さ、飲食提供による火気使用等の火災危険性も加わります。
・個室ビデオ等は、客がヘッドホンを使用して映像等に熱中しているため、火災に気付くのが遅れ
　る危険性があります。

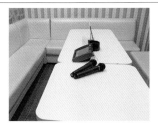  

収容人員の算定	従業者の数＋客席部分の人数　$\left\{\begin{array}{l}\text{（固定式のいす席の数）}\\ \text{（その他の客席の床面積）}÷3\,㎡\end{array}\right.$	則第１条の３
防火管理者	収容人員30人以上	令第１条の２
防炎規制	義務あり	令第４条の３

◎過去の火災事例や傾向など

【火災事例】
・平成19年１月20日　宝塚市カラオケボックス火災　死者３人・負傷者５人

　　　　　　　　　　１階ガスこんろから出火。天ぷら鍋の点火放置が原因であった。
２階の逃げ遅れた客が一酸化炭素中毒で死亡した。自動火災報知設
備のベルが聞こえなかったことや、２階の窓が塞がれていたのが被
害を大きくした。

・平成20年10月１日　大阪市個室ビデオ店火災　死者16人・負傷者９人

　　　　　　　　　　７階建てビル１階の個室ビデオ店から出火。同店の利用者による放火が原因であっ
た。発生時刻が深夜であったこと、寝室エリアへの出入口が１か所であったことな
ども被害が拡大した要因となった。

⑵項（イ・ロ・ハ・ニ）

項　目	設置上の基準	根拠法令	補足事項
消火器	全部	令第10条	
大型消火器	指定可燃物　500倍以上	則第7条	
屋内消火栓設備	延べ面積　700㎡以上 （耐火構造又は内装制限付き準耐火構造で1,400㎡以上　　内装制限付き耐火構造で2,100㎡以上）	令第11条	※　内装制限とは、壁及び天井の室内に面する部分の仕上げを難燃材料としたもの
	地階・無窓階・4階以上の階150㎡以上 （耐火構造又は内装制限付き準耐火構造で300㎡以上　　内装制限付き耐火構造で450㎡以上）		
	指定可燃物　750倍以上		
スプリンクラー設備	11階建て以上　全部	令第12条	
	延べ面積 6,000㎡以上（平屋建以外）		
	指定可燃物　1,000倍以上		
	地階・無窓階・4階以上の階1,000㎡以上		
水噴霧消火設備等	p.315「水噴霧消火設備等の設置を必要とする防火対象物の部分」参照	令第13条	
屋外消火栓設備	1階・2階の床面積の合計3,000㎡以上 （耐火建築物9,000㎡以上　準耐火建築物6,000㎡以上）	令第19条	※　同一敷地内に2棟以上あるときは、1階3m以下、2階5m以下の近接対象物は1棟とみなす。
動力消防ポンプ設備	屋内・屋外消火栓設備設置対象物	令第20条	
自動火災報知設備	全部（⑵項ニのみ）	令第21条	
	延べ面積　300㎡以上（（⑵項イ・ロ・ハのみ）以下同じ。）		
	特定一階段等防火対象物		
	指定可燃物　500倍以上		
	地階・無窓階　100㎡以上		
	道路の用に供する部分 屋上600㎡以上　その他400㎡以上		
	駐車の用に供する部分 地階・2階以上200㎡以上		
	11階以上の階		
ガス漏れ火災警報設備	温泉設備	令第21条の2	
	地階の床面積の合計1,000㎡以上		

漏電火災警報器	延べ面積　300㎡以上	令第22条	※　ラスモルタルのみ
	契約電流　50Ａを超えるもの		
消防機関へ通報する火災報知設備	延べ面積　500㎡以上	令第23条	【緩和条件】 ・消防機関から著しく離れた場所 ・消防機関から歩行距離500m以下の近い場所 ・電話がある（令第23条で規定している用途）。
非常警報器具	――	令第24条	
非常警報設備	収容人員　50人以上		
	地階・無窓階 収容人員の合計20人以上		
放送設備	収容人員　300人以上		
	11階建て以上　全部		
	地階の階数が３以上　全部		
避難器具	地階・２階以上の階 収容人員　50人以上 （耐火構造の２階を除く。）	令第25条	
	地上に通ずる階段が２以上ない２階以上の階 収容人員　10人以上		
誘導灯	全部	令第26条	※　設置免除規定あり（則第28条の２）。
消防用水	敷地面積20,000㎡以上で１階・２階の床面積の合計5,000㎡以上 （耐火建築物15,000㎡以上　準耐火建築物10,000㎡以上）	令第27条	※　同一敷地内に２棟以上あるときは、１階３m以下、２階５m以下の近接対象物は１棟とみなす。
	高さ31mを超える建築物で、延べ面積25,000㎡以上		
排煙設備	地階・無窓階　1,000㎡以上	令第28条	
連結散水設備	地階の床面積　700㎡以上	令第28条の２	
連結送水管	７階建て以上	令第29条	
	５階建て以上で、延べ面積6,000㎡以上		
	道路の用に供される部分を有するもの		
非常コンセント設備	11階以上の階	令第29条の２	
無線通信補助設備	――	令第29条の３	

⑶項イ	待合、料理店その他これらに類するもの　【特定用途】		
該当用途	茶屋、料亭、割烹等		

※いわゆる風俗営業で和式の設備を設ける対象物が該当します。

※待合とは、主として和式の客室を設けて、原則として飲食物を提供せず、芸妓、遊芸、かせぎ人等を招致し、又は斡旋して客に遊興させる施設をいいます。

※料理店とは、主として和式の客席を設けて、客を接待して飲食物を提供する施設をいいます。

※その他これらに類するものとは、実態として待合や料理店と同視すべきものをいいます。つまり、和式の客席で芸者遊びができる施設が対象になります。

◎⑶項イの用途の特徴と査察の着眼・指導事項

・これらの施設の出火原因として、たばこの吸い殻などの火種が座布団に落ちたまま押入れに収納されて閉店後出火したものや、厨房部分からの出火事例が多いので、喫煙管理や火気使用設備の管理について十分に指導する必要があります。

・客室での暖房用ストーブの使用や調理用のガス器具の使用が多いので注意が必要です。

収容人員の算定	従業者の数＋客席部分の人数 （固定式のいす席の数） （その他の客席の床面積）÷3㎡	則第1条の3
防火管理者	収容人員30人以上	令第1条の2
防炎規制	義務あり	令第4条の3

◎過去の火災事例や傾向など

【火災事例】

・明治41年3月8日　新潟大火「若狭屋火事」（新潟県）　1,198戸焼失
　芸者置屋から出火したため「芸者屋火事」とも呼ばれた。

(3)項ロ	飲食店　【特定用途】
該当用途	喫茶店、スナック、食堂、レストラン、ライブハウス等

※飲食店とは、客席において客に専ら飲食物を提供する施設をいい、客の遊興又は接待を伴わない
　ものをいいます。
※飲食を提供する方法がセルフサービスの対象物も該当します。
※ライブハウスとは、客席（立見を含む。）を有し、客に生演奏等を聴かせ、かつ、飲食の提供を伴
　うものをいいます。

◎(3)項ロの用途の特徴と査察の着眼・指導事項

・飲食店における出火原因は、厨房設備などの火気使用設備によるものが多くを占めています。こ
　れらに対しては、火気使用設備等と可燃物との適正な保有距離の確保とともに、天蓋・ダクト・
　グリスフィルターの清掃などの指導が必要となります。
・階段等の避難施設を物置がわりに使用し、避難障害や防火戸の閉鎖障害となることがあります。
・喫煙や火気使用設備の使用等により、自動火災報知設備の非火災報（誤作動）が発生しやすいた
　め、ベル停止をしていることがあるので注意が必要です。
・従業員は、アルバイトが多いため、これらの従業員に対する防火管理の教育や消火・避難訓練を
　実施し、防火意識を高めることが必要です。

収容人員の算定	従業者の数＋客席部分の人数 〔（固定式のいす席の数）（その他の客席の床面積）÷3㎡	則第1条の3
防火管理者	収容人員30人以上	令第1条の2
防災規制	義務あり	令第4条の3

◎過去の火災事例や傾向など

【火災事例】
・昭和43年1月17日　北九州市喫茶「田園」火災　死者5人・負傷者3人
　2階喫茶店の調理場から出火。4階・5階の寄宿舎の女性従業員が煙に巻かれて死傷した。防火
管理者未選任など経営者の防災意識が全くない状態であった。
・平成27年10月8日　広島市飲食店黒猫メイド魔法カフェ火災　死者3人・負傷者3人

　　　　　　　　　1階から出火。2階のエステスペースの客及び女性従業員が死傷
　　　　　　　　　した。無許可で風俗営業をしていた疑いがある。

（写真提供：広島市消防局）

・平成28年12月22日　糸魚川市大規模火災（新潟県糸魚川市）焼
　損棟数147棟　負傷者17人
　ラーメン店の大型こんろの消し忘れにより出火。焼損棟数は147
棟（全焼120棟、半焼5棟、部分焼22棟）、焼損床面積30,213.45㎡
にも及ぶ大規模火災である。

⑶項（イ・ロ）

項　目	設置上の基準	根拠法令	補足事項
消火器	全部（火気使用設備又は器具が設置されているもの以外にあっては150㎡以上）	令第10条	
	地階・無窓階・3階以上の階 50㎡以上		
	少量危険物・指定可燃物		
大型消火器	指定可燃物　500倍以上	則第7条	
屋内消火栓設備	延べ面積　700㎡以上（耐火構造又は内装制限付き準耐火構造で1,400㎡以上　内装制限付き耐火構造で2,100㎡以上）	令第11条	※　内装制限とは、壁及び天井の室内に面する部分の仕上げを難燃材料としたもの
	地階・無窓階・4階以上の階 150㎡以上（耐火構造又は内装制限付き準耐火構造で300㎡以上　内装制限付き耐火構造で450㎡以上）		
	指定可燃物　750倍以上		
スプリンクラー設備	11階建て以上　全部	令第12条	
	延べ面積 6,000㎡以上（平屋建以外）		
	指定可燃物　1,000倍以上		
	地階・無窓階　1,000㎡以上		
	4階以上の階　1,500㎡以上		
水噴霧消火設備等	p.315「水噴霧消火設備等の設置を必要とする防火対象物の部分」参照	令第13条	
屋外消火栓設備	1階・2階の床面積の合計3,000㎡以上（耐火建築物9,000㎡以上　準耐火建築物6,000㎡以上）	令第19条	※　同一敷地内に2棟以上あるときは1階3m以下、2階5m以下の近接対象物は1棟とみなす。
動力消防ポンプ設備	屋内・屋外消火栓設備設置対象物	令第20条	
自動火災報知設備	延べ面積　300㎡以上	令第21条	
	特定一階段等防火対象物		
	指定可燃物　500倍以上		
	地階・無窓階　100㎡以上		
	道路の用に供する部分 屋上600㎡以上　その他400㎡以上		
	駐車の用に供する部分 地階・2階以上200㎡以上		
	11階以上の階		

ガス漏れ火災警報設備	温泉設備	令第21条の2	
	地階の床面積の合計1,000㎡以上		
漏電火災警報器	延べ面積　300㎡以上	令第22条	※　ラスモルタルのみ
	契約電流　50Ａを超えるもの		
消防機関へ通報する火災報知設備	延べ面積　1,000㎡以上	令第23条	【緩和条件】 ・消防機関から著しく離れた場所 ・消防機関から歩行距離500m以下の近い場所 ・電話がある（令第23条で規定している用途)。
非常警報器具	——	令第24条	
非常警報設備	収容人員　50人以上		
	地階・無窓階収容人員の合計20人以上		
放送設備	収容人員　300人以上		
	11階建て以上　全部		
	地階の階数が3以上　全部		
避難器具	地階・2階以上の階収容人員　50人以上（耐火構造の2階を除く。)	令第25条	
	地上に通ずる階段が2以上ない2階以上の階収容人員　10人以上		
誘導灯	全部	令第26条	※　設置免除規定あり（則第28条の2)。
消防用水	敷地面積20,000㎡以上で1階・2階の床面積の合計5,000㎡以上（耐火建築物15,000㎡以上　準耐火建築物10,000㎡以上)	令第27条	※　同一敷地内に2棟以上あるときは、1階3m以下、2階5m以下の近接対象物は1棟とみなす。
	高さ31mを超える建築物で、延べ面積25,000㎡以上		
排煙設備	——	令第28条	
連結散水設備	地階の床面積　700㎡以上	令第28条の2	
連結送水管	7階建て以上	令第29条	
	5階建て以上で、延べ面積6,000㎡以上		
	道路の用に供される部分を有するもの		
非常コンセント設備	11階以上の階	令第29条の2	
無線通信補助設備	——	令第29条の3	

⑷項	百貨店、マーケット、その他の物品販売業を営む店舗又は展示場　【特定用途】
該当用途	魚店、パン屋、衣料店、家具屋、スーパーマーケット、百貨店、リサイクルショップ等

※百貨店、マーケット、その他の物品販売業を営む店舗とは、店舗において客に物品を販売する施設をいいます。

※展示場とは、物品を陳列して不特定多数の者に見せ、物品の普及、販売推進等に供する施設をいいます。ただし、特定の企業の施設で、その企業の製品のみを展示するショールーム等は、⒂項に該当します。

※店舗で物品の受渡しを行わないものは、⑷項には含まれません。

◎⑷項の用途の特徴と査察の着眼・指導事項

・1,000㎡以上の百貨店等の売場は、喫煙、裸火の使用、危険物品の持ち込みが禁止されています（福岡市消防局の場合）。ただし、売場以外の喫煙所や事務所では喫煙等が認められているため、適切な管理が必要です。

・大型物品販売店舗の出火原因の多くは放火であり、便所、売場、倉庫などが放火されています。こうした死角となる部分に対する放火防止対策を推進する必要があります。

・商品等の大量の可燃物がある店内に、不特定多数の客が収容されているため、避難管理の重要性を認識させる必要があります。

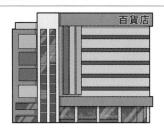 

収容人員の算定	従業者の数＋$\left\{\begin{array}{l}（売場の床面積）÷4㎡\\（飲食・休憩の部分の床面積）÷3㎡\end{array}\right.$	則第1条の3
防火管理者	収容人員30人以上	令第1条の2
防炎規制	義務あり	令第4条の3

◎過去の火災事例や傾向など

【火災事例】

・昭和48年11月29日　熊本市大洋デパート火災　死者103人・負傷者121人

　2階の階段踊り場から出火。階段に集積していた商品を伝って上階へ延焼拡大していった。また、防火戸・防火シャッターが閉鎖しない部分があったため、更に延焼拡大していった。死者のほとんどが、濃煙で避難経路をふさがれ、窓のほとんどが合板張りされた無窓状態の中を右往左往しているうちに、窒息や一酸化炭素中毒となったものであった。

・平成16年12月13日　さいたま市ドン・キホーテ火災　死者3人・負傷者8人

　1階店舗から出火。商品を大量に陳列していたため延焼拡大した。この時期ドン・キホーテの数店舗が、連続放火犯や模倣犯により放火された。

⑷項

項　目	設置上の基準	根拠法令	補足事項
消火器	延べ面積　150㎡以上	令第10条	
	地階・無窓階・3階以上の階 50㎡以上		
	少量危険物・指定可燃物		
大型消火器	指定可燃物　500倍以上	則第7条	
屋内消火栓設備	延べ面積　700㎡以上 （耐火構造又は内装制限付き準耐火構造で1,400㎡以上　　内装制限付き耐火構造で2,100㎡以上）	令第11条	※　内装制限とは、壁及び天井の室内に面する部分の仕上げを難燃材料としたもの
	地階・無窓階・4階以上の階 150㎡以上 （耐火構造又は内装制限付き準耐火構造で300㎡以上　　内装制限付き耐火構造で450㎡以上）		
	指定可燃物　750倍以上		
スプリンクラー設備	11階建て以上　全部	令第12条	
	延べ面積　3,000㎡以上（平屋建以外）		
	指定可燃物　1,000倍以上		
	地階・無窓階・4階以上の階 1,000㎡以上		
水噴霧消火設備等	p.315「水噴霧消火設備等の設置を必要とする防火対象物の部分」参照	令第13条	
屋外消火栓設備	1階・2階の床面積の合計3,000㎡以上 （耐火建築物9,000㎡以上　　準耐火建築物6,000㎡以上）	令第19条	※　同一敷地内に2棟以上あるときは、1階3m以下、2階5m以下の近接対象物は1棟とみなす。
動力消防ポンプ設備	屋内・屋外消火栓設備設置対象物	令第20条	
自動火災報知設備	延べ面積　300㎡以上	令第21条	
	特定一階段等防火対象物		
	指定可燃物　500倍以上		
	道路の用に供する部分 屋上600㎡以上　その他400㎡以上		
	駐車の用に供する部分 地階・2階以上200㎡以上		
	11階以上の階		
ガス漏れ火災警報設備	温泉設備	令第21条の2	
	地階の床面積の合計 1,000㎡以上		

漏電火災警報器	延べ面積　300㎡以上	令第22条	※　ラスモルタルのみ
	契約電流　50Aを超えるもの		
消防機関へ通報する火災報知設備	延べ面積　500㎡以上	令第23条	【緩和条件】 ・消防機関から著しく離れた場所 ・消防機関から歩行距離500m以下の近い場所 ・電話がある（令第23条で規定している用途）。
非常警報器具	収容人員　20人以上50人未満	令第24条	
非常警報設備	収容人員　50人以上		
	地階・無窓階 収容人員の合計20人以上		
放送設備	収容人員　300人以上		
	11階建て以上　全部		
	地階の階数が3以上　全部		
避難器具	地階・2階以上の階 収容人員　50人以上 （耐火構造の2階を除く。）	令第25条	
	地上に通ずる階段が2以上ない3階以上の階 収容人員　10人以上		
誘導灯	全部	令第26条	※　設置免除規定あり（則第28条の2）。
消防用水	敷地面積20,000㎡以上で1階・2階の床面積の合計5,000㎡以上 （耐火建築物15,000㎡以上　準耐火建築物10,000㎡以上）	令第27条	※　同一敷地内に2棟以上あるときは、1階3m以下、2階5m以下の近接対象物は1棟とみなす。
	高さ31mを超える建築物で、延べ面積25,000㎡以上		
排煙設備	地階・無窓階　1,000㎡以上	令第28条	
連結散水設備	地階の床面積　700㎡以上	令第28条の2	
連結送水管	7階建て以上	令第29条	
	5階建て以上で、延べ面積6,000㎡以上		
	道路の用に供される部分を有するもの		
非常コンセント設備	11階以上の階	令第29条の2	
無線通信補助設備	——	令第29条の3	

⑸項イ	旅館、ホテル、宿泊所その他これらに類するもの　【特定用途】
該当用途	保養所、ユースホステル、山小屋、ロッジ、貸研修所の宿泊室、青年の家、モーテル等

※宿泊料をとり人を宿泊させる施設で、その構造及び施設の主たる部分が和式のものを旅館、洋式のものをホテル、多人数で共用するものを宿泊所といいます。

※その他これらに類するものとは、マッサージ、レンタルルーム等で、主たる目的は宿泊以外のものであっても、副次的な目的として宿泊サービスを提供している施設をいいます。

※宿泊施設には、会員制度の宿泊施設、事業所の福利厚生を目的とした施設、ウィークリーマンション等でも旅館業法の適用がある場合は含まれます。

◎⑸項イの用途の特徴と査察の着眼・指導事項

・利用する客は、施設に不慣れで、しかも酔客が多いことに注意を要します。

・厨房には、飲食店と同様に多くの火気使用設備等が使用され、浴場、ボイラー室、乾燥室等でも火気が使用されています。

・地下タンク等の危険物施設がある場合は、安全管理に注意を要します。

・喫煙については、客室やロビー等における管理、特に客室内での寝たばこや歩行中の喫煙は厳に慎ませる必要があります。

収容人員の算定	従業者の数＋宿泊室の人数＋飲食・休憩等の部分の人数 【宿泊室】 　洋式宿泊室はベッド数・和式宿泊室は（室床面積／6㎡）・簡易宿泊所及び主として団体客室は（室床面積／3㎡） 【飲食・休憩等の部分】 　固定式いすの数・その他の部分（床面積／3㎡）	則第1条の3
防火管理者	収容人員30人以上	令第1条の2
防災規制	義務あり	令第4条の3

◎過去の火災事例や傾向など

【火災事例】

・昭和41年3月11日　菊富士ホテル火災（群馬県水上町）　死者30人・負傷者29人
　警備員室の石油ストーブから出火。初期消火に失敗し、非常ベルの音も聞き取りにくい状態であった。

・昭和55年11月20日　栃木県川治プリンスホテル雅苑火災　死者45人・負傷者22人
　1階風呂場から出火。増築を繰り返し、建物内が迷路状態であった。

・平成24年5月13日　福山市ホテル火災　死者7人・負傷者3人

  木造と耐火造が接続された対象物で、木造1階部分から出火。死者の全ては、一酸化炭素中毒によるものだった。また、違法建築を査察で確認できなかった件についても話題となった。

項　目	設置上の基準	根拠法令	補足事項
消火器	延べ面積　150㎡以上	令第10条	
	地階・無窓階・３階以上の階 50㎡以上		
	少量危険物・指定可燃物		
大型消火器	指定可燃物　500倍以上	則第７条	
屋内消火栓設備	延べ面積　700㎡以上 （耐火構造又は内装制限付き準耐火構造で1,400㎡以上　　内装制限付き耐火構造で2,100㎡以上）	令第11条	※　内装制限とは、壁及び天井の室内に面する部分の仕上げを難燃材料としたもの
	地階・無窓階・４階以上の階 150㎡以上 （耐火構造又は内装制限付き準耐火構造で300㎡以上　　内装制限付き耐火構造で450㎡以上）		
	指定可燃物　750倍以上		
スプリンクラー設備	11階建て以上　全部	令第12条	
	延べ面積 6,000㎡以上（平屋建以外）		
	指定可燃物　1,000倍以上		
	地階・無窓階　1,000㎡以上		
	４階以上の階　1,500㎡以上		
水噴霧消火設備等	p.315「水噴霧消火設備等の設置を必要とする防火対象物の部分」参照	令第13条	
屋外消火栓設備	１階・２階の床面積の合計3,000㎡以上 （耐火建築物9,000㎡以上　準耐火建築物6,000㎡以上）	令第19条	※　同一敷地内に２棟以上あるときは、１階３m以下、２階５m以下の近接対象物は１棟とみなす。
動力消防ポンプ設備	屋内・屋外消火栓設備設置対象物	令第20条	
自動火災報知設備	全部	令第21条	
ガス漏れ火災警報設備	温泉設備	令第21条の2	
	地階の床面積の合計　1,000㎡以上		
漏電火災警報器	延べ面積　150㎡以上	令第22条	※　ラスモルタルのみ
	契約電流　50Ａを超えるもの		
消防機関へ通報する火災報知設備	延べ面積　500㎡以上	令第23条	【緩和条件】 ・消防機関から著しく離れた場所 ・消防機関から歩行距離500m以下の近い場所

非常警報器具	――	令第24条	
非常警報設備	収容人員　20人以上		
放送設備	収容人員　300人以上		
	11階建て以上　全部		
	地階の階数が３以上　全部		
避難器具	地階・２階以上の階 収容人員　30人以上 （下階に⑴～⑷項・⑼項・⑿項イ・⒀項イ・⒁項・⒂項に掲げる防火対象物があるものは10人以上）	令第25条	
	地上に通ずる階段が２以上ない３階以上の階 収容人員　10人以上		
誘導灯	全部	令第26条	※　設置免除規定あり（則第28条の２）。
消防用水	敷地面積20,000㎡以上で１階・２階の床面積の合計5,000㎡以上 （耐火建築物15,000㎡以上　準耐火建築物10,000㎡以上）	令第27条	※　同一敷地内に２棟以上あるときは、１階３m以下、２階５m以下の近接対象物は１棟とみなす。
	高さ31mを超える建築物で、延べ面積25,000㎡以上		
排煙設備	――	令第28条	
連結散水設備	地階の床面積　700㎡以上	令第28条の２	
連結送水管	７階建て以上	令第29条	
	５階建て以上で、延べ面積6,000㎡以上		
	道路の用に供される部分を有するもの		
非常コンセント設備	11階以上の階	令第29条の２	
無線通信補助設備	――	令第29条の３	

(5)項ロ	寄宿舎、下宿、共同住宅　【非特定用途】
該当用途	アパート、共同住宅、下宿、寮、事業所専用の宿泊所等

※寄宿舎とは、官公庁、学校、会社等が従業員、学生、生徒等を集団的に居住させる施設をいい、宿泊料の有無を問いません。

※下宿とは、１か月以上の期間を単位として宿泊料を受けて宿泊させる施設をいい、旅館業法の適用を受けます。

※共同住宅とは、住宅として用いられる２以上の集合住宅のうち、居住者が廊下、階段、エレベーター等を共有するものをいい、アパートやマンションが該当します。

※廊下、階段等を共有しない集合住宅は長屋に該当し、一般対象物になります。

※建築物の構造等を強化することにより、消防用設備等の設置の緩和を受けた「特例・特定共同住宅（118号通知・49号通知・170号通知・220号通知・40号省令）」というものがあります。詳しくは、「３－16　特例・特定共同住宅等ってなに？」を参照してください。

◎(5)項ロの用途の特徴と査察の着眼・指導事項

・こんろやたばこが出火原因となることが多いです。出火源となりにくいこんろや暖房器具などの火気使用器具を使用するよう指導する必要があります。

・個々の私生活の場であることから、施設全体の防災を考える者が少なく、管理業務がおろそかになりがちです。そのため、入居者を含め管理者の防災意識の高揚を図る必要があります。

収容人員の算定	・居住者の数 ・新築時等の共同住宅で未入居の場合は、間取りにより算定	則第１条の３
防火管理者	収容人員50人以上	令第１条の２
防炎規制	義務なし（高層建築物の場合は義務）	令第４条の３

◎過去の火災事例や傾向など

【火災事例】

・平成24年12月21日　福岡大学寮火災（福岡市城南区）　死者１人・負傷者１人

１階の居室から出火。電気ストーブに布団が接触し出火したもの。逃げ遅れた女子学生が死亡した。

全国の防火対象物で一番火災が発生しているのは「共同住宅」です（令和２年中）。

(5)項ロ

項　目	設置上の基準	根拠法令	補足事項
消火器	延べ面積　150㎡以上	令第10条	
	地階・無窓階・3階以上の階 50㎡以上		
	少量危険物・指定可燃物		
大型消火器	指定可燃物　500倍以上	則第7条	
屋内消火栓設備	延べ面積　700㎡以上 （耐火構造又は内装制限付き準耐火構造で1,400㎡以上　　内装制限付き耐火構造で2,100㎡以上）	令第11条	※　内装制限とは、壁及び天井の室内に面する部分の仕上げを難燃材料としたもの
	地階・無窓階・4階以上の階 150㎡以上 （耐火構造又は内装制限付き準耐火構造で300㎡以上　　内装制限付き耐火構造で450㎡以上）		
	指定可燃物　750倍以上		
スプリンクラー設備	11階以上の階	令第12条	
	指定可燃物　1,000倍以上		
水噴霧消火設備等	p.315「水噴霧消火設備等の設置を必要とする防火対象物の部分」参照	令第13条	
屋外消火栓設備	1階・2階の床面積の合計3,000㎡以上 （耐火建築物9,000㎡以上　準耐火建築物6,000㎡以上）	令第19条	※　同一敷地内に2棟以上あるときは、1階3m以下、2階5m以下の近接対象物は1棟とみなす。
動力消防ポンプ設備	屋内・屋外消火栓設備設置対象物	令第20条	
自動火災報知設備	延べ面積　500㎡以上	令第21条	
	指定可燃物　500倍以上		
	地階・無窓階・3階以上の階 300㎡以上		
	道路の用に供する部分 屋上600㎡以上　その他400㎡以上		
	駐車の用に供する部分 地階・2階以上200㎡以上		
	11階以上の階		
ガス漏れ火災警報設備	＿＿	令第21条の2	
漏電火災警報器	延べ面積　150㎡以上	令第22条	※　ラスモルタルのみ
	契約電流　50Aを超えるもの		

消防機関へ通報する火災報知設備	延べ面積　1,000㎡以上	令第23条	【緩和条件】 ・消防機関から著しく離れた場所 ・消防機関から歩行距離500m以下の近い場所 ・電話がある（令第23条で規定している用途）。
非常警報器具	——	令第24条	
非常警報設備	収容人員　50人以上		
	地階・無窓階 収容人員の合計20人以上		
放送設備	収容人員　800人以上		
	11階建て以上　全部		
	地階の階数が3以上　全部		
避難器具	地階・2階以上の階 収容人員　30人以上 （下階に(1)～(4)項・(9)項・(12)項イ・(13)項イ・(14)項・(15)項に掲げる防火対象物があるものは10人以上）	令第25条	
	地上に通ずる階段が2以上ない3階以上の階 収容人員　10人以上		
誘導灯	地階・無窓階・11階以上の階	令第26条	※　設置免除規定あり（則第28条の2）。
消防用水	敷地面積20,000㎡以上で1階・2階の床面積の合計5,000㎡以上 （耐火建築物15,000㎡以上　準耐火建築物10,000㎡以上）	令第27条	※　同一敷地内に2棟以上あるときは、1階3m以下、2階5m以下の近接対象物は1棟とみなす。
	高さ31mを超える建築物で、延べ面積25,000㎡以上		
排煙設備	——	令第28条	
連結散水設備	地階の床面積　700㎡以上	令第28条の2	
連結送水管	7階建て以上	令第29条	
	5階建て以上で、延べ面積6,000㎡以上		
	道路の用に供される部分を有するもの		
非常コンセント設備	11階以上の階	令第29条の2	
無線通信補助設備	——	令第29条の3	

(6)項イ	病院、診療所、助産所　【特定用途】
(6)項イ(1)	病院　※内科・整形外科・リハビリテーション科等の総務省令で定める診療科名を有するもの
(6)項イ(2)	有床診療所　※ベッド数4以上かつ総務省令で定める診療科名を有するもの
(6)項イ(3)	上記(1)(2)に該当しない病院・診療所・助産所　※入院施設あり（1〜3床）
(6)項イ(4)	無床診療所・無床助産所　※入院施設なし

※総務省令で定める診療科名とは……産科、婦人科、産婦人科、眼科、耳鼻咽喉科、皮膚科、歯科、肛門外科、泌尿器科、小児科、乳腺外科、形成外科、美容外科以外のものをいいます。

※病院とは、病床数20床以上の入院施設（病棟）を持つものをいいます。

※診療所とは、無床若しくは19床以下のものをいいます。

※病院の配置は都道府県の医療計画に基づいて行われ、都道府県知事の許可を必要とします。

◎(6)項イの用途の特徴と査察の着眼・指導事項

・診療科目によっては、自力避難が困難な患者が多数入院しているケースがあります。

・夜間の勤務人数が少数であることが多く、火災発生時の対応に質が求められます。

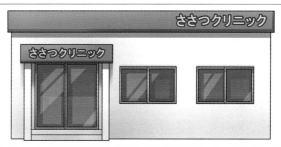

収容人員の算定	医師、看護師等従業者の数＋ベッド数＋待合室の床面積3㎡で1人	則第1条の3
防火管理者	収容人員30人以上	令第1条の2
防炎規制	義務あり	令第4条の3

◎過去の火災事例・傾向など

【火災事例】

・昭和45年6月29日　秋山会両毛病院火災（栃木県佐野市）　死者17人・負傷者1人

・昭和48年3月8日　済生会八幡病院火災（福岡県北九州市）　死者13人・負傷者3人

・昭和52年5月13日　岩国病院火災（山口県岩国市）　死者7人・負傷者5人

・平成25年10月11日　福岡市有床診療所火災　死者10人・負傷者5人

福岡市博多区の有床診療所で発生した火災で、入院患者や前院長夫婦の10人が亡くなった。

深夜2時ごろ、1階の処置室から出火。当直の看護師による初動対応の遅れや、防火戸などの不良により被害が拡大した。

この火災を受けて、消防法令及び建築基準法令が改正され、スプリンクラー設備の設置施設の拡大や通報体制の強化が図られた。

医療施設の用途判定

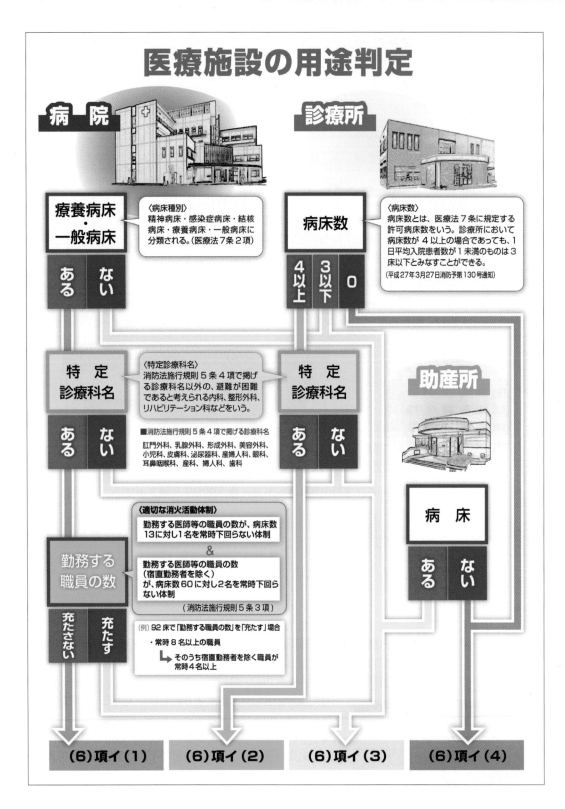

病院

療養病床・一般病床

〈病床種別〉
精神病床・感染症病床・結核病床・療養病床・一般病床に分類される。（医療法7条2項）

ある　ない

特定診療科名

〈特定診療科名〉
消防法施行規則5条4項で掲げる診療科名以外の、避難が困難であると考えられる内科、整形外科、リハビリテーション科などをいう。

■消防法施行規則5条4項で掲げる診療科名

肛門外科、乳腺外科、形成外科、美容外科、小児科、皮膚科、泌尿器科、産婦人科、眼科、耳鼻咽喉科、産科、婦人科、歯科

ある　ない

勤務する職員の数

〈適切な消火活動体制〉
勤務する医師等の職員の数が、病床数13に対し1名を常時下回らない体制
＆
勤務する医師等の職員の数（宿直勤務者を除く）が、病床数60に対し2名を常時下回らない体制
（消防法施行規則5条3項）

（例）92床で「勤務する職員の数」を「充たす」場合
・常時8名以上の職員
┗→ そのうち宿直勤務者を除く職員が常時4名以上

充たさない　充たす

診療所

病床数

〈病床数〉
病床数とは、医療法7条に規定する許可病床数をいう。診療所において病床数が4以上の場合であっても、1日平均入院患者数が1未満のものは3床以下とみなすことができる。
（平成27年3月27日消防予第130号通知）

4以上　3以下　0

特定診療科名

ある　ない

助産所

病床

ある　ない

(6)項イ(1)　(6)項イ(2)　(6)項イ(3)　(6)項イ(4)

(6)項イ

項　目	設置上の基準	根拠法令	補足事項
消火器	全部　((6)項イ(1)〜(3)のみ)	令第10条	
	延べ面積　150㎡以上 　((6)項イ(4)のみ)　以下同じ)		
	地階・無窓階・3階以上の階 50㎡以上		
	少量危険物・指定可燃物		
大型消火器	指定可燃物　500倍以上	則第7条	
屋内消火栓設備	延べ面積　700㎡以上 　(耐火構造又は内装制限付き準耐火構造で1,400㎡以上　　内装制限付き耐火構造で2,100㎡以上)	令第11条	※　内装制限とは、壁及び天井の室内に面する部分の仕上げを難燃材料としたもの ※　(6)項イ(1)(2)は、2倍3倍読みが適用される場合でも、スプリンクラー設備の基準面積1,000㎡以上で屋内消火栓設備が義務となる。
	地階・無窓階・4階以上の階 150㎡以上 　(耐火構造又は内装制限付き準耐火構造で300㎡以上　　内装制限付き耐火構造で450㎡以上)		
	指定可燃物　750倍以上		
スプリンクラー設備	全部　((6)項イ(1)・(2))	令第12条	※　基準面積1,000㎡未満の場合は、「特定施設水道連結型スプリンクラー設備」を設置可能
	11階建て以上　全部		
	延べ面積 3,000㎡以上（平屋建以外） 　((6)項イ(3)のみ)		
	延べ面積 6,000㎡以上（平屋建以外） 　((6)項イ(4)のみ)		
	指定可燃物　1,000倍以上 　((6)項イ(3)・(4)のみ）以下同じ)		
	地階・無窓階　1,000㎡以上		
	4階以上の階　1,500㎡以上		
水噴霧消火設備等	p.315「水噴霧消火設備等の設置を必要とする防火対象物の部分」参照	令第13条	
屋外消火栓設備	1階・2階の床面積の合計3,000㎡以上 　(耐火建築物9,000㎡以上　準耐火建築物6,000㎡以上)	令第19条	※　同一敷地内に2棟以上あるときは、1階3m以下、2階5m以下の近接対象物は1棟とみなす。
動力消防ポンプ設備	屋内・屋外消火栓設備設置対象物	令第20条	
	全部　((6)項イ(1)〜(3)のみ)		
	延べ面積　300㎡以上 　((6)項イ(4)のみ）以下同じ)		

自動火災報知設備	特定一階段等防火対象物	令第21条	
	指定可燃物　500倍以上		
	道路の用に供する部分 屋上600㎡以上　その他400㎡以上		
	駐車の用に供する部分 地階・2階以上200㎡以上		
	11階以上の階		
ガス漏れ火災警報設備	温泉設備	令第21条の2	
	地階の床面積の合計 1,000㎡以上		
漏電火災警報器	延べ面積　300㎡以上	令第22条	※　ラスモルタルのみ
	契約電流　50Aを超えるもの		
消防機関へ通報する火災報知設備	全部　((6)項イ(1)〜(3)のみ) ※(6)項イ(1)・(2)は自動火災報知設備と連動	令第23条	【緩和条件】 ・消防機関から著しく離れた場所 ・消防機関が存する建築物内 　((6)項イ(1)・(2)のみ) ・消防機関から歩行距離500m以下の近い場所 　((6)項イ(3)・(4)のみ)
	延べ面積 500㎡以上　((6)項イ(4)のみ)		
非常警報器具	——	令第24条	
非常警報設備	収容人員　20人以上		
放送設備	収容人員　300人以上		
	11階建て以上　全部		
	地階の階数が3以上　全部		
避難器具	地階・2階以上の階 収容人員　20人以上 　(下階に(1)〜(4)項・(9)項・(12)項イ・(13)項イ・(14)項・(15)項に掲げる防火対象物があるものは10人以上)	令第25条	
	地上に通ずる階段が2以上ない3階以上の階 収容人員　10人以上		
誘導灯	全部	令第26条	※　設置免除規定あり（則第28条の2）。
消防用水	敷地面積20,000㎡以上で1階・2階の床面積の合計5,000㎡以上 　（耐火建築物15,000㎡以上　準耐火建築物10,000㎡以上）	令第27条	※　同一敷地内に2棟以上あるときは、1階3m以下、2階5m以下の近接対象物は1棟とみなす。
	高さ31mを超える建築物で、延べ面積25,000㎡以上		

排煙設備	——	令第28条	
連結散水設備	地階の床面積　700㎡以上	令第28条の2	
連結送水管	7階建て以上	令第29条	
	5階建て以上で、延べ面積6,000㎡以上		
	道路の用に供される部分を有するもの		
非常コンセント設備	11階以上の階	令第29条の2	
無線通信補助設備	——	令第29条の3	

(6)項ロ	福祉施設（自力避難が困難な者が入居・宿泊・入所するもの）　【特定用途】	
(6)項ロ(1)	高齢者施設	有料老人ホーム、養護老人ホーム、お泊りデイサービスなど
(6)項ロ(2)	生活保護者の施設	救護施設
(6)項ロ(3)	児童施設	乳児院
(6)項ロ(4)	障害児施設	障害児入所施設
(6)項ロ(5)	障害者施設	障害者支援施設、共同生活援助施設など

※避難が困難な要介護者：則第5条第5項に定義

用途判定に必要な情報（(6)項ロ(1)と(6)項ロ(5)について）

① 　施設の根拠法令（老人福祉法○条・障害者の日常生活及び社会生活を総合的に支援するための法律○条など）を明確にします。

② 　(6)項ロ(1)高齢者施設は、「入居」施設か「宿泊」施設かを確認します。

③ 　入居者等の状態を確認します。

⇒「要介護状態区分が3〜5の高齢者」の入居が半数以上の場合は(6)項ロに該当

⇒「高齢者」の「宿泊施設」の判定については、p.316「(6)項ロ・ハの用途別判定例」参照

⇒「障害者支援区分が4〜6の障害者」の入所が8割を超える場合は(6)項ロに該当

※自力避難が困難であるかどうかは、最終的には実情を調査し判断します。

※平成25年の長崎市グループホーム火災を受けて、平成27年4月1日に法令改正があり、(6)項ロが5つに分類されました。

◎(6)項ロの用途の特徴と査察の着眼・指導事項

・自力避難が困難な者が多数入居・入所しています。

・夜間の勤務人数が少数であることが多く、火災発生時の対応に質が求められます。

収容人員の算定	従業者の数　＋　要保護者の数	則第1条の3
防火管理者	収容人員10人以上	令第1条の2
防炎規制	義務あり	令第4条の3

◎過去の火災事例・傾向など

【火災事例】

・昭和30年2月17日　聖母の園養老院火災（神奈川県横浜市）　死者99人・負傷者9人

・昭和61年7月31日　精神衰弱者施設「陽気寮」（兵庫県神戸市）　死者8人

・昭和62年6月6日　東村山市特別養護老人ホーム松寿園火災　死者17人・負傷者25人

・平成18年1月8日　大村市グループホーム火災　死者7人・負傷者3人

・平成25年2月8日　長崎市グループホーム火災　死者5人・負傷者7人

【全体の傾向】

　(6)項ロは、主に入居・入所を伴う社会福祉施設であり、高齢者、障がい者又は認知症患者等の要配慮者が多数入所しており、多くの者が介助を必要とするため、火災等の災害が発生した場合、避難上の障害が極めて大きい施設である。

⑹項ロと⑹項ハの用途判定について

○ 基本的な考え方（詳細については、p.316 ～「⑹項ロ・ハの用途別判定例」参照）

　⑹項ロや⑹項ハなどは、通常の用途判定と違い、「入居者の状態」や「人数の割合」などで、用途が変わります。

**　だから、人数の割合などは、入居者が入れ替わるなどにより、頻繁に変更があるため、立入検査のたびに確認が必要です。**

**　特に、⑹項ハ → ⑹項ロに変わるようなときは注意が必要です！**

　建物が変わっていなくても、高額なスプリンクラー設備などの設置が必要になる場合があるため、立入検査時には、十分法令等を理解した上で、関係者の方に法令を説明しましょう。

○ 注意点（⑹項ロの建物に立入検査に行ったら、⑹項ハに該当していそうだった場合）

　上の基本的な考え方で、⑹項ハ→⑹項ロになる場合の注意を述べましたが、逆に、⑹項ロの建物に立入検査に行ったときに、「入居者の状態」や「人数の割合」から、⑹項ハに該当していた場合は、すぐに⑹項ハとして判定する必要はありません。

　上で述べたように、「人数の割合」などは、頻繁に変更があるものであり、その都度、情報の確認は必要ですが、**「⑹項ロ」が「⑹項ハ」になる場合は、消防用設備等の設置基準が**緩和**されるので、⑹項ロのままでかまいません。**

　では、どのような場合に、⑹項ロ→⑹項ハとするのでしょうか？
　原則として、
　・関係者（事業者）が事業方針を変えた
　・営業の体系を変更した
　・建物をリフォームした　など
　の大きな変更や、**相手方から⑹項ハとしてほしいといった要望**がない限りは、「⑹項ロ」の建物を「⑹項ハ」に変更することはないと思ってください。

⑹項ロ

項　目	設置上の基準	根拠法令	補足事項
消火器	全部	令第10条	
大型消火器	指定可燃物　500倍以上	則第7条	
屋内消火栓設備	延べ面積　700㎡以上 （耐火構造又は内装制限付き準耐火構造で1,000㎡以上） 地階・無窓階・4階以上の階 150㎡以上 （耐火構造又は内装制限付き準耐火構造で300㎡以上　　内装制限付き耐火構造で450㎡以上） 指定可燃物　750倍以上	令第11条	※　内装制限とは、壁及び天井の室内に面する部分の仕上げを難燃材料としたもの ※　2倍3倍読みがきく場合でも、スプリンクラー設備の基準面積1,000㎡以上で屋内消火栓設備が義務となる。
スプリンクラー設備	全部 11階建て以上　全部 延べ面積 6,000㎡以上（平屋建以外） 指定可燃物　1,000倍以上 地階・無窓階　1,000㎡以上 4階以上の階　1,500㎡以上	令第12条	※　基準面積1,000㎡未満の場合は、「特定施設水道連結型スプリンクラー設備」を設置可能 ※　⑹項ロ⑵・⑷・⑸については、入居者の状況により延べ面積275㎡以上で義務
水噴霧消火設備等	p.315「水噴霧消火設備等の設置を必要とする防火対象物の部分」参照	令第13条	
屋外消火栓設備	1階・2階の床面積の合計3,000㎡以上 （耐火建築物9,000㎡以上　準耐火建築物6,000㎡以上）	令第19条	※　同一敷地内に2棟以上あるときは、1階3m以下、2階5m以下の近接対象物は1棟とみなす。
動力消防ポンプ設備	屋内・屋外消火栓設備設置対象物	令第20条	
自動火災報知設備	全部	令第21条	
ガス漏れ火災警報設備	温泉設備 地階の床面積の合計 1,000㎡以上	令第21条の2	
漏電火災警報器	延べ面積　300㎡以上 契約電流　50Aを超えるもの	令第22条	※　ラスモルタルのみ
消防機関へ通報する火災報知設備	全部 ※　自動火災報知設備と連動	令第23条	【緩和条件】 ・消防機関から著しく離れた場所 ・消防機関から歩行距離500m以下の近い場所
非常警報器具	収容人員　20人以上50人未満	令第24条	

非常警報設備	収容人員　50人以上	令第24条	
	地階・無窓階 収容人員の合計20人以上		
放送設備	収容人員　300人以上		
	11階建て以上　全部		
	地階の階数が3以上　全部		
避難器具	地階・2階以上の階 収容人員　20人以上 （下階に⑴～⑷項・⑼項・⑿項 イ・⒀項イ・⒁項・⒂項に掲げる 防火対象物があるものは10人以上）	令第25条	
	地上に通ずる階段が2以上ない3 階以上の階 収容人員　10人以上		
誘導灯	全部	令第26条	※　設置免除規定あり（則 第28条の2）。
消防用水	敷地面積20,000㎡以上で1階・2 階の床面積の合計5,000㎡以上 （耐火建築物15,000㎡以上　準耐 火建築物10,000㎡以上）	令第27条	※　同一敷地内に2棟以上 あるときは、1階3m以 下、2階5m以下の近接 対象物は1棟とみなす。
	高さ31mを超える建築物で、延べ 面積25,000㎡以上		
排煙設備	――	令第28条	
連結散水設備	地階の床面積　700㎡以上	令第28条の 2	
連結送水管	7階建て以上	令第29条	
	5階建て以上で、延べ面積6,000㎡ 以上		
	道路の用に供される部分を有する もの		
非常コンセント設備	11階以上の階	令第29条の 2	
無線通信補助設備	――	令第29条の 3	

(6)項ハ	福祉施設（(6)項ロ以外の福祉施設）　【特定用途】	
(6)項ハ(1)	高齢者施設	老人デイサービスセンター、軽費老人ホームなど
(6)項ハ(2)	生活保護者の施設	更生施設
(6)項ハ(3)	児童施設	保育所、助産施設、一時預かり事業を行う施設など
(6)項ハ(4)	障害児施設	児童発達支援センター、放課後等デイサービス事業施設など
(6)項ハ(5)	障害者施設	障害者支援施設、共同生活援助施設など

※避難が困難な要介護者：則第5条第5項に定義

用途判定に必要な情報（(6)項ロ参照）

◎(6)項ハの用途の特徴と査察の着眼・指導事項

・高齢者や障がい者など介助が必要な人が多数利用しています。

・夜間の勤務人数が少数であることが多く、火災発生時の対応に質が求められます。

収容人員の算定	従業者の数　＋　要保護者の数	則第1条の3
防火管理者	収容人員30人以上	令第1条の2
防災規制	義務あり	令第4条の3

◎過去の火災事例・傾向など

【全体の傾向】

　(6)項ハは、主に日中のみの利用又は比較的自立した高齢者や障がい者のための社会福祉施設であるが、高齢者、障がい者又は認知症患者等の要配慮者が使用しており、(6)項ロと同様に火災等の災害が発生した場合、従業員の円滑な初動対応が求められる施設である。

(6)項ハ

項　目	設置上の基準	根拠法令	補足事項
消火器	延べ面積　150㎡以上	令第10条	
	地階・無窓階・3階以上の階 50㎡以上		
	少量危険物・指定可燃物		
大型消火器	指定可燃物　500倍以上	則第7条	
屋内消火栓設備	延べ面積　700㎡以上 （耐火構造又は内装制限付き準耐火構造で1,400㎡以上　　内装制限付き耐火構造で2,100㎡以上）	令第11条	※　内装制限とは、壁及び天井の室内に面する部分の仕上げを難燃材料としたもの
	地階・無窓階・4階以上の階 150㎡以上 （耐火構造又は内装制限付き準耐火構造で300㎡以上　　内装制限付き耐火構造で450㎡以上）		
	指定可燃物　750倍以上		
スプリンクラー設備	11階建て以上　全部	令第12条	
	延べ面積 6,000㎡以上（平屋建以外）		
	指定可燃物　1,000倍以上		
	地階・無窓階　1,000㎡以上		
	4階以上の階　1,500㎡以上		
水噴霧消火設備等	p.315「水噴霧消火設備等の設置を必要とする防火対象物の部分」参照	令第13条	
屋外消火栓設備	1階・2階の床面積の合計3,000㎡以上 （耐火建築物9,000㎡以上　準耐火建築物6,000㎡以上）	令第19条	※　同一敷地内に2棟以上あるときは、1階3m以下、2階5m以下の近接対象物は1棟とみなす。
動力消防ポンプ設備	屋内・屋外消火栓設備設置対象物	令第20条	
自動火災報知設備	全部（入居・宿泊させるもの）	令第21条	
	延べ面積　300㎡以上 （（上記以外のもの）以下同じ）		
	特定一階段等防火対象物		
	指定可燃物　500倍以上		
	道路の用に供する部分 屋上600㎡以上　その他400㎡以上		
	駐車の用に供する部分 地階・2階以上200㎡以上		
	11階以上の階		

ガス漏れ火災警報設備	温泉設備	令第21条の2	
	地階の床面積の合計1,000㎡以上		
漏電火災警報器	延べ面積 300㎡以上	令第22条	※ ラスモルタルのみ
	契約電流 50Aを超えるもの		
消防機関へ通報する火災報知設備	延べ面積 500㎡以上	令第23条	【緩和条件】 ・消防機関から著しく離れた場所 ・消防機関から歩行距離500m以下の近い場所
非常警報器具	収容人員 20人以上50人未満	令第24条	
非常警報設備	収容人員 50人以上		
	地階・無窓階 収容人員の合計20人以上		
放送設備	収容人員 300人以上		
	11階建て以上 全部		
	地階の階数が3以上 全部		
避難器具	地階・2階以上の階 収容人員 20人以上 　(下階に(1)～(4)項・(9)項・(12)項イ・(13)項イ・(14)項・(15)項に掲げる防火対象物があるものは10人以上)	令第25条	
	地上に通ずる階段が2以上ない3階以上の階 収容人員 10人以上		
誘導灯	全部	令第26条	※ 設置免除規定あり（則第28条の2）。
消防用水	敷地面積20,000㎡以上で1階・2階の床面積の合計5,000㎡以上 　(耐火建築物15,000㎡以上 準耐火建築物10,000㎡以上)	令第27条	※ 同一敷地内に2棟以上あるときは、1階3m以下、2階5m以下の近接対象物は1棟とみなす。
	高さ31mを超える建築物で、延べ面積25,000㎡以上		
排煙設備	——	令第28条	
連結散水設備	地階の床面積 700㎡以上	令第28条の2	
連結送水管	7階建て以上	令第29条	
	5階建て以上で、延べ面積6,000㎡以上		
	道路の用に供される部分を有するもの		
非常コンセント設備	11階以上の階	令第29条の2	
無線通信補助設備	——	令第29条の3	

⑹項ニ	幼稚園又は特別支援学校　【特定用途】
該当用途	幼稚園、特別支援学校

※幼稚園とは、義務教育及びその後の教育の基礎を培うものとして、幼児を保育し、幼児の健やかな成長のために適当な環境を与えて、その心身の発達を助長することを目的とする教育保育施設をいいます。

※特別支援学校とは、障がい者に対して、幼稚園、小中高の学校に準ずる教育を施すとともに、障がいによる学習上又は生活上の困難を克服し自立を図るために必要な知識技能を授けることを目的とする学校をいいます。

◎⑹項ニの用途の特徴と査察の着眼・指導事項

・施設内に厨房設備を設けていることが多いため、調理時における出火防止、厨房ダクトの清掃について指導する必要があります。

・施設内には、カーテンやじゅうたん等が多いため、防炎物品の使用について確認する必要があります。

収容人員の算定	教職員の数＋幼児・児童・生徒の数	則第１条の３
防火管理者	収容人員30人以上	令第１条の２
防炎規制	義務あり	令第４条の３

◎過去の火災事例や傾向など

【避難訓練について】

　幼稚園等は、防災意識が高く毎月避難訓練を実施している施設もある。また、運営を監督する他行政庁による監査で避難訓練の実施を確認されているため、他の事業所よりも実施率は高い。幼稚園や保育園の園児、職員、保護者等の防火・防災意識の高揚を図る取り組みを行っている消防署もある。

(6)項二

項　目	設置上の基準	根拠法令	補足事項
消火器	延べ面積　150㎡以上	令第10条	
	地階・無窓階・3階以上の階 50㎡以上		
	少量危険物・指定可燃物		
大型消火器	指定可燃物　500倍以上	則第7条	
屋内消火栓設備	延べ面積　700㎡以上 （耐火構造又は内装制限付き準耐火構造で1,400㎡以上　　内装制限付き耐火構造で2,100㎡以上）	令第11条	※　内装制限とは、壁及び天井の室内に面する部分の仕上げを難燃材料としたもの
	地階・無窓階・4階以上の階 150㎡以上 （耐火構造又は内装制限付き準耐火構造で300㎡以上　　内装制限付き耐火構造で450㎡以上）		
	指定可燃物　750倍以上		
スプリンクラー設備	11階建て以上　全部	令第12条	
	延べ面積 6,000㎡以上（平屋建以外）		
	指定可燃物　1,000倍以上		
	地階・無窓階　1,000㎡以上		
	4階以上の階　1,500㎡以上		
水噴霧消火設備等	p.315「水噴霧消火設備等の設置を必要とする防火対象物の部分」参照	令第13条	
屋外消火栓設備	1階・2階の床面積の合計3,000㎡以上 （耐火建築物9,000㎡以上　準耐火建築物6,000㎡以上）	令第19条	※　同一敷地内に2棟以上あるときは、1階3m以下、2階5m以下の近接対象物は1棟とみなす。
動力消防ポンプ設備	屋内・屋外消火栓設備設置対象物	令第20条	
自動火災報知設備	延べ面積　300㎡以上	令第21条	
	特定一階段等防火対象物		
	指定可燃物　500倍以上		
	道路の用に供する部分 屋上600㎡以上　その他400㎡以上		
	駐車の用に供する部分 地階・2階以上200㎡以上		
	11階以上の階		
ガス漏れ火災警報設備	温泉設備	令第21条の2	
	地階の床面積の合計　1,000㎡以上		

漏電火災警報器	延べ面積　300㎡以上	令第22条	※　ラスモルタルのみ
	契約電流　50Ａを超えるもの		
消防機関へ通報する火災報知設備	延べ面積　500㎡以上	令第23条	【緩和条件】 ・消防機関から著しく離れた場所 ・消防機関から歩行距離500m以下の近い場所 ・電話がある（令第23条で規定している用途）。
非常警報器具	収容人員　20人以上50人未満	令第24条	
非常警報設備	収容人員　50人以上		
	地階・無窓階 収容人員の合計20人以上		
放送設備	収容人員　300人以上		
	11階建て以上　全部		
	地階の階数が３以上　全部		
避難器具	地階・２階以上の階 収容人員　20人以上 （下階に⑴～⑷項・⑼項・⑿項イ・⒀項イ・⒁項・⒂項に掲げる防火対象物があるものは10人以上）	令第25条	
	地上に通ずる階段が２以上ない３階以上の階 収容人員　10人以上		
誘導灯	全部	令第26条	※　設置免除規定あり（則第28条の２）。
消防用水	敷地面積20,000㎡以上で１階・２階の床面積の合計5,000㎡以上 （耐火建築物15,000㎡以上　準耐火建築物10,000㎡以上）	令第27条	※　同一敷地内に２棟以上あるときは、１階３m以下、２階５m以下の近接対象物は１棟とみなす。
	高さ31mを超える建築物で、延べ面積25,000㎡以上		
排煙設備	──	令第28条	
連結散水設備	地階の床面積　700㎡以上	令第28条の２	
連結送水管	７階建て以上	令第29条	
	５階建て以上で、延べ面積6,000㎡以上		
	道路の用に供される部分を有するもの		
非常コンセント設備	11階以上の階	令第29条の２	
無線通信補助設備	──	令第29条の３	

⑺項	小学校、中学校、高校、大学、その他の学校　【非特定用途】
該当用途	学校教育法の認可を受けた学校（美容学校・料理学校・各種専門学校）

※学校と同一敷地内にある講堂や体育館等も⑺項に該当します。

※予備校は、学校教育法認可外のものは⒂項となります。

※学習塾、会社等の研修所は⒂項となります。

◎⑺項の用途の特徴と査察の着眼・指導事項

・建物の規模に対する収容人員が多く、避難時に円滑に行動させる必要があります。

・実験室での危険物や火気の使用に留意します。

・冬場の暖房にストーブを使用する場合は、燃料や機器の取扱いの注意喚起が必要です。

収容人員の算定	教職員の数＋児童・生徒・学生の数	則第１条の３
防火管理者	収容人員50人以上	令第１条の２
防炎規制	義務なし（高層建築物の場合は義務）	令第４条の３

◎過去の火災事例・傾向など

【火災事例】

・昭和12年12月20日　南富田小学校火災（和歌山県白浜町）　死者81人

　講堂で映画会の上映前に出火し、窓から吹き込んだ強風にあおられて瞬時に燃え広がった。

　約450人の児童や地域住民らであふれ返った講堂内はパニックに陥り、逃げ遅れた児童や乳幼児、高齢者ら計81人が煙に巻かれるなどして亡くなった。

【全体の傾向】

・放火による火災が多い。

【今後の動向】

・平成22年の「公共建築物等における木材の利用の促進に関する法律（現：脱炭素社会の実現に資する等のための建築物等における木材の利用の促進に関する法律）」の施行により、今後、政策的に校舎の木造化が増える可能性がある。

⑺項

項　目	設置上の基準	根拠法令	補足事項
消火器	延べ面積　300㎡以上	令第10条	
	地階・無窓階・3階以上の階 50㎡以上		
	少量危険物・指定可燃物		
大型消火器	指定可燃物　500倍以上	則第7条	
屋内消火栓設備	延べ面積　700㎡以上 　（耐火構造又は内装制限付き準耐火構造で1,400㎡以上　　内装制限付き耐火構造で2,100㎡以上）	令第11条	※　内装制限とは、壁及び天井の室内に面する部分の仕上げを難燃材料としたもの
	地階・無窓階・4階以上の階 150㎡以上 　（耐火構造又は内装制限付き準耐火構造で300㎡以上　　内装制限付き耐火構造で450㎡以上）		
	指定可燃物　750倍以上		
スプリンクラー設備	11階以上の階	令第12条	
	指定可燃物　1,000倍以上		
水噴霧消火設備等	p.315「水噴霧消火設備等の設置を必要とする防火対象物の部分」参照	令第13条	
屋外消火栓設備	1階・2階の床面積の合計3,000㎡以上 　（耐火建築物9,000㎡以上　準耐火建築物6,000㎡以上）	令第19条	※　同一敷地内に2棟以上あるときは、1階3m以下、2階5m以下の近接対象物は1棟とみなす。
動力消防ポンプ設備	屋内・屋外消火栓設備設置対象物	令第20条	
自動火災報知設備	延べ面積　500㎡以上	令第21条	
	指定可燃物　500倍以上		
	地階・無窓階・3階以上の階 300㎡以上		
	道路の用に供する部分 屋上600㎡以上　その他400㎡以上		
	駐車の用に供する部分 地階・2階以上200㎡以上		
	11階以上の階		
ガス漏れ火災警報設備	＿＿	令第21条の2	
漏電火災警報器	延べ面積　500㎡以上	令第22条	※　ラスモルタルのみ

消防機関へ通報する火災報知設備	延べ面積　1,000㎡以上	令第23条	【緩和条件】 ・消防機関から著しく離れた場所 ・消防機関から歩行距離500m以下の近い場所 ・電話がある（令第23条で規定している用途）。
非常警報器具	──	令第24条	
非常警報設備	収容人員　50人以上		
	地階・無窓階 収容人員の合計20人以上		
放送設備	収容人員　800人以上		
	11階建て以上　全部		
	地階の階数が3以上　全部		
避難器具	地階・2階以上の階 収容人員50人以上 （耐火構造の2階を除く。）	令第25条	
	地上に通ずる階段が2以上ない3階以上の階 収容人員　10人以上		
誘導灯	地階・無窓階・11階以上の階	令第26条	※　設置免除規定あり（則第28条の2）。
消防用水	敷地面積20,000㎡以上で1階・2階の床面積の合計5,000㎡以上 （耐火建築物15,000㎡以上　準耐火建築物10,000㎡以上）	令第27条	※　同一敷地内に2棟以上あるときは、1階3m以下、2階5m以下の近接対象物は1棟とみなす。
	高さ31mを超える建築物で、延べ面積25,000㎡以上		
排煙設備	──	令第28条	
連結散水設備	地階の床面積　700㎡以上	令第28条の2	
連結送水管	7階建て以上	令第29条	
	5階建て以上で、延べ面積6,000㎡以上		
	道路の用に供される部分を有するもの		
非常コンセント設備	11階以上の階	令第29条の2	
無線通信補助設備	──	令第29条の3	

(8)項	図書館、博物館、美術館その他これらに類するもの　【非特定用途】
該当用途	郷土館、記念館、科学館等

※その他これらに類するものとは、図書館法や博物館法で定めるもの以外で図書館や博物館と同等のものをいう。

◎(8)項の用途の特徴と査察の着眼・指導事項

・貴重な資料が保管されており、盗難防止の観点から出入り口を限定し、避難口を施錠することがあります。
・消火設備を無視した展示等が行われることがあります。

収容人員の算定	従業者の数　＋（展示室、閲覧室等の床面積）÷3㎡	則第1条の3
防火管理者	収容人員50人以上	令第1条の2
防災規制	義務なし（高層建築物の場合は義務）	令第4条の3

◎過去の火災事例・傾向など

【火災事例】

・昭和59年9月3日　国立近代美術館フィルムセンター火災（東京都中央区）

　5階フィルム保存庫から出火し、消防隊による効果的な消火注水が行えず、フィルムの樹脂が燃焼して有毒ガスを含む濃煙が充満したため、鎮火に5時間38分かかり、82㎡を全焼した。また、消防隊員4人が、濃煙と熱気、猛暑により有毒ガス中毒及び脱水症状になった。

　保存していた洋画のポジフィルム421点中350点を焼失した。原因は、セルロイド製フィルムの分解発熱により自然発火したとしている。同館では、条例で定められた少量危険物の届け出をしておらず、そのほか管理上不備な点もあった。

(8)項			
項　目	設置上の基準	根拠法令	補足事項
消火器	延べ面積　300㎡以上	令第10条	
	地階・無窓階・３階以上の階 50㎡以上		
	少量危険物・指定可燃物		
大型消火器	指定可燃物　500倍以上	則第7条	
屋内消火栓設備	延べ面積　700㎡以上 （耐火構造又は内装制限付き準耐火構造で1,400㎡以上　　内装制限付き耐火構造で2,100㎡以上）	令第11条	※　内装制限とは、壁及び天井の室内に面する部分の仕上げを難燃材料としたもの
	地階・無窓階・４階以上の階 150㎡以上 （耐火構造又は内装制限付き準耐火構造で300㎡以上　　内装制限付き耐火構造で450㎡以上）		
	指定可燃物　750倍以上		
スプリンクラー設備	11階以上の階	令第12条	
	指定可燃物　1,000倍以上		
水噴霧消火設備等	p.315「水噴霧消火設備等の設置を必要とする防火対象物の部分」参照	令第13条	
屋外消火栓設備	１階・２階の床面積の合計3,000㎡以上 （耐火建築物9,000㎡以上　準耐火建築物6,000㎡以上）	令第19条	※　同一敷地内に２棟以上あるときは、１階３m以下、２階５m以下の近接対象物は１棟とみなす。
動力消防ポンプ設備	屋内・屋外消火栓設備設置対象物	令第20条	
自動火災報知設備	延べ面積　500㎡以上	令第21条	
	指定可燃物　500倍以上		
	地階・無窓階・３階以上の階 300㎡以上		
	道路の用に供する部分 屋上600㎡以上　その他400㎡以上		
	駐車の用に供する部分 地階・２階以上200㎡以上		
	11階以上の階		
ガス漏れ火災警報設備	____	令第21条の2	
漏電火災警報器	延べ面積　500㎡以上	令第22条	※　ラスモルタルのみ

消防機関へ通報する火災報知設備	延べ面積　1,000㎡以上	令第23条	【緩和条件】 ・消防機関から著しく離れた場所 ・消防機関から歩行距離500m以下の近い場所 ・電話がある（令第23条で規定している用途）。
非常警報器具	——	令第24条	
非常警報設備	収容人員　50人以上		
	地階・無窓階 収容人員の合計20人以上		
放送設備	収容人員　800人以上		
	11階建て以上　全部		
	地階の階数が3以上　全部		
避難器具	地階・2階以上の階 収容人員　50人以上 （耐火構造の2階を除く。）	令第25条	
	地上に通ずる階段が2以上ない3階以上の階 収容人員　10人以上		
誘導灯	地階・無窓階・11階以上の階	令第26条	※　設置免除規定あり（則第28条の2）。
消防用水	敷地面積20,000㎡以上で1階・2階の床面積の合計5,000㎡以上 （耐火建築物15,000㎡以上　準耐火建築物10,000㎡以上）	令第27条	※　同一敷地内に2棟以上あるときは、1階3m以下、2階5m以下の近接対象物は1棟とみなす。
	高さ31mを超える建築物で、延べ面積25,000㎡以上		
排煙設備	——	令第28条	
連結散水設備	地階の床面積　700㎡以上	令第28条の2	
連結送水管	7階建て以上	令第29条	
	5階建て以上で、延べ面積6,000㎡以上		
	道路の用に供される部分を有するもの		
非常コンセント設備	11階以上の階	令第29条の2	
無線通信補助設備	——	令第29条の3	

⑼項イ	蒸気浴場、熱気浴場その他これらに類する公衆浴場　【特定用途】
該当用途	サウナ、個室付浴場（ソープランド、シャワー付き風俗店等）

※個室付浴場は、福岡市では主に博多区の中洲１丁目地区に集中している。

◎⑼項イの用途の特徴と査察の着眼・指導事項

・⑼項イが存する地域は建物密集地のため、１階段の建物が多くあります（避難経路不足）。
・蒸気による煙感知器の誤作動が多く、受信機の機能を停止しているケースが見られます。
・湯沸ボイラー（重油）を使用する施設が多くあります（火災危険あり）。

収容人員の算定	従業者の数　＋（浴場、マッサージ室等の床面積）÷３㎡	則第１条の３
防火管理者	収容人員30人以上	令第１条の２
防災規制	義務あり	令第４条の３

◎過去の火災事例や傾向など

【火災事例】
・昭和43年３月13日　有楽町ビル火災（東京都千代田区）　死者３人・負傷者５人
　女性従業員２人のサウナ浴場から出火し、防火管理体制がとられていなかったために初期消火に失敗して、延焼拡大した複合用途建物の火災である。
・昭和44年３月29日　トルコ「その」火災（東京都新宿区）　死者５人・負傷者３人
　タンクローリーから屋内の重油タンクに給油中に、誤って過剰給油してしまい、漏洩した重油にボイラーの火が引火したもの。自動火災報知設備が未設置であったため、火災の発見が遅れた。
・平成20年４月28日　エレガントバス江戸城（北海道札幌市）　死者３人
　札幌市中央区のソープランド「エレガントバス江戸城」（地上４階建て、延べ面積400.58㎡）の３階から出火、４階に延焼拡大し、利用者など３人の死者が発生した。
　○　階段は狭い屋内階段が１つだったが、防火戸の閉鎖障害（物品存置）により当該階段室の竪穴区画が形成されなかったこと等により、火煙の拡大が早かった。
　○　自動火災報知設備の電源が入っておらず、音響装置も停止されていたことにより作動せず、４階利用客等が火災に気付くのが遅くなった。

(9)項イ

項　目	設置上の基準	根拠法令	補足事項
消火器	延べ面積　150㎡以上	令第10条	
	地階・無窓階・3階以上の階 50㎡以上		
	少量危険物・指定可燃物		
大型消火器	指定可燃物　500倍以上	則第7条	
屋内消火栓設備	延べ面積　700㎡以上 （耐火構造又は内装制限付き準耐火構造で1,400㎡以上　　内装制限付き耐火構造で2,100㎡以上）	令第11条	※　内装制限とは、壁及び天井の室内に面する部分の仕上げを難燃材料としたもの
	地階・無窓階・4階以上の階 150㎡以上 （耐火構造又は内装制限付き準耐火構造で300㎡以上　　内装制限付き耐火構造で450㎡以上）		
	指定可燃物　750倍以上		
スプリンクラー設備	11階建て以上　全部	令第12条	
	延べ面積 6,000㎡以上（平屋建以外）		
	指定可燃物　1,000倍以上		
	地階・無窓階　1,000㎡以上		
	4階以上の階　1,500㎡以上		
水噴霧消火設備等	p.315「水噴霧消火設備等の設置を必要とする防火対象物の部分」参照	令第13条	
屋外消火栓設備	1階・2階の床面積の合計3,000㎡以上 （耐火建築物9,000㎡以上　準耐火建築物6,000㎡以上）	令第19条	※　同一敷地内に2棟以上あるときは、1階3m以下、2階5m以下の近接対象物は1棟とみなす。
動力消防ポンプ設備	屋内・屋外消火栓設備設置対象物	令第20条	
自動火災報知設備	延べ面積　200㎡以上	令第21条	
	特定一階段等防火対象物		
	指定可燃物　500倍以上		
	道路の用に供する部分 屋上600㎡以上　その他400㎡以上		
	駐車の用に供する部分 地階・2階以上200㎡以上		
	11階以上の階		

設備	設置基準	条項	備考
ガス漏れ火災警報設備	温泉設備	令第21条の2	
	地階の床面積の合計　1,000㎡以上		
漏電火災警報器	延べ面積　150㎡以上	令第22条	※　ラスモルタルのみ
消防機関へ通報する火災報知設備	延べ面積　1,000㎡以上	令第23条	【緩和条件】 ・消防機関から著しく離れた場所 ・消防機関から歩行距離500m以下の近い場所 ・電話がある（令第23条で規定している用途）。
非常警報器具	──	令第24条	
非常警報設備	収容人員　20人以上		
放送設備	収容人員　300人以上		
	11階建て以上　全部		
	地階の階数が3以上　全部		
避難器具	地階・2階以上の階 収容人員　50人以上 （耐火構造の2階を除く。）	令第25条	
	地上に通ずる階段が2以上ない3階以上の階 収容人員　10人以上		
誘導灯	全部	令第26条	※　設置免除規定あり（則第28条の2）。
消防用水	敷地面積20,000㎡以上で1階・2階の床面積の合計5,000㎡以上 （耐火建築物15,000㎡以上　準耐火建築物10,000㎡以上）	令第27条	※　同一敷地内に2棟以上あるときは、1階3m以下、2階5m以下の近接対象物は1棟とみなす。
	高さ31mを超える建築物で、延べ面積25,000㎡以上		
排煙設備	──	令第28条	
連結散水設備	地階の床面積　700㎡以上	令第28条の2	
連結送水管	7階建て以上	令第29条	
	5階建て以上で、延べ面積6,000㎡以上		
	道路の用に供される部分を有するもの		
非常コンセント設備	11階以上の階	令第29条の2	
無線通信補助設備	──	令第29条の3	

⑼項ロ	⑼項イに掲げる公衆浴場以外の公衆浴場　【非特定用途】
該当用途	銭湯、温泉、スーパー銭湯など

※温湯、潮湯、温泉などを使用して公衆を入浴させるものをいいます。
※家庭の浴場を親類、友人に利用させるものは含まれません。

◎⑼項ロの用途の特徴と査察の着眼・指導事項

・浴場内では裸体の状態であるため、火災時の避難に混乱を生じるおそれがあります。
・湯沸ボイラー（重油）を使用する施設が多くあります（火災危険あり）。

収容人員の算定	従業者の数　＋（浴場、マッサージ室等の床面積）÷ 3㎡	則第1条の3
防火管理者	収容人員50人以上	令第1条の2
防炎規制	義務なし（高層建築物の場合は義務）	令第4条の3

◎過去の火災事例や傾向など

【火気管理】

　これらの施設の燃料は、燃料置場や燃料タンク等に貯蔵されている。

　燃料置場は一般的に道路寄りの塀などに近接した場所に設けられている場合が多いので、たばこの投げ捨てや、放火等外部からの火気についても十分配慮する必要がある。

項　目	設置上の基準	根拠法令	補足事項
消火器	延べ面積　150㎡以上	令第10条	
	地階・無窓階・3階以上の階 50㎡以上		
	少量危険物・指定可燃物		
大型消火器	指定可燃物　500倍以上	則第7条	
屋内消火栓設備	延べ面積　700㎡以上　（耐火構造又は内装制限付き準耐火構造で1,400㎡以上　内装制限付き耐火構造で2,100㎡以上）	令第11条	※　内装制限とは、壁及び天井の室内に面する部分の仕上げを難燃材料としたもの
	地階・無窓階・4階以上の階 150㎡以上　（耐火構造又は内装制限付き準耐火構造で300㎡以上　内装制限付き耐火構造で450㎡以上）		
	指定可燃物　750倍以上		
スプリンクラー設備	11階以上の階	令第12条	
	指定可燃物　1,000倍以上		
水噴霧消火設備等	p.315「水噴霧消火設備等の設置を必要とする防火対象物の部分」参照	令第13条	
屋外消火栓設備	1階・2階の床面積の合計3,000㎡以上　（耐火建築物9,000㎡以上　準耐火建築物6,000㎡以上）	令第19条	※　同一敷地内に2棟以上あるときは、1階3m以下、2階5m以下の近接対象物は1棟とみなす。
動力消防ポンプ設備	屋内・屋外消火栓設備設置対象物	令第20条	
自動火災報知設備	延べ面積　500㎡以上	令第21条	
	地階・無窓階・3階以上の階 300㎡以上		
	指定可燃物　500倍以上		
	道路の用に供する部分 屋上600㎡以上　その他400㎡以上		
	駐車の用に供する部分 地階・2階以上200㎡以上		
	11階以上の階		
ガス漏れ火災警報設備	――	令第21条の2	
漏電火災警報器	延べ面積　150㎡以上	令第22条	※　ラスモルタルのみ

消防機関へ通報する火災報知設備	延べ面積　1,000㎡以上	令第23条	【緩和条件】 ・消防機関から著しく離れた場所 ・消防機関から歩行距離500m以下の近い場所 ・電話がある（令第23条で規定している用途）。
非常警報器具	収容人員　20人以上50人未満	令第24条	
非常警報設備	収容人員　50人以上		
	地階・無窓階 収容人員の合計20人以上		
放送設備	11階建て以上　全部		
	地階の階数が3以上　全部		
避難器具	地階・2階以上の階 収容人員　50人以上 （耐火構造の2階を除く。）	令第25条	
	地上に通ずる階段が2以上ない3階以上の階 収容人員　10人以上		
誘導灯	全部	令第26条	※　設置免除規定あり（則第28条の2）。
消防用水	敷地面積20,000㎡以上で1階・2階の床面積の合計5,000㎡以上 （耐火建築物15,000㎡以上　準耐火建築物10,000㎡以上）	令第27条	※　同一敷地内に2棟以上あるときは、1階3m以下、2階5m以下の近接対象物は1棟とみなす。
	高さ31mを超える建築物で、延べ面積25,000㎡以上		
排煙設備	――	令第28条	
連結散水設備	地階の床面積　700㎡以上	令第28条の2	
連結送水管	7階建て以上	令第29条	
	5階建て以上で、延べ面積6,000㎡以上		
	道路の用に供される部分を有するもの		
非常コンセント設備	11階以上の階	令第29条の2	
無線通信補助設備	――	令第29条の3	

⑽項	車両の停車場・船舶若しくは航空機の発着場　【非特定用途】
該当用途	鉄道駅舎、地下鉄駅舎、バスターミナル、空港、埠頭ターミナルなど

※本用途は、旅客の乗降又は待合いのために使用する建築物に限ります。

※利用者・勤務者が利用する売店や喫茶店も本用途の一部として取り扱います（機能従属）。

◎⑽項の用途の特徴と査察の着眼・指導事項

・複数の路線が集まる駅舎や空港では、利便性向上のため物販店や飲食店が多数設置され、火気使用設備等からの出火危険が生じます。

・混雑時に災害が発生すると、群集心理によるパニックで避難障害が生じるおそれがあります。

収容人員の算定	従業者の数	則第１条の３
防火管理者	収容人員50人以上	令第１条の２
防炎規制	義務なし	令第４条の３

◎過去の火災事例

【火災事例】

・昭和35年８月20日　旧高松駅駅舎火災（香川県高松市）　負傷者67人

　旧駅倉庫内から出火。旧駅舎のほか付近住家130棟を焼損した。

・平成18年１月７日　下関駅放火事件（山口県下関市）

　午前１時50分ごろ、JR下関駅南側の倉庫付近から出火、駅舎東側部分約3,840㎡が焼損した。

⑽項

項　目	設置上の基準	根拠法令	補足事項
消火器	延べ面積　300㎡以上	令第10条	
	地階・無窓階・3階以上の階 50㎡以上		
	少量危険物・指定可燃物		
大型消火器	指定可燃物　500倍以上	則第7条	
屋内消火栓設備	延べ面積　700㎡以上 （耐火構造又は内装制限付き準耐火構造で1,400㎡以上　　内装制限付き耐火構造で2,100㎡以上）	令第11条	※　内装制限とは、壁及び天井の室内に面する部分の仕上げを難燃材料としたもの
	地階・無窓階・4階以上の階 150㎡以上 （耐火構造又は内装制限付き準耐火構造で300㎡以上　　内装制限付き耐火構造で450㎡以上）		
	指定可燃物　750倍以上		
スプリンクラー設備	11階以上の階	令第12条	
	指定可燃物　1,000倍以上		
水噴霧消火設備等	p.315「水噴霧消火設備等の設置を必要とする防火対象物の部分」参照	令第13条	
屋外消火栓設備	1階・2階の床面積の合計3,000㎡以上 （耐火建築物9,000㎡以上　準耐火建築物6,000㎡以上）	令第19条	※　同一敷地内に2棟以上あるときは、1階3m以下、2階5m以下の近接対象物は1棟とみなす。
動力消防ポンプ設備	屋内・屋外消火栓設備設置対象物	令第20条	
自動火災報知設備	延べ面積　500㎡以上	令第21条	
	地階・無窓階・3階以上の階 300㎡以上		
	指定可燃物　500倍以上		
	道路の用に供する部分 屋上600㎡以上　その他400㎡以上		
	駐車の用に供する部分 地階・2階以上200㎡以上		
	11階以上の階		
ガス漏れ火災警報設備	――	令第21条の2	
漏電火災警報器	延べ面積　500㎡以上	令第22条	※　ラスモルタルのみ

設備	設置基準	条文	備考
消防機関へ通報する火災報知設備	延べ面積　1,000㎡以上	令第23条	【緩和条件】 ・消防機関から著しく離れた場所 ・消防機関から歩行距離500m以下の近い場所 ・電話がある（令第23条で規定している用途）。
非常警報器具	——	令第24条	
非常警報設備	収容人員　50人以上 地階・無窓階 収容人員の合計20人以上	令第24条	
放送設備	11階建て以上　全部 地階の階数が3以上　全部	令第24条	
避難器具	地階・2階以上の階 収容人員　50人以上 （耐火構造の2階を除く。） 地上に通ずる階段が2以上ない3階以上の階 収容人員　10人以上	令第25条	
誘導灯	地階・無窓階・11階以上の階	令第26条	※　設置免除規定あり（則第28条の2）。
消防用水	敷地面積20,000㎡以上で1階・2階の床面積の合計5,000㎡以上 （耐火建築物15,000㎡以上　準耐火建築物10,000㎡以上） 高さ31mを超える建築物で、延べ面積25,000㎡以上	令第27条	※　同一敷地内に2棟以上あるときは、1階3m以下、2階5m以下の近接対象物は1棟とみなす。
排煙設備	地階・無窓階　1,000㎡以上	令第28条	
連結散水設備	地階の床面積　700㎡以上	令第28条の2	
連結送水管	7階建て以上 5階建て以上で、延べ面積6,000㎡以上 道路の用に供される部分を有するもの	令第29条	
非常コンセント設備	11階以上の階	令第29条の2	
無線通信補助設備	——	令第29条の3	

⑾項	神社、寺院、教会その他これらに類するもの　【非特定用途】
該当用途	宗教の教義を広め、儀式行事を行い、信者を強化教育する施設

※社務所等で営利目的の営業がある場合は⑴項ロとして取り扱います（常勤の従業員がいる場合）。
※同一敷地内にある幼稚園は、⑹項ハに該当します。
※重要文化財に指定された神社等は⒄項に該当します。

◎⑾項の用途の特徴と査察の着眼・指導事項

・ろうそくや灯油を使用する灯明、線香等の火気の取扱いに注意が必要です。
・社務所の厨房等の火気使用設備からの出火対策（フード内の清掃、消火器の準備）が必要です。

収容人員の算定	神職、僧侶、その他の従業者の数　＋（礼拝、集会場の床面積）÷3㎡	則第1条の3
防火管理者	収容人員50人以上	令第1条の2
防災規制	義務なし（高層建築物の場合は義務）	令第4条の3

◎過去の火災事例等

【火災事例】
・平成25年6月27日　福昌寺火災（新潟県三条市）
　午後6時44分頃、本堂と庫裏が全焼し、周辺の寺、住宅2軒が部分焼したほか、付近の寺、空き家、店舗など5軒がぼやとなった。

【特徴】
・放火による火災が多く、木造建築物が多いため、延焼拡大しやすい。

⑾項

項　目	設置上の基準	根拠法令	補足事項
消火器	延べ面積　300㎡以上	令第10条	
	地階・無窓階・3階以上の階 50㎡以上		
	少量危険物・指定可燃物		
大型消火器	指定可燃物　500倍以上	則第7条	
屋内消火栓設備	延べ面積　1,000㎡以上 　（耐火構造又は内装制限付き準耐火構造で2,000㎡以上　　内装制限付き耐火構造で3,000㎡以上）	令第11条	※　内装制限とは、壁及び天井の室内に面する部分の仕上げを難燃材料としたもの
	地階・無窓階・4階以上の階 200㎡以上 　（耐火構造又は内装制限付き準耐火構造で400㎡以上　　内装制限付き耐火構造で600㎡以上）		
	指定可燃物　750倍以上		
スプリンクラー設備	11階以上の階	令第12条	
	指定可燃物　1,000倍以上		
水噴霧消火設備等	p.315「水噴霧消火設備等の設置を必要とする防火対象物の部分」参照	令第13条	
屋外消火栓設備	1階・2階の床面積の合計3,000㎡以上 　（耐火建築物9,000㎡以上　準耐火建築物6,000㎡以上）	令第19条	※　同一敷地内に2棟以上あるときは、1階3m以下、2階5m以下の近接対象物は1棟とみなす。
動力消防ポンプ設備	屋内・屋外消火栓設備設置対象物	令第20条	
自動火災報知設備	延べ面積　1,000㎡以上	令第21条	
	指定可燃物　500倍以上		
	地階・無窓階・3階以上の階 300㎡以上		
	道路の用に供する部分 屋上600㎡以上　その他400㎡以上		
	駐車の用に供する部分 地階・2階以上200㎡以上		
	11階以上の階		
	通信機器室　500㎡以上		
ガス漏れ火災警報設備	――	令第21条の2	
漏電火災警報器	延べ面積　500㎡以上	令第22条	※　ラスモルタルのみ

消防機関へ通報する火災報知設備	延べ面積　1,000㎡以上	令第23条	【緩和条件】 ・消防機関から著しく離れた場所 ・消防機関から歩行距離500m以下の近い場所 ・電話がある（令第23条で規定している用途）。
非常警報器具	——		
非常警報設備	収容人員　50人以上	令第24条	
	地階・無窓階 収容人員の合計20人以上		
放送設備	11階建て以上　全部		
	地階の階数が3以上　全部		
避難器具	地階・2階以上の階 収容人員　50人以上 （耐火構造の2階を除く。）	令第25条	
	地上に通ずる階段が2以上ない3階以上の階 収容人員　10人以上		
誘導灯	地階・無窓階・11階以上の階	令第26条	※　設置免除規定あり（則第28条の2）。
消防用水	敷地面積20,000㎡以上で1階・2階の床面積の合計5,000㎡以上 （耐火建築物15,000㎡以上　準耐火建築物10,000㎡以上）	令第27条	※　同一敷地内に2棟以上あるときは、1階3m以下、2階5m以下の近接対象物は1棟とみなす。
	高さ31mを超える建築物で、延べ面積25,000㎡以上		
排煙設備	——	令第28条	
連結散水設備	地階の床面積　700㎡以上	令第28条の2	
連結送水管	7階建て以上	令第29条	
	5階建て以上で、延べ面積6,000㎡以上		
	道路の用に供される部分を有するもの		
非常コンセント設備	11階以上の階	令第29条の2	
無線通信補助設備	——	令第29条の3	

⑿項イ	工場、作業場　【非特定用途】
該当用途	パン工場、印刷工場、クリーニング、解体工場など

※工場とは、物の製造又は加工を行うところで、機械化が比較的高いものをいいます。
※作業場とは、機械化が比較的低いものをいいます。

◎⑿項イの用途の特徴と査察の着眼・指導事項

・危険物や可燃物等を使用することが多く、火災発生時に被害が甚大になるおそれがあります。
・ボイラー等の火気使用設備や電気設備、溶接などによる出火危険があります。

収容人員の算定	従業者の数	則第１条の３
防火管理者	収容人員50人以上	令第１条の２
防炎規制	義務なし（高層建築物の場合は義務）	令第４条の３

◎過去の火災事例

【火災事例】
・昭和24年２月20日　能代大火（秋田県能代市）
　製樽工場から出火。当日は風速15.7mの荒天で、またたく間に市街地を類焼し2,238棟が全半焼した。
・平成15年９月８日　ブリヂストン栃木工場火災（栃木県黒磯市）
　約1,700世帯に避難勧告。大規模火災のため緊急消防援助隊東京都隊が出動。鎮火に２日間を要した。

⑿項ロ	映画スタジオ・テレビスタジオ　【非特定用途】
定義	大道具や小道具を用いてセットを作り、映画やテレビ番組等を制作する施設

※客席やホール等で、興行場法の適用があるものは⑴項に該当します。

◎⑿項ロの用途の特徴と査察の着眼・指導事項

・撮影中は、撮影効果のため照明が被写部分に集中され、被写部分以外は一般に暗く、避難上の障害となることが予想されます。

収容人員の算定	従業員数	則第１条の３
防火管理者	収容人員50人以上	令第１条の２
防災規制	義務あり	令第４条の３

◎過去の火災事例

【火災事例】

・平成24年５月20日　東映京都撮影所火災（京都府京都市）

　第一ステージで火災が発生し鉄筋平屋約1,300㎡が全焼、隣接する倉庫の壁も焼けた。約250m離れている太秦映画村でも入場者が避難する事態となった。原因は電気系統のトラブルだった。

⑿項（イ・ロ）

項　目	設置上の基準	根拠法令	補足事項
消火器	延べ面積　150㎡以上	令第10条	
	地階・無窓階・3階以上の階 50㎡以上		
	少量危険物・指定可燃物		
大型消火器	指定可燃物　500倍以上	則第7条	
屋内消火栓設備	延べ面積　700㎡以上 （耐火構造又は内装制限付き準耐火構造で1,400㎡以上　　内装制限付き耐火構造で2,100㎡以上）	令第11条	※　内装制限とは、壁及び天井の室内に面する部分の仕上げを難燃材料としたもの
	地階・無窓階・4階以上の階 150㎡以上 （耐火構造又は内装制限付き準耐火構造で300㎡以上　　内装制限付き耐火構造で450㎡以上）		
	指定可燃物　750倍以上		
スプリンクラー設備	11階以上の階	令第12条	
	指定可燃物　1,000倍以上		
水噴霧消火設備等	p.315「水噴霧消火設備等の設置を必要とする防火対象物の部分」参照	令第13条	
屋外消火栓設備	1階・2階の床面積の合計3,000㎡以上 （耐火建築物9,000㎡以上　準耐火建築物6,000㎡以上）	令第19条	※　同一敷地内に2棟以上あるときは、1階3m以下、2階5m以下の近接対象物は1棟とみなす。
動力消防ポンプ設備	屋内・屋外消火栓設備設置対象物	令第20条	
自動火災報知設備	延べ面積　500㎡以上	令第21条	
	指定可燃物　500倍以上		
	地階・無窓階・3階以上の階 300㎡以上		
	道路の用に供する部分 屋上600㎡以上　その他400㎡以上		
	駐車の用に供する部分 地階・2階以上200㎡以上		
	11階以上の階		
ガス漏れ火災警報設備	――	令第21条の2	
漏電火災警報器	延べ面積　300㎡以上	令第22条	※　ラスモルタルのみ

消防機関へ通報する火災報知設備	延べ面積　500㎡以上	令第23条	【緩和条件】 ・消防機関から著しく離れた場所 ・消防機関から歩行距離500m以下の近い場所 ・電話がある（令第23条で規定している用途）。
非常警報器具	収容人員　20人以上50人未満	令第24条	
非常警報設備	収容人員　50人以上		
	地階・無窓階 収容人員の合計20人以上		
放送設備	11階建て以上　全部		
	地階の階数が3以上　全部		
避難器具	3階以上の無窓階・地階 収容人員　100人以上	令第25条	
	3階以上のその他の階 収容人員　150人以上		
	地上に通ずる階段が2以上ない3階以上の階 収容人員　10人以上		
誘導灯	地階・無窓階・11階以上の階	令第26条	※　設置免除規定あり（則第28条の2）。
消防用水	敷地面積20,000㎡以上で1階・2階の床面積の合計5,000㎡以上 （耐火建築物15,000㎡以上　準耐火建築物10,000㎡以上）	令第27条	※　同一敷地内に2棟以上あるときは、1階3m以下、2階5m以下の近接対象物は1棟とみなす。
	高さ31mを超える建築物で、延べ面積25,000㎡以上		
排煙設備	――	令第28条	
連結散水設備	地階の床面積　700㎡以上	令第28条の2	
連結送水管	7階建て以上	令第29条	
	5階建て以上で、延べ面積6,000㎡以上		
	道路の用に供される部分を有するもの		
非常コンセント設備	11階以上の階	令第29条の2	
無線通信補助設備	――	令第29条の3	

(13)項イ	自動車車庫又は駐車場　【非特定用途】
該当用途	自動車（125cc以上のバイクを含む。）等を専ら格納する施設

※自動車車庫又は駐車場は、営業用・自家用を問いません。

※自走式やタワー式の駐車場、屋根がかかった平駐車場などが該当します。

※青空駐車場のコインパーキングなどは、本項に該当しません。

◎(13)項イの用途の特徴と査察の着眼・指導事項

・燃料を搭載している危険性から、特殊な消火設備が用いられています。

・特殊な消火設備やシャッター等の防火区画が多くあるため、これらの設備の維持管理には十分注意する必要があります。

収容人員の算定	従業者の数	則第１条の３
防火管理者	収容人員50人以上	令第１条の２
防炎規制	義務なし（高層建築物の場合は義務）	令第４条の３

◎過去の火災事例や傾向など

【消防用設備等の維持管理】

　駐車場には、泡消火設備などの特殊消火設備が設置されている。平成28年の大寒波時には、吹抜けの自走式駐車場の泡消火設備の配管が凍結して破損する事故が多発した。

 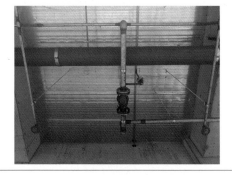

⒀項ロ	飛行機又は回転翼航空機の格納庫　【非特定用途】
該当用途	飛行機又は回転翼航空機（ヘリコプター）を格納する施設

※航空の用に供することができる飛行機、滑空機、飛行船、ヘリコプターを格納する施設が該当します。

※空港内の警察、消防、海上保安庁、民間の格納庫も該当します。

※運航上最低限必要な整備をするスペースが付設される場合でも、全体が本項に該当します。

◎⒀項ロの用途の特徴と査察の着眼・指導事項

・航空機用燃料（JETA-1等）を搭載、貯蔵している危険性から、特殊な消火設備が用いられています。

・用途上、細かく防火区画を設けることが不可能で、天井も高いため、出火した場合の延焼拡大の危険性が高い対象物です。

収容人員の算定	従業者の数	則第1条の3
防火管理者	収容人員50人以上	令第1条の2
防炎規制	義務なし（高層建築物の場合は義務）	令第4条の3

◎過去の火災事例や傾向など

【特殊消火設備】

　大空間の火災を一気に消火するための、高膨張泡消火システムという設備がある。

⒀項（イ・ロ）

項　目	設置上の基準	根拠法令	補足事項
消火器	延べ面積　150㎡以上	令第10条	
	地階・無窓階・３階以上の階50㎡以上		
	少量危険物・指定可燃物		
大型消火器	指定可燃物　500倍以上	則第７条	
屋内消火栓設備	指定可燃物　750倍以上	令第11条	
スプリンクラー設備	11階以上の階	令第12条	
	指定可燃物　1,000倍以上		
水噴霧消火設備等	p.315「水噴霧消火設備等の設置を必要とする防火対象物の部分」参照	令第13条	
屋外消火栓設備	１階・２階の床面積の合計3,000㎡以上（耐火建築物9,000㎡以上　準耐火建築物6,000㎡以上）	令第19条	※　同一敷地内に２棟以上あるときは、１階３m以下、２階５m以下の近接対象物は１棟とみなす。
動力消防ポンプ設備	屋内・屋外消火栓設備設置対象物	令第20条	
自動火災報知設備	全部（⒀項ロのみ）	令第21条	
	延べ面積　500㎡以上（（⒀項イのみ）以下同じ。）		
	指定可燃物　500倍以上		
	地階・無窓階・３階以上の階300㎡以上		
	道路の用に供する部分屋上600㎡以上　その他400㎡以上		
	駐車の用に供する部分地階・２階以上200㎡以上		
	11階以上の階		
ガス漏れ火災警報設備	——	令第21条の2	
漏電火災警報器	——	令第22条	
消防機関へ通報する火災報知設備	延べ面積　1,000㎡以上	令第23条	【緩和条件】・消防機関から著しく離れた場所・消防機関から歩行距離500m以下の近い場所・電話がある（令第23条で規定している用途）。
非常警報器具	——	令第24条	

非常警報設備	収容人員　50人以上	令第24条	
	地階・無窓階 収容人員の合計20人以上		
放送設備	11階建て以上　全部		
	地階の階数が3以上　全部		
避難器具	地上に通ずる階段が2以上ない3階以上の階 収容人員　10人以上	令第25条	
誘導灯	地階・無窓階・11階以上の階	令第26条	※　設置免除規定あり（則第28条の2）。
消防用水	敷地面積20,000㎡以上で1階・2階の床面積の合計5,000㎡以上 （耐火建築物15,000㎡以上　準耐火建築物10,000㎡以上）	令第27条	※　同一敷地内に2棟以上あるときは、1階3m以下、2階5m以下の近接対象物は1棟とみなす。
	高さ31mを超える建築物で、延べ面積25,000㎡以上		
排煙設備	地階・無窓階　1,000㎡以上	令第28条	
連結散水設備	地階の床面積　700㎡以上	令第28条の2	
連結送水管	7階建て以上	令第29条	
	5階建て以上で、延べ面積6,000㎡以上		
	道路の用に供される部分を有するもの		
非常コンセント設備	11階以上の階	令第29条の2	
無線通信補助設備	——	令第29条の3	

⒁項	倉庫　【非特定用途】
該当用途	倉庫業法に定める物品の保管の用に供するもの

※倉庫業を営む以外の自社等で使用する倉庫についても⒁項として取り扱います。

※主用途が、事務所である場合は⒂項に該当するなど、その建物の主用途が何になるかで取扱いが変わるため、注意が必要です。

◎⒁項の用途の特徴と査察の着眼・指導事項

・建物の規模に対して開口部（出入口）が少ないため、避難時に円滑に行動させる必要があります。

・無許可での毒劇物、危険物、指定可燃物等の貯蔵（保管）に留意します。

・無認可での増築（階の造作）等に留意します。

収容人員の算定	従業者の数	則第１条の３
防火管理者	収容人員50人以上	令第１条の２
防災規制	義務なし（高層建築物の場合は義務）	令第４条の３

◎過去の火災事例や傾向など

【火災事例】

・平成21年６月１日　発泡樹脂内装倉庫火災（兵庫県神戸市）　死者１人（消防職員殉職）

　製粉工場敷地内にある倉庫兼作業場の焙煎機のフィルタータンクから出火。鉄骨準耐火造３階建て、延べ面積4,715㎡のうち3,484㎡が焼損した。

　発泡ウレタンフォーム等を断熱材として内装で使用していた。発泡ウレタンフォーム等の可燃性合成樹脂発泡体は、断熱性に優れているため、冷蔵・冷凍倉庫等で多く使用されている。その多くは、金属性薄板等で挟んだ「サンドイッチパネル」というものである。この発泡体は、火災の際、短時間で延焼拡大及び爆燃する危険なものなので、一定規模使用している場合は、標識を設置指導している。

内装表示マークの一例

⒁項

項　目	設置上の基準	根拠法令	補足事項
消火器	延べ面積　150㎡以上	令第10条	
	地階・無窓階・3階以上の階 50㎡以上		
	少量危険物・指定可燃物		
大型消火器	指定可燃物　500倍以上	則第7条	
屋内消火栓設備	延べ面積　700㎡以上 （耐火構造又は内装制限付き準耐火構造で1,400㎡以上　内装制限付き耐火構造で2,100㎡以上）	令第11条	※　内装制限とは、壁及び天井の室内に面する部分の仕上げを難燃材料としたもの
	地階・無窓階・4階以上の階 150㎡以上 （耐火構造又は内装制限付き準耐火構造で300㎡以上　内装制限付き耐火構造で450㎡以上）		
	指定可燃物　750倍以上		
スプリンクラー設備	ラック式倉庫 天井高さ10mを超え、かつ、延べ面積700㎡以上	令第12条	※　ラック式倉庫とは、棚又はこれに類するものを設け、昇降機により収納物の搬送を行う装置を備えた倉庫
	11階建て以上　全部		
	指定可燃物　1,000倍以上		
水噴霧消火設備等	p.315「水噴霧消火設備等の設置を必要とする防火対象物の部分」参照	令第13条	
屋外消火栓設備	1階・2階の床面積の合計3,000㎡以上 （耐火建築物9,000㎡以上　準耐火建築物6,000㎡以上）	令第19条	※　同一敷地内に2棟以上あるときは、1階3m以下、2階5m以下の近接対象物は1棟とみなす。
動力消防ポンプ設備	屋内・屋外消火栓設備設置対象物	令第20条	
自動火災報知設備	延べ面積　500㎡以上	令第21条	
	指定可燃物　500倍以上		
	地階・無窓階・3階以上の階 300㎡以上		
	道路の用に供する部分 屋上600㎡以上　その他400㎡以上		
	駐車の用に供する部分 地階・2階以上200㎡以上		
	11階以上の階		
ガス漏れ火災警報設備	＿＿＿	令第21条の2	

漏電火災警報器	延べ面積　1,000㎡以上	令第22条	※　ラスモルタルのみ
消防機関へ通報する火災報知設備	延べ面積　1,000㎡以上	令第23条	【緩和条件】 ・消防機関から著しく離れた場所 ・消防機関から歩行距離500m以下の近い場所 ・電話がある（令第23条で規定している用途）。
非常警報器具	――	令第24条	
非常警報設備	収容人員　50人以上		
	地階・無窓階 収容人員の合計20人以上		
放送設備	11階建て以上　全部		
	地階の階数が3以上　全部		
避難器具	地上に通ずる階段が2以上ない3階以上の階 収容人員　10人以上	令第25条	
誘導灯	地階・無窓階・11階以上の階	令第26条	※　設置免除規定あり（則第28条の2）。
消防用水	敷地面積20,000㎡以上で1階・2階の床面積の合計5,000㎡以上 （耐火建築物15,000㎡以上　準耐火建築物10,000㎡以上）	令第27条	※　同一敷地内に2棟以上あるときは、1階3m以下、2階5m以下の近接対象物は1棟とみなす。
	高さ31mを超える建築物で、延べ面積25,000㎡以上		
排煙設備	――	令第28条	
連結散水設備	地階の床面積　700㎡以上	令第28条の2	
連結送水管	7階建て以上	令第29条	
	5階建て以上で、延べ面積6,000㎡以上		
	道路の用に供される部分を有するもの		
非常コンセント設備	11階以上の階	令第29条の2	
無線通信補助設備	――	令第29条の3	

⒂項	前各項に該当しない事業場　【非特定用途】
該当用途	その他の事業所とは、⑴項から⒁項までに掲げる防火対象物以外の事業所をいい、営利的・非営利的を問わず、事業活動の専ら行われている一定の施設をいう。

※⑴項から⒁項までに該当しない事業所が該当します。

　用途例として、事務所・官公署・銀行・美容室・発電所・ゴルフ練習場・モデル住宅・観覧席を有しない体育館・コインランドリー等があります。また、他の用途と紛らわしい例として、新車販売・卸売市場・納骨堂・場外馬券売場・新聞販売所・動物病院も⒂項として取り扱います。なお、ドラッグストア（⑷項）と調剤薬局（⒂項）など、同じような業種でも異なる用途となる場合がありますので注意しましょう。

◎⒂項の用途の特徴と査察の着眼・指導事項

・これらの施設は、大半の者が内部に精通していますが、防火管理や消防用設備等に対する関心が薄く、書架・書棚等によって避難口や避難通路の幅員を狭めたり、防火戸の閉鎖障害となっている場合があります。

・間仕切りの変更などにより、自動火災報知設備の感知器等が未警戒となる場合があるので注意が必要です。

収容人員の算定	従業者の数 ＋ （従業者以外の者が使用する部分の床面積）÷3㎡	則第1条の3
防火管理者	収容人員50人以上	令第1条の2
防災規制	義務なし（高層建築物の場合は義務）	令第4条の3

◎過去の火災事例や傾向など

【火災事例】

・平成25年7月12日　宝塚市役所火災（兵庫県宝塚市）　負傷者6人
　市税滞納者が市役所職員とトラブルとなり、火炎瓶を投げ放火したもの。約1,442.2㎡を焼損した。

⑮項

項　目	設置上の基準	根拠法令	補足事項
消火器	延べ面積　300㎡以上	令第10条	
	地階・無窓階・3階以上の階 50㎡以上		
	少量危険物・指定可燃物		
大型消火器	指定可燃物　500倍以上	則第7条	
屋内消火栓設備	延べ面積　1,000㎡以上 （耐火構造又は内装制限付き準耐火構造で2,000㎡以上　　内装制限付き耐火構造で3,000㎡以上）	令第11条	※　内装制限とは、壁及び天井の室内に面する部分の仕上げを難燃材料としたもの
	地階・無窓階・4階以上の階 200㎡以上 （耐火構造又は内装制限付き準耐火構造で400㎡以上　　内装制限付き耐火構造で600㎡以上）		
	指定可燃物　750倍以上		
スプリンクラー設備	11階以上の階	令第12条	
	指定可燃物　1,000倍以上		
水噴霧消火設備等	p.315「水噴霧消火設備等の設置を必要とする防火対象物の部分」参照	令第13条	
屋外消火栓設備	1階・2階の床面積の合計3,000㎡以上 （耐火建築物9,000㎡以上　準耐火建築物6,000㎡以上）	令第19条	※　同一敷地内に2棟以上あるときは、1階3m以下、2階5m以下の近接対象物は1棟とみなす。
動力消防ポンプ設備	屋内・屋外消火栓設備設置対象物	令第20条	
自動火災報知設備	延べ面積　1,000㎡以上	令第21条	
	指定可燃物　500倍以上		
	地階・無窓階・3階以上の階 300㎡以上		
	道路の用に供する部分 屋上600㎡以上　その他400㎡以上		
	駐車の用に供する部分 地階・2階以上200㎡以上		
	11階以上の階		
	通信機器室　500㎡以上		
ガス漏れ火災警報設備	──	令第21条の2	
漏電火災警報器	延べ面積　1,000㎡以上	令第22条	※　ラスモルタルのみ
	契約電流　50Aを超えるもの		

消防機関へ通報する火災報知設備	延べ面積　1,000㎡以上	令第23条	【緩和条件】 ・消防機関から著しく離れた場所 ・消防機関から歩行距離500m以下の近い場所 ・電話がある（令第23条で規定している用途）。
非常警報器具	——		
非常警報設備	収容人員　50人以上	令第24条	
	地階・無窓階 収容人員の合計20人以上		
放送設備	11階建て以上　全部		
	地階の階数が3以上　全部		
避難器具	3階以上の無窓階・地階 収容人員　100人以上	令第25条	
	3階以上のその他の階 収容人員　150人以上		
	地上に通ずる階段が2以上ない3階以上の階 収容人員　10人以上		
誘導灯	地階・無窓階・11階以上の階	令第26条	※　設置免除規定あり（則第28条の2）。
消防用水	敷地面積20,000㎡以上で1階・2階の床面積の合計5,000㎡以上 （耐火建築物15,000㎡以上　準耐火建築物10,000㎡以上）	令第27条	※　同一敷地内に2棟以上あるときは、1階3m以下、2階5m以下の近接対象物は1棟とみなす。
	高さ31mを超える建築物で、延べ面積25,000㎡以上		
排煙設備	——	令第28条	
連結散水設備	地階の床面積　700㎡以上	令第28条の2	
連結送水管	7階建て以上	令第29条	
	5階建て以上で、延べ面積6,000㎡以上		
	道路の用に供される部分を有するもの		
非常コンセント設備	11階以上の階	令第29条の2	
無線通信補助設備	——	令第29条の3	

⒃項イ	複合用途防火対象物のうち、その一部が⑴項から⑷項まで、⑸項イ、⑹項又は⑼項イに掲げる防火対象物の用途に供されているもの　【特定用途】
該当用途	複合用途防火対象物のうち、その一部に特定用途（⒃項イ・（16の２）項を除く。）を含むもの

※用途判定により複合用途防火対象物となった場合で、その一部に⑴項から⑷項まで、⑸項イ、⑹項又は⑼項イの用途が含まれているものが該当します。
※用途判定は、「３−１　用途ってなに？」を参照してください。

◎⒃項イの用途の特徴と査察の着眼・指導事項

・一般的には貸室形態のものが多く、各テナントや各使用区分によって管理権原が異なるため、ビル所有者等が設置した消防用設備等に対する責任の所在が不明となる場合があります。
・改築や模様替えがテナント個々に行われ、消防用設備等の設置基準を無視した間仕切り・内装等の変更などの違反が発生していることがあります。

収容人員の算定	用途別にそれぞれ１つの防火対象物とみなして算出した人員の合算	則第１条の３
防火管理者	収容人員30人以上（⑹項ロを含む場合は10人以上）	令第１条の２
防炎規制	義務あり（防炎義務の防火対象物部分のみ） 　※高層建築物の場合は全体義務あり	令第４条の３

◎過去の火災事例や傾向など

【火災事例】
・平成13年９月１日　新宿区歌舞伎町ビル火災　死者44人・負傷者３人

　　　　３階エレベーターホール付近から出火。屋内階段を経由して、４階飲食店内に延焼拡大した。火災が発生した階段は、狭い上、ロッカー等の物品やビールケース等の可燃物が大量に置かれており、また、防火戸が閉鎖しなかったため、上階に多くの死傷者を出した。

⒃項イ

※各消防用設備等は、令第９条により各用途部分の設置基準に従って設置します。ここに記載している設置基準は、⒃項全体の設置基準です。

項　目	設置上の基準	根拠法令	補足事項
スプリンクラー設備	11階建て以上　全部	令第12条	
	⑴項〜⑷項・⑸項イ・⑹項・⑼項イの部分の床面積の合計が3,000㎡以上で、当該部分が存する階		
	地階・無窓階 ⑴項〜⑷項・⑸項イ・⑹項・⑼項イの部分の床面積の合計1,000㎡以上		
	４階以上の階 ⑴項〜⑷項・⑸項イ・⑹項・⑼項イの部分の床面積の合計1,500㎡以上　（⑵項・⑷項の部分が存する階にあっては、1,000㎡以上）		
	指定可燃物　1,000倍以上		
動力消防ポンプ設備	屋内消火栓設備設置対象物	令第20条	
自動火災報知設備	延べ面積　300㎡以上	令第21条	
	特定一階段等防火対象物		
	地階・無窓階 ⑵項・⑶項の床面積の合計100㎡以上		
	11階以上の階		
ガス漏れ火災警報設備	地階の床面積の合計が1,000㎡以上で、⑴項〜⑷項・⑸項イ・⑹項・⑼項イの部分の床面積が500㎡以上	令第21条の2	
漏電火災警報器	延べ面積が500㎡以上で、⑴項〜⑷項・⑸項イ・⑹項・⑼項イの部分の床面積の合計が300㎡以上	令第22条	※　ラスモルタルのみ
	契約電流　50Aを超えるもの		
非常警報設備	収容人員　50人以上	令第24条	
	地階・無窓階 収容人員の合計20人以上		
放送設備	収容人員　500人以上		
	11階建て以上　全部		
	地階の階数が３以上　全部		

避難器具	地上に通ずる階段が 2 以上ない 3 階以上の階 　（(2)項・(3)項が存する部分は 2 階以上の階) 収容人員　10人以上	令第25条	
誘導灯	全部	令第26条	※　設置免除規定あり（則第28条の 2)。

⑯項ロ	⑯項イ以外の複合用途防火対象物　【非特定用途】
該当用途	複合用途防火対象物のうち、その一部に特定用途（⑯項イ・（16の2）項を除く。）が含まれないもの

※用途判定により複合用途防火対象物となった場合で、⑴項から⑷項まで、⑸項イ、⑹項又は⑼項イの用途が含まれないものが該当します。

※用途判定は、「3－1　用途ってなに？」を参照してください。

◎⑯項ロの用途の特徴と査察の着眼・指導事項

・⑯項イの特徴と同じです。

収容人員の算定	用途別にそれぞれ1つの防火対象物とみなして算出した人員の合算	則第1条の3
防火管理者	収容人員50人以上	令第1条の2
防炎規制	義務あり　（⑿項ロ部分のみ） 　※高層建築物の場合は全体義務あり	令第4条の3

◎過去の火災事例や傾向など

【全体の傾向】

　テナントの変更により⑯項ロから⑯項イへ変わることがある。新たに消防用設備等の設置が必要となったり、防火管理者が必要となったりする。

　テナントを変更するときは、まずは事前に消防署へ相談し、使用開始届出書を届け出るよう立入検査時に関係者に説明しよう。

用途変更により自動火災報知設備の設置が義務になる事例

3階を事務所から飲食店に用途変更したけど問題ないですよね？

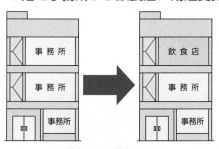

※階段は屋内階段1のみ

面積に関係なく、自動火災報知設備が必要になります。

ほかにも規模や収容人員などにより、必要になる消防用設備等があります。

●自動火災報知設備とは

火災により発生する熱や煙を感知し、自動的にベル等を鳴動させ、建物内の人に火災を知らせる設備です。

※各消防用設備等は、令第9条により各用途部分の設置基準に従って設置します。ここに記載している設置基準は、⒃項全体の設置基準です。

項　目	設置上の基準	根拠法令	補足事項
スプリンクラー設備	11階以上の階	令第12条	
	指定可燃物　1,000倍以上		
動力消防ポンプ設備	屋内消火栓設備設置対象物	令第20条	
自動火災報知設備	11階以上の階	令第21条	
漏電火災警報器	契約電流　50Aを超えるもの	令第22条	※　ラスモルタルのみ
非常警報設備	収容人員　50人以上	令第24条	
	地階・無窓階 収容人員の合計20人以上		
放送設備	11階建て以上　全部		
	地階の階数が3以上　全部		
避難器具	地上に通ずる階段が2以上ない3階以上の階 収容人員　10人以上	令第25条	

（16の２）項	地下街　【特定用途】
定　義	地下の工作物内に設けられた店舗、事務所、その他これらに類する施設で、連続して地下道に面して設けられたものと当該地下道を合わせたものをいう（法第８条の２）。
福岡市の施設	天神地下街、博多駅地下街（アミュプラザ地下街・朝日ビル地下街）

※(1)項～(16)項までの用途が連続して地下道に面して設けられ、地下街を形成しているときは、個々の防火対象物として取り扱いません。

※地下街の下層階に設けられ、地下街から階段等で通じている駐車場も本項に含まれます。

※地下街の同一階層の地下鉄道部分（改札室・事務室など）は本項に含まれません。

◎（16の２）項の用途の特徴と査察の着眼・指導事項

・物販店や飲食店が多数出店しているため、飲食店の火気使用設備による出火危険が高くなります。

・利用者が多く、火災時の避難の際に混乱を生じるおそれがあります。

・火災時には困難な活動が強いられるため、あらかじめ防ぎょ計画を策定しています。

収容人員の算定	用途別にそれぞれ１つの防火対象物とみなして算出した人員の合算	則第１条の３
防火管理者	30人以上　（(6)項ロを含む場合は10人以上）	令第１条の２
防災規制	義務あり	令第４条の３

◎過去の火災事例や傾向など

【火災事例】

・昭和55年８月16日　静岡駅前地下街爆発事故（死者15人、負傷者223人）
　国鉄「静岡駅」北口側の地下街でメタンガスと都市ガスの２度にわたるガス爆発が発生した。

・平成24年２月22日　大阪市 市営地下鉄梅田駅での火災
　梅田駅の倉庫から出火し、接続された地下街に煙が流出し、混乱を生じた。

静岡駅前のビル地下街におけるガス爆発事故

大阪市　市営地下鉄梅田駅での火災

（16の２）項

項　目	設置上の基準	根拠法令	補足事項
消火器	全部	令第10条	
大型消火器	指定可燃物　500倍以上	則第7条	
屋内消火栓設備	延べ面積　150㎡以上 　（耐火構造又は内装制限付き準耐火構造で300㎡以上　　内装制限付き耐火構造で450㎡以上） 指定可燃物　750倍以上	令第11条	※　内装制限とは、壁及び天井の室内に面する部分の仕上げを難燃材料としたもの
スプリンクラー設備	延べ面積　1,000㎡以上 　（(6)項イ(1)若しくは(2)又はロの用途に供される部分は全部） 指定可燃物　1,000倍以上	令第12条	
水噴霧消火設備等	p.315「水噴霧消火設備等の設置を必要とする防火対象物の部分」参照	令第13条	
動力消防ポンプ設備	屋内消火栓設備設置対象物	令第20条	
自動火災報知設備	全部　((2)項ニ・(5)項イ・(6)項イ(1)〜(3)・(6)項ロ・(6)項ハ（入居・宿泊させるもの）が存するものに限る） 延べ面積　300㎡以上 　（(上記以外のもの) 以下同じ） 特定一階段等防火対象物 指定可燃物　500倍以上 駐車の用に供する部分 200㎡以上	令第21条	
ガス漏れ火災警報設備	温泉設備 延べ面積　1,000㎡以上	令第21条の2	
漏電火災警報器	延べ面積　300㎡以上	令第22条	※　ラスモルタルのみ
消防機関へ通報する火災報知設備	全部	令第23条	【緩和条件】 ・消防機関から著しく離れた場所 ・消防機関から歩行距離500m以下の近い場所 ・電話がある（令第23条で規定している用途）。
放送設備	全部	令第24条	
避難器具	――	令第25条	
誘導灯	全部	令第26条	※　設置免除規定あり（則第28条の2）。

消防用水	——	令第27条	
排煙設備	延べ面積　1,000㎡以上	令第28条	
連結散水設備	延べ面積　700㎡以上	令第28条の2	
連結送水管	延べ面積　1,000㎡以上	令第29条	
	道路の用に供される部分を有するもの		
非常コンセント設備	延べ面積　1,000㎡以上	令第29条の2	
無線通信補助設備	延べ面積　1,000㎡以上	令第29条の3	

(16の3)項	準地下街　【特定用途】
定　義	地下道とそれに面する建築物の地階（特定用途が存するもの）

※地下道と地階が令8区画で区画されている場合は、それぞれ別の防火対象物として取り扱います。

◎(16の3)項の用途の特徴と査察の着眼・指導事項

・準地下街とは、建築物の地階と地下道が一体となったものをいい、その危険実態は地下街に類似しているため、地下街と同様の対策が必要となります。

収容人員の算定	用途別にそれぞれ1つの防火対象物とみなして算出した人員の合算	
防火管理者	統括防火管理者の選任義務あり	令第3条の3
防炎規制	義務あり	令第4条の3

準地下街の取扱い

　準地下街の取扱いについては、昭和50年3月11日消防安第32号　消防庁安全救急課長「特定防火対象物の地階と地下街とが一体をなす場合の判定基準及び指定方法について」に詳しく記載がある。

① 地下道の幅員が20m以下の場合

（凡例）
▨ 準地下街の範囲
ⓐ〜ⓓ 建築物の地階

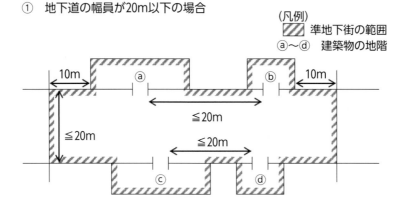

② 地下道の幅員が20mを超えるもので両側に準地下街が形成される場合

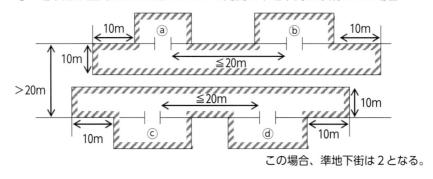

この場合、準地下街は2となる。

（16の3）項

項　目	設置上の基準	根拠法令	補足事項
消火器	全部	令第10条	
大型消火器	指定可燃物　500倍以上	則第7条	
屋内消火栓設備	指定可燃物　750倍以上	令第11条	
スプリンクラー設備	延べ面積が1,000㎡以上で(1)項～(4)項・(5)項イ・(6)項・(9)項イの部分の床面積の合計が500㎡以上	令第12条	
	指定可燃物　1,000倍以上		
水噴霧消火設備等	p.315「水噴霧消火設備等の設置を必要とする防火対象物の部分」参照	令第13条	
動力消防ポンプ設備	——	令第20条	
自動火災報知設備	延べ面積が500㎡以上で、(1)項～(4)項・(5)項イ・(6)項・(9)項イの部分の床面積の合計が300㎡以上	令第21条	
	指定可燃物　500倍以上		
	道路の用に供する部分400㎡以上		
	駐車の用に供する部分200㎡以上		
	地階の床面積　300㎡以上		
ガス漏れ火災警報設備	温泉設備	令第21条の2	
	延べ面積が1,000㎡以上で、かつ、(1)項～(4)項・(5)項イ・(6)項・(9)項イの部分の床面積の合計が500㎡以上		
消防機関へ通報する火災報知設備	全部	令第23条	【緩和条件】 ・消防機関から著しく離れた場所 ・消防機関から歩行距離500m以下の近い場所 ・電話がある（令第23条で規定している用途）。
放送設備	全部	令第24条	
避難器具	——	令第25条	
誘導灯	全部	令第26条	※　設置免除規定あり（則第28条の2）。
消防用水	——	令第27条	
排煙設備	——	令第28条	

連結散水設備	——	令第28条の2	
連結送水管	道路の用に供される部分を有するもの	令第29条	
非常コンセント設備	——	令第29条の2	
無線通信補助設備	——	令第29条の3	

⑰項	重要文化財　重要有形民俗文化財　史跡　重要美術品認定建造物　【非特定用途】
福岡市の施設	香椎宮（国指定　建造物）、板付遺跡（国指定　史跡）、旧三浦家住宅（市指定　建造物）、旧日本生命保険株式会社九州支店（国指定　建造物）、旧福岡県公会堂貴賓館（国指定　建造物）、友泉亭公園（市指定　名勝）など

※国や地方公共団体が指定した建造物、絵画、彫刻、工芸品、書籍など歴史上又は芸術上価値の高いものなどが本項に該当します。

また、建築物に限られるものではなく、土地に定着する工作物一般や独立した門塀等も含まれます。

◎⑰項の用途の特徴と査察の着眼・指導事項

・国宝や国の重要文化財のほか、県や市が指定する文化財、史跡などの建造物が該当し、文化財を収蔵する一般の建物等は該当しません。

・この用途も、前述の準地下街と同様に特別規定の性質を持っており、建物の一部が指定されている場合などは、全体の用途のほか文化財としてのダブル規制を受けることになります。

 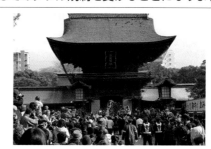

(写真提供：福岡市)

収容人員の算定	床面積÷5㎡	則第1条の3
防火管理者	収容人員50人以上	令第1条の2
防災規制	義務なし（高層建築物の場合は義務）	令第4条の3

◎過去の火災事例や傾向など

【火災事例】

・昭和24年1月26日　法隆寺金堂火災（奈良県斑鳩町）　重要文化財の壁画が焼損

現存する世界最古の木造建造物である法隆寺の金堂で火災が発生し、堂内の壁画の大半が焼損した。火災を受け、1月26日は文化財防火デーに制定された。

(17)項			

項　目	設置上の基準	根拠法令	補足事項
消火器	全部	令第10条	
大型消火器	指定可燃物　500倍以上	則第7条	
屋内消火栓設備	指定可燃物　750倍以上	令第11条	
スプリンクラー設備	11階以上の階	令第12条	
	指定可燃物　1,000倍以上		
水噴霧消火設備等	p.315「水噴霧消火設備等の設置を必要とする防火対象物の部分」参照	令第13条	
屋外消火栓設備	1階・2階の床面積の合計3,000㎡以上 （耐火建築物9,000㎡以上　準耐火建築物6,000㎡以上）	令第19条	※　同一敷地内に2棟以上あるときは、1階3m以下、2階5m以下の近接対象物は1棟とみなす。
動力消防ポンプ設備	屋内・屋外消火栓設備設置対象物	令第20条	
自動火災報知設備	全部	令第21条	
ガス漏れ火災警報設備	──	令第21条の2	
漏電火災警報器	全部	令第22条	※　ラスモルタルのみ
消防機関へ通報する火災報知設備	延べ面積　500㎡以上	令第23条	【緩和条件】 ・消防機関から著しく離れた場所 ・消防機関から歩行距離500m以下の近い場所 ・電話がある（令第23条で規定している用途）。
非常警報器具	──	令第24条	
非常警報設備	収容人員　50人以上		
	地階・無窓階 収容人員の合計20人以上		
放送設備	11階建て以上　全部		
	地階の階数が3以上		
避難器具	地上に通ずる階段が2以上ない3階以上の階 収容人員　10人以上	令第25条	
誘導灯	──	令第26条	
消防用水	敷地面積20,000㎡以上で1階・2階の床面積の合計5,000㎡以上 （耐火建築物15,000㎡以上　準耐火建築物10,000㎡以上）	令第27条	※　同一敷地内に2棟以上あるときは、1階3m以下、2階5m以下の近接対象物は1棟とみなす。
	高さ31mを超える建築物で、延べ面積25,000㎡以上		

排煙設備	——	令第28条	
連結散水設備	地階の床面積　700㎡以上	令第28条の2	
連結送水管	7階建て以上	令第29条	
	5階建て以上で、延べ面積6,000㎡以上		
	道路の用に供される部分を有するもの		
非常コンセント設備	11階以上の階	令第29条の2	
無線通信補助設備	——	令第29条の3	

⒅項	延長50m以上のアーケード　【非特定用途】		
福岡市の施設	50m以上のアーケード（上川端商店街、新天町時計塔前アーケードなど）		

※アーケードとは、日よけ、雨よけ又は雪よけのため、路面上に相当の区間（50m以上）連続して設けられる公益上必要な建築物、工作物その他の施設をいう。

※アーケードの場合は、それぞれのお店が防火対象物として存在し、さらに⒅項としても台帳が存在します。

◎⒅項の用途の特徴と査察の着眼・指導事項

・夏季に仮設的に設けられる日よけは、本項に含まれません。

収容人員の算定	算定なし	則第1条の3
防火管理者	義務なし	令第1条の2
防災規制	義務なし	令第4条の3

◎過去の火災事例や傾向など

【火災事例】

・平成22年3月1日　上川端商店街火災（福岡市博多区）　アーケードに付随する7棟全焼
　負傷者はいなかったが、アーケードに付随する7棟が全焼した。

⒅項			
項　目	設置上の基準	根拠法令	補足事項
消火器	少量危険物・指定可燃物	令第10条	
大型消火器	指定可燃物　500倍以上	則第7条	
屋内消火栓設備	指定可燃物　750倍以上	令第11条	
スプリンクラー設備	11階以上の階	令第12条	
	指定可燃物　1,000倍以上		
水噴霧消火設備等	p.315「水噴霧消火設備等の設置を必要とする防火対象物の部分」参照	令第13条	
屋外消火栓設備	1階・2階の床面積の合計3,000㎡以上 （耐火建築物9,000㎡以上　準耐火建築物6,000㎡以上）	令第19条	※　同一敷地内に2棟以上あるときは、1階3m以下、2階5m以下の近接対象物は1棟とみなす。
動力消防ポンプ設備	屋内・屋外消火栓設備設置対象物	令第20条	
自動火災報知設備	指定可燃物　500倍以上	令第21条	
	地階・無窓階・3階以上の階300㎡以上		
	道路の用に供する部分 屋上600㎡以上　その他400㎡以上		
	駐車の用に供する部分 地階・2階以上200㎡以上		
	11階以上の階		
	通信機器室　500㎡以上		
ガス漏れ火災警報設備	──	令第21条の2	
漏電火災警報器	──	令第22条	
消防機関へ通報する火災報知設備	──	令第23条	
非常警報器具	──	令第24条	
非常警報設備	──		
放送設備	11階建て以上　全部		
	地階の階数が3以上　全部		
避難器具	地上に通ずる階段が2以上ない3階以上の階 収容人員　10人以上	令第25条	
誘導灯	──	令第26条	

消防用水	敷地面積20,000㎡以上で1階・2階の床面積の合計5,000㎡以上（耐火建築物15,000㎡以上　準耐火建築物10,000㎡以上）	令第27条	※　同一敷地内に2棟以上あるときは、1階3m以下、2階5m以下の近接対象物は1棟とみなす。
	高さ31mを超える建築物で、延べ面積25,000㎡以上		
排煙設備	——	令第28条	
連結散水設備	——	令第28条の2	
連結送水管	全部	令第29条	
非常コンセント設備	11階以上の階	令第29条の2	
無線通信補助設備	——	令第29条の3	

水噴霧消火設備等の設置を必要とする防火対象物の部分（令第13条）

防火対象物又はその部分	消火設備の種類
⒀項ロに掲げる防火対象物　全部	泡消火設備
屋上部分のヘリ発着場等	粉末消火設備
道路の用に供する部分 ①　屋上600㎡以上 ②　その他400㎡以上	水噴霧消火設備 泡消火設備 不活性ガス消火設備 粉末消火設備
自動車の修理の用に供する部分 ①　地階・2階以上200㎡以上 ②　1階500㎡以上	泡消火設備 不活性ガス消火設備 ハロゲン化物消火設備 粉末消火設備
駐車の用に供する部分 ①　地階・2階以上200㎡以上 ②　1階500㎡以上 ③　屋上300㎡以上	水噴霧消火設備 泡消火設備 不活性ガス消火設備 ハロゲン化物消火設備 粉末消火設備
機械式駐車場　収容台数が10台以上	
発電機・変圧器等の電気設備がある部分　200㎡以上	不活性ガス消火設備 ハロゲン化物消火設備 粉末消火設備
ボイラー室等の多量の火気を使用する部分　200㎡以上	
通信機器室　500㎡以上	
指定可燃物　1,000倍以上	指定可燃物の種類により選択

消火設備の種類	根拠法令
水噴霧消火設備	令第14条
泡消火設備	令第15条
不活性ガス消火設備	令第16条
ハロゲン化物消火設備	令第17条
粉末消火設備	令第18条

⑹項ロ・ハの用途別判定例

【チェック方法】

1 関係法令の何条に基づく施設かを表1により確認し、チェックする。

2 適要欄に従い先に進み、該当するものにチェックする。

　※最終的に表2のいずれかをチェックする。

3 確認日等の必要事項を記入する。

（用語例）老福法…老人福祉法
　　　　　介保法…介護保険法
　　　　　生保法…生活保護法
　　　　　児福法…児童福祉法
　　　　　支援法…障害者の日常生活及び社会生活を総合的に支援するための法律
　　　　　障福法…身体障害者福祉法
　　　　　認定こども園法…就学前の子どもに関する教育、保育等の総合的な提供の推進に関する法律

【表1】

※　　　　部分は、⑹項ハとなる場合があるが、「入居・宿泊・入所」があるものとし、みなし適用外用途となるもの。

● **高齢者福祉施設**

チェック		根拠法令など	施 設 種 別	適要欄
□	1	老福法第20条の3	老人短期入所施設	表2・①
□	2	老福法第20条の4	養護老人ホーム	表2・①
□	3	老福法第20条の5	特別養護老人ホーム	表2・①
□	4	老福法第20条の6	□軽費老人ホーム　□軽費老人ホームА型	Ⅰ入居施設へ
□	5	老福法第29条	有料老人ホーム（□介護付 □住宅型 □その他（□サ高住））	Ⅰ入居施設へ
□	6	介保法第8条第28項	介護老人保健施設	表2・①
□	7	老福法第5条の2第4項	老人短期入所事業を行う施設	表2・①
□	8	老福法第5条の2第5項	小規模多機能型居宅介護事業を行う施設	Ⅱ宿泊施設（ステップ1）へ
□	9	老福法第5条の2第6項	認知症グループホーム（認知症対応型老人共同生活援助事業を行う施設）	表2・①
□	10	その他これらに類するものとして総務省令で定めるもの	□お泊りデイサービス	Ⅱ宿泊施設（ステップ1）へ
			□一般的に「宅老所」といわれる施設	
			□入所者の生活拠点が当該施設である場合	Ⅰ入居施設へ
			□上記以外の場合	Ⅱ宿泊施設（ステップ1）へ
□	11	老福法第20条の2の2	老人デイサービスセンター	表2・⑦
□	12	老福法第20条の7	老人福祉センター	表2・⑦

チェック		根拠法令など	施 設 種 別	摘要欄
☐	13	老福法第20条の7の2	老人介護支援センター	表2・⑦
☐	14	老福法第5条の2第3項	老人デイサービス事業を行う施設	表2・⑦

● 生活保護関連施設

チェック		根拠法令など	施 設 種 別	摘要欄
☐	15	生保法第38条第2項	救護施設	表2・②
☐	16	生保法第38条第3項	更生施設	Ⅳ宿泊実態の確認へ

● 児童福祉施設

チェック		根拠法令など	施 設 種 別	摘要欄
☐	17	児福法第37条	乳児院	表2・③
☐	18	児福法第36条	☐第一種助産施設　☐第二種助産施設	Ⅳ宿泊実態の確認へ
☐	19	児福法第39条	保育所	表2・⑪
☐	20	認定こども園法第2条第7項	幼保連携型認定こども園	表2・⑪
☐	21	児福法第41条	児童養護施設	Ⅳ宿泊実態の確認へ
☐	22	児福法第44条	児童自立支援施設	Ⅳ宿泊実態の確認へ
☐	23	児福法第44条の2	児童家庭支援センター	表2・⑪
☐	24	児福法第6条の3第7項	一時預かり事業（地域密着型）	表2・⑪
☐	25	児福法第6条の3第9項	家庭的保育事業を行う施設	表2・⑪
☐	26	その他これらに類する施設	☐　認可外保育施設	Ⅴ施設運営状況の確認へ
			☐　小規模保育事業を行う施設	表2・⑪

● 障害児福祉施設

チェック		根拠法令など	施 設 種 別	摘要欄
☐	27	児福法第42条	障害児入所施設	表2・④
☐	28	児福法第43条	児童発達支援センター	表2・⑬
☐	29	児福法第43条の2	児童心理治療施設	Ⅳ宿泊実態の確認へ
☐	30	児福法第6条の2の2第2項	児童発達支援センター	表2⑬
☐	31	児福法第6条の2の2第3項	放課後等デイサービスを行う施設	表2⑬

● 障害者福祉施設

チェック		根拠法令など	施設種別	摘要欄
☑	32	支援法第5条第11項	障害者支援施設	Ⅲ入所施設へ
☑	33	支援法第5条第8項	短期入所施設（ショートステイ） ※障がい児の利用もある	Ⅲ入所施設へ
☑	34	支援法第5条第17項	共同生活援助を行う施設（グループホーム）	Ⅲ入所施設へ
☐	35	障福法第31条	身体障害者福祉センター	表2・⑮
☐	36	支援法第5条第27項	地域活動支援センター	表2・⑮
☐	37	支援法第5条第28項	福祉ホーム	表2・⑮
☐	38	支援法第5条第7項	生活介護を行う施設	表2・⑮
☐	39	支援法第5条第12項	自立訓練（①機能訓練、②生活訓練）を行う施設	表2・⑮
☐	40	支援法第5条第13項	就労移行支援を行う施設	表2・⑮
☐	41	支援法第5条第14項	就労継続支援を行う施設	表2・⑮

【表2】

	番号	用途判定	宿泊	新たに0㎡から設置が必要となる設備	備考
☐	①	(6)項ロ(1)	－	消火器・ＳＰ・自火報・火通報・連動	みなし適用除外
☐	②	(6)項ロ(2)	－	消火器・ＳＰ※・自火報・火通報・連動	みなし適用除外
☐	③	(6)項ロ(3)	－	消火器・ＳＰ・自火報・火通報・連動	みなし適用除外
☐	④	(6)項ロ(4)	－	消火器・ＳＰ※・自火報・火通報・連動	みなし適用除外
☐	⑤	(6)項ロ(5)	－	消火器・ＳＰ※・自火報・火通報・連動	みなし適用除外
☐	⑥	(6)項ハ(1)	○	自火報	みなし適用除外
☐	⑦	(6)項ハ(1)	×		
☐	⑧	(6)項ハ(2)	○	自火報	みなし適用除外
☐	⑨	(6)項ハ(2)	×		
☐	⑩	(6)項ハ(3)	○	自火報	みなし適用除外
☐	⑪	(6)項ハ(3)	×		
☐	⑫	(6)項ハ(4)	○	自火報	みなし適用除外
☐	⑬	(6)項ハ(4)	×		
☐	⑭	(6)項ハ(5)	○	自火報	みなし適用除外
☐	⑮	(6)項ハ(5)	×		

※利用者等の状態により、275㎡以上から義務設置となる場合があるため、消防関係法令、「消防法施行令の一部を改正する政令等の運用について（通知）」（平成26年3月28日付け消防予第118号）等により、適用面積を確認すること。

【確認日】　　　　　　　　　　　　　　　【方法】（・電話　・面会　・立入検査　・その他）

　　　　　　　年　　　月　　　日

【台帳番号・防火対象物名称（施設名称）】

No.　　　　　　　　／（名称）

【確認者（所属・階級・氏名）】

所属　　　　　課　　　　係／階級　　　　　　　　／氏名

【施設関係者（事業所名・役職・氏名）】

事業所名　　　　　　　／役職　　　　　　　　／氏名

【確認資料等】

（・運営規程　　　・宿泊サービス提供記録　　　・ベッド数　　　・広告等　　　・その他）

【備考】

Ⅰ　入居施設

「避難が困難な要介護者」の施設全体の定員に対する割合を確認する。

$$\frac{避難が困難な要介護者数　（　　　）人}{施設全体の定員　　　　（　　　）人} \geq \frac{1}{2}$$

☐　避難が困難な要介護者が半数以上　⇒　表2・①
☐　避難が困難な要介護者が半数未満　⇒　表2・⑥

※「避難が困難な要介護者」とは、介護保険法第7条第1項に定める要介護状態区分が3以上の者及び介護の認定を受けていない者で自力避難困難であると実情により判断された者をいう。

Ⅱ　宿泊施設（ステップ1）

●宿泊サービス提供状況の確認

　○か×
（　　　）　月に5日以上の宿泊サービスの提供を行うことがある

●「要介護者」の宿泊状況の確認

　○か×
（　　　）　1泊につき、2人以上の「要介護者」（介護保険法第7条第1項に定める要介護状態区分1以上の者）が宿泊することがある

●「避難が困難な要介護者」の宿泊状況の確認

　○か×
（　　　）　1泊につき、宿泊する者のうち「避難が困難な要介護者」が半数以上となることがある（※ただし、要介護状態区分3以上の者が1人の場合を除く）

　※「避難が困難な要介護者」とは、介護保険法第7条第1項に定める要介護状態区分が3以上の者及び介護の認定を受けていない者で自力避難困難であると実情により判断された者をいう。

※上記3項目の確認は、それぞれ別のものとして考えること。

☐　全て○に該当する　　⇒　表2・①
☐　1つでも×がある　→　Ⅱ　宿泊施設（ステップ2）へ

Ⅱ　宿泊施設（ステップ2）

過去1年間の宿泊実態において、以下の項目を確認する。

★過去1年間の宿泊実績のうち、最も宿泊人数の多かった連続3か月間はいつか？
（　　　月から　　　月　）【例4月から6月】

　●上記の3か月間における宿泊状況の確認

○か×
（　　　）
$$\frac{3か月間の延べ宿泊人数　（\qquad）人}{3か月間の日数　　（\qquad）日} \geqq \frac{1}{1}$$

となる

　●上記の3か月間における「避難が困難な要介護者」の宿泊状況の確認

○か×
（　　　）
$$\frac{避難が困難な要介護者の延べ宿泊人数　（\qquad）人}{3か月間の延べ宿泊人数　　（\qquad）人} \geqq \frac{1}{2}$$

となる

※　「避難が困難な要介護者」とは、介護保険法第7条第1項に定める要介護状態区分が3
以上の者及び介護の認定を受けていない者で自力避難困難であると実情により判断され
た者をいう。

☐　全て○に該当する　　⇒　表2・①
☐　1つでも×がある　⇒　表2・⑥

Ⅲ　入所施設

●利用者の定員を確認する。　（定員　＿＿＿＿人）
☐　定員が1人である ⇒ 表2・⑭

●「避難が困難な障害者」（障害者総合支援法第4条第4項に定める障害支援区分が4以上
の者等）の割合を確認する。
☐　障害支援区分4以上の者　　（①　　　　）人
☐　障害支援区分の認定を受けていない者で、実情により自力避難が困難であると判断され
た者（②　　　　）人
☐　実情により自力避難が困難であると判断された障がい児（③　　　　）人

$$\frac{①＋②＋③　　（\qquad）人}{施設全体の定員数（\qquad）人} > \frac{4}{5}$$

☐　①＋②＋③は、施設全体の定員の8割（80％）を超える　⇒　表2・⑤
☐　①＋②＋③は、施設全体の定員の8割（80％）以下　　　⇒　表2・⑭

Ⅳ　宿泊実態の確認

宿泊実態については、入所の有無で判断する。

● 「更生施設」の場合
　　□　入所がある　⇒　表2・⑧　　　□　入所がない　⇒　表2・⑨

● 「助産施設」、「児童養護施設」、「児童自立支援施設」の場合
　　□　入所がある　⇒　表2・⑩　　　□　入所がない　⇒　表2・⑪

● 「児童心理治療施設」の場合
　　□　入所がある　⇒　表2・⑫　　　□　入所がない　⇒　表2・⑬

Ⅴ　施設運営状況の確認

24時間対応施設については、宿泊実態があると捉える。

　　□　24時間対応施設である　⇒　表2・⑩
　　□　24時間対応施設でない　⇒　表2・⑪

5-2 憲法・法令・条例

法のからくり（キホンが大事）

基本をしっかり
おさえよう！

憲法・法令・条例

　日本は、憲法を国の最高法規とし、それに基づく法律が約2,000あります。さらに、その下には、国が定める政令・府令・省令と地方自治体が定める条例等があります。

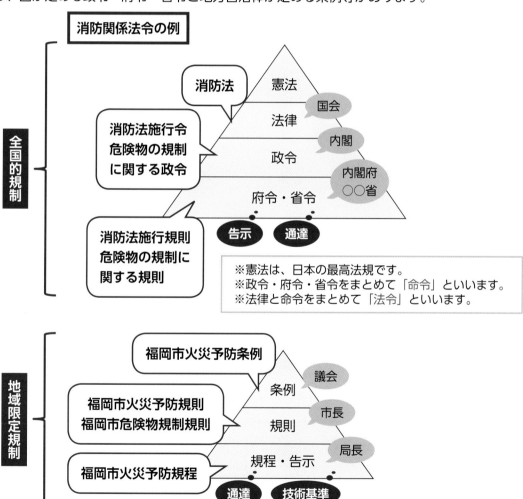

※憲法は、日本の最高法規です。
※政令・府令・省令をまとめて「命令」といいます。
※法律と命令をまとめて「法令」といいます。

※条例は、法令に違反しない限りにおいて制定することができる（議会の議決が必要）。
※規則は、市長の権限に属する事項について制定できる（議会の議決は不要）。
※告示は、法令・条例・規則等に基づく指定・決定などの処分その他の事項を外部に公示するもの。
※規程は、一定の目的のために定められた一連の条項の総体をいい、一般には法律・命令・条例・規則等の発令形式以外のものの名称として用いられるもの。

●法秩序の保持のための４つの原理

① **法令の所管事項の原理**……法令の内容が競合しないよう所管事項が定められている。

　　【主な消防法令の所管事項】

　　　「消防法」「消防法施行令・規則」「危険物の規制に関する政令・規則」「火災予防条例」

② **形式的効力の原理**……形式的効力が上位のものが下位のものに優先して適用される。

　　憲法 ➡ 法律 ➡ 命令 ➡ 条例

③ **後法優先の原理**……法令相互間で矛盾が生じた場合は後法が優先される。

④ **特別法優先の原則**……一般法と特別法がある場合は、まず特別法が優先される。

　　【消防法令内の特別法】

　　　危険物施設……法第10条（特別法）が優先され、法第17条（一般法）は適用されない。

　　（例）屋内貯蔵所

　　　・　危険物の規制に関する政令（第３章第４
　　　　節）による消火設備等の設置基準の規制を
　　　　受ける。

　　　・　消防法施行令（第２章第３節）による消
　　　　防用設備等の設置基準の規制は受けない。

●法令の基本形式　※法令は官報（縦書）で公示されます。

附則	本則	題名

① **題　名**……「消防法」や「消防法施行令」など法令の名称のことです。

② **本　則**……法令の主な内容をなすもので、「総則規定」、「実体規定」、「雑則規定」、「罰則
　　　　　　　規定」の順になっているのが通例です。

　　　　　　　　通常、「条」によって構成されています。さらに内容により「項」や「号」
　　　　　　　と区分されています。また、「条」の数が多い法令は、「編」、「章」、「節」に
　　　　　　　より大きく区分されています。

③ **附　則**……本則に付随して、その法令の「施行期日」、「新旧法令の適用関係」、「経過措
　　　　　　　置」などが定められています。

●法令の読み方・調べ方

① 「条」・「項」・「号」

ア 「項」が複数にわたっているときは、各項の頭に「2、3、4」と算用数字で番号が付されています。ただし、第1項には「1」と付されません。

イ 「号」が複数にわたっているときは、各号の頭に「一、二、三」と漢数字で番号が付されています。また、「一の二、二の三」などが付されていることがありますが、その読み方は「一号の二、二号の三」と読み、「一の二号、二の三号」とは読みません。

ウ 「項」がなく、「条」と「号」だけで構成されることもあります。

② 「見出し」

各条文の大まかな内容をひと目で理解でき、かつ、条文を見つけやすくするためのものです。

【例】

〈令第23条〉

（消〔 **条** 〕へ通報する火災報知設備に関する基準）

第23条 消防機関へ通報する火災報知設備は、次に掲〔 〕〔**第23条第1項第1号と読みます。**〕とする。ただし、消防機関から著しく離れた場所その〔 〕る防火対象物にあっては、この限りでない。

一 〔**号**〕別表第1(6)項イ(1)から(3)まで及びロ、(16の2)項並びに(16の3)項に掲げる防〔 〕物

二 別表第1(1)項、(2)項、(4)項、(5)項イ、(6)項イ(4)、ハ及びニ、⑿項並びに⒄項に掲げる防火対象物で、延べ面積が500平方メートル以上のもの

〔 **項** 〕別表第1(3)項、(5)項ロ、(7)項から⑾項まで及び⒀項から⒂項までに掲げる防火〔 〕物で、延べ面積が1,000平方メートル以上のもの

2 前項の火災報知設備は、当該火災報知設備の種別に応じ総務省令で定めるところにより、設置するものとする。

3 第1項各号に掲げる防火対象物（同項第1号に掲げる防火対象物で別表第1(6)項イ(1)から(3)まで及びロに掲げるもの並びに第1項第2号に掲げる防火対象物で同表(5)項イ並びに(6)項イ(4)及びハに掲げるものを除く。）に消防機関へ常時通報することができる電話を設置したときは、第1項の規定にかかわらず、〔 〕を設置しないことができる。

〔**第23条第3項と読みます。**〕

〈則第9条〉 〔**見出し**〕

（消火器具に関する基準の細目）

第9条 消火器具の設置及び維持に関する技術上の基準の細目は、次のとおりとする。

一 消火器具は、床面からの高さが1.5メートル以下の箇所に設けること。

二 消火器具は、水その他消火剤が凍結し、変質し、又は噴出するおそれが少ない箇所に設けること。ただし、保護のための有効な〔 〕でない。

三 消火器には、地震による震動等による転倒を防〔 〕ること。ただし、粉末消火器その他転倒により消火剤が噴出するおそれのない消火器にあっては、この限りでない。

〔**「項」がないので、第9条第1号と読みます。**〕

四 消火器具を設置した箇所には、消火器にあっては「消火器」と、水バケツにあっては「消火バケツ」と、水槽にあっては「消火水槽」と、乾燥砂にあっては「消火砂」と、膨張ひる石又は膨張真珠岩にあっては「消火ひる石」と表示した標識を見やすい位置に設けること。

③ 「○○で定める」・「○○が指定するもの」

　法令には、「○○で定める」など下位の法令に委任される場合があります。

　ア 「政令で定める」

　　「政令」なので、消防法でいうと「消防法施行令」になります。

【例】

　　〈法第17条第1項〉

> 〔消防用設備等の設置・維持と特殊消防用設備等の適用〕
> 第17条　学校、病院、工場、事業場、興行場、百貨店、旅
> 　用途防火対象物その他の防火対象物で政令で定めるもの
> 　消防の用に供する設備、消防用水及び消火活動上必要な施設（以下「消防用設備等」
> 　という。）について消火、避難その他の消防
> 　るように、政令で定める技術上の基準に従
> 　ない。
>
> 参照 【政令で定める防火対象物】令6・別表第1

> 政令で定めるとあるので「消防法施行令」を見る。

> 関係法令集には、何条を見ればいいのかわかる【参照】がある。

　　〈令第6条〉

> （防火対象物の指定）
> 第6条　法第17条第1項の政令で定める防火対象物は、別表第1に掲げる防火対象物
> 　とする。

　イ 「総務省令で定める」

　　「総務省令」なので、消防法でいうと「消防法施行規則」になります。

　ウ 「消防庁長官が定める」

　　消防庁長官が定める「告示」がある。

【例】

　　〈法第17条の3の3〉

> 総務省令で定めるとあるので「消防法施行規則」を見る。

> 〔消防用設備等又は特殊消防
> 第17条の3の3　第17条第1　　　　　　　　　　を除く。）の関係者
> 　は、当該防火対象物における消防用設備等又は特殊消防用設備等（第8条の2の2
> 　第1項の防火対象物にあつては、消防用設備等又は特殊消防用設備等の機能）につ
> 　いて、総務省令で定めるところにより、定期に、当該防火対象物のうち政令で定め
> 　るものにあつては消防設備士免状の交付を受けている者又は総務省令で定める資格
> 　を有する者に点検させ、その他のものにあつては自ら点検し、その結果を消防長又
> 　は消防署長に報告しなければならない。
>
> 参照 【総務省令】則31の6

> 消防庁長官が定める「告示」がある。

　　〈則第31条の6第1項〉

> （消防用設備等又は特殊消防用設
> 第31条の6　法第17条の3の3の規定による消防用設備等の点検は、種類及び点検内
> 　容に応じて、1年以内で消防庁長官が定める期間ごとに行うものとする。

エ 「消防長又は消防署長が指定する」

「消防長が指定する」なので、福岡市においては「福岡市火災予防規程」になります。

【例1（消防法令の場合）】

〈令第36条第2項第2号〉

（消防用設備等又は特殊消防用設備等について点検を要しない防火対象物等）

第36条 〔略〕

2 法第17条の3の3の消防用設備等又は特殊消防用設備等について消防設備士免状の交付を受けている者又は総務省令で定める資格を有する者（第4号において「消防設備士等」という。）に点検をさせなければなら〔略〕火対象物とする。

一 〔略〕

二 別表第1(5)項ロ、(7)項、(8)項、(9)項ロ、(10)項から(15)項まで、(16)項ロ、(17)項及び(18)項に掲げる防火対象物で、延べ面積が1,000平方メートル以上のもののうち、消防長又は消防署長が火災予防上必要があると認めて指定するもの

三・四 〔略〕

> 消防長が指定するとあるので
> 「福岡市火災予防規程」を見る。

火災予防規程第8条

> 関係法令集には、「規程」の【参照】はないので、「火災予防規程第○条」とメモしましょう。

〈福岡市火災予防規程第8条〉

（消防用設備等又は特殊消防用設備等について消防設備士等に点検をさせなければならない防火対象物の指定）

第8条 令第36条第2項第2号の規定により消防長が指定する防火対象物は、令別表第1(5)項ロ、(7)項、(8)項、(9)項ロ、(10)項から(15)項まで、(16)項ロ、(17)項及び(18)項に掲げる防火対象物で、延べ面積が1,000平方メートル以上のものとする。

【例2（福岡市火災予防条例の場合）】

〈条例第24条第1項〉

（指定場所における喫煙等の制限）

第24条 次の各号に掲げる場所で消防長が指定する場所においては、喫煙し、若しくは裸火を使用し、又は当該場所に火災予防上危険な物品を持ち込んではならない。ただし、特に必要な場合において消防署長が火〔略〕この限りでない。

(1)～(4) 〔略〕

> 消防長が指定するとあるので
> 「福岡市火災予防規程」を見る。

火災予防規程第10条

> 条例集にも、「規程」の【参照】はないので、「火災予防規程第○条」とメモしましょう。

〈福岡市火災予防規程第10条第1項〉

（喫煙等の禁止場所の指定）

第10条 条例第24条第1項の規定により消防長が指定する場所は、令第1条の2第3項に掲げる防火対象物（令別表第1(17)項に掲げる防火対象物にあつては収容人員が50人未満のものを含む。）のうち次の各号に掲げるものとする。

(1)及び(2) 〔略〕

オ 「通達」「行政指導（指導事項）」

法的効力を有しないもの。相手に規制の意味を説明し、同意を得ないとなし得ないもの。

●消防法の特徴

・消防法は、法律－政令－規則－条例等が緻密に連携しあっている法体系となっている。

・消防法の法体系がわかれば、どんな法令でも読めるといわれている！！

・消防法以外にも、「建築基準法」、「行政手続法」、「医療法」など幅広い法令の知識も必要である。

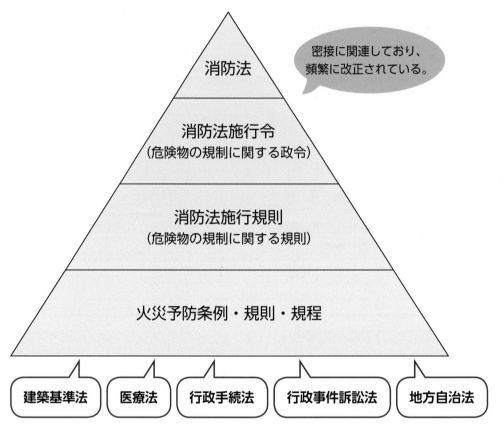

密接に関連しており、頻繁に改正されている。

消防法

消防法施行令
（危険物の規制に関する政令）

消防法施行規則
（危険物の規制に関する規則）

火災予防条例・規則・規程

建築基準法　医療法　行政手続法　行政事件訴訟法　地方自治法

などなど……

【最後にアドバイス】

●法令等は、条文を丸暗記する必要はありません。

●「どこに」、「何が」書いてあるか程度で十分です。

●そして、条文の「解釈」を覚えましょう。

●自分で調べる習慣を身につけましょう！！あせる必要もありません。「一歩ずつ」、「一つひとつ」覚えていきましょう。

5－3
気を付けて！トラブル事例集
（よくある失敗アレコレ）

些細なことで
トラブル発生！
気を付けよう！

●相手の都合を考慮しよう①

失敗＆トラブル事例

飲食店の忙しいランチタイムに立入検査の予約の
電話を掛けてしまい、関係者に迷惑をかけた。

解　説

電話を掛けるときには相手の業態（仕事内容）を考慮して、連絡しま
しょう。
電話を掛けていい時間かどうか、相手の立場で考えましょう。

●相手の都合を考慮しよう②

失敗＆トラブル事例

飲食店に非番査察の連絡をしたら、夕方からしか
出勤しないと言われた。夕方に非番査察は行きたく
ないので、「午前中に出てきてください」と伝える
と、怒った様子で「もう、来なくていい」と言われ
てしまった。

解　説

立入検査権は、消防法で担保されていますが、実務上は関係者の協力
なしでは実施できません。こちらの都合ばかり優先せず、相手の立場に
立って、立入検査の計画を立てましょう。
※この場合、昼過ぎのできるだけ早い時間に立会いをお願いするか、
担当係に対応してもらうなど、柔軟に対応しましょう。

●立会者と立入検査先で待ち合わせの場合は、相手よりも先に到着しておこう

失敗＆トラブル事例

アパートの立入検査で不動産会社（立会者）と待ち合わせをしていたが、到着が遅れていると、立会者から署へ抗議の電話があった。若しくは、帰ってしまっていた。

解　説

立会者の勤務先に立入検査に行く場合と違い、待ち合わせの場合は、相手を待たせてしまうことになるため、トラブルになりやすいです。

●時間に余裕をもって行動しよう

失敗＆トラブル事例

3件の立入検査の予約を連続で詰め込みすぎたために、最後の3件目の立入検査の待ち合わせ時間に遅れてしまった。

解　説

立入検査の時間は、対象物ごとに異なります。
また、経路を事前にしっかり確認することで余計なタイムロスを防げます。
立会者は、忙しい時間を割いて立入検査に立ち会うため、余裕を持った時間を立会時間に設定し、
「○○時頃に伺いますが、時間が前後することがございます。」
とあらかじめ説明しておきましょう。

●立入検査に入る建物の所在地は確実に確認しよう

失敗＆トラブル事例

　立入検査の待ち合わせ時間に建物に到着したが、立会者が来なかった。

　相手に電話してみると、既に到着しているとのこと。

　よくよく調べると、全く同じ名称のビルが近くにあり、相手はその建物で待っていた。

解　説

　立入検査の連絡の際に、ビル名だけでなく、所在地も確認することが重要です。

●部屋の入口は関係者の承諾を得てから開けよう

失敗＆トラブル事例

　立入検査中に勝手に部屋の扉を開けたところ、その部屋は女子更衣室だった。

解　説

　立入検査中の部屋の入室に関しては、立会者に開けてもらうか、承諾を得てから開けるようにしましょう。

●事前学習シートを活用しよう

失敗＆トラブル事例

　査察結果を「特記事項なし」として、通知書を立会者に渡してきたが、査察結果報告時に指摘が必要になる点に上司が気付いた。

解　説

　立入検査を実施するに当たっては、事前の確認が大変重要です。
　査察事前学習シートを活用し、立入検査前に確認できることについては、漏れがないようにしましょう。

●文書送付先を確認しよう

失敗＆トラブル事例

　立入検査結果通知書の発送後「勝手に立入検査に来て一方的に通知書が来た！」と所有者に怒られた。

解　説

　立入検査の連絡を受けた人、立入検査時に立ち会ってくれた人、文書を受け取る人、それぞれ念入りに確認しましょう。
　特に文書の送付先は、立入検査時に立ち会ってくれた人に確認しましょう。
　物件を貸しているだけの所有者などは、何も知らないのに突然通知書が来たら驚くのも当然です。

必要に応じて
印刷しよう！

⇐査察事前学習シートはこちらからダウンロードいただけます。

査察事前学習シート

	確認者	記入者

台帳名称			令別表	項	台帳No.	
住所					経路確認	できた・まだ
査察予定日	月　日　曜日　時　分		連絡日 立会者or電話対応者		連絡日：　月　日 立会者（電話対応者）：	

対象物全体

確認欄	記入欄
敷地内に何棟あるか	指定対象物【　　　】棟、一般対象物【　　　　】棟
摘要欄は全て読んだか	はい・いいえ
摘要欄は全て理解できたか	はい・いいえ　※わからないところを下に記載（箇条書きで可）
前回査察での指摘事項は確認したか	はい・いいえ
特殊施設は何があるか。全て記載	
防火・準防火地域は	【防火・準防火・建基法22条地域・指定なし】

防火管理関係

		確認欄	記入欄	参考※
防火管理の義務がある場合		防火管理の義務はあるか	あり・なし【根拠：　　項　で　収容人員　　　人】	
	防火管理者	選任義務の数は	単一・複数 ※複数の場合は下記の確認項目が全て複数になる	3－8
		防火管理者は誰か		
		選任者は誰か（※管理権原者）		
		選任年月日	平成・令和　　年　　月　　日	
		防火管理講習最終受講日	平成・令和　　年　　月　　日	
		再講習はいつまでに必要か ※不要の場合、不要な理由を記載	令和　　年　　月　　日までに受講が必要 不要な理由【　　　　　　　　　　　　　　】	
	消防計画	消防計画届出の有無	あり・なし ※防火管理者が変更の場合は要作成	
		届出年月日	平成・令和　　年　　月　　日 ※防火管理者の選任以前であれば要指導	
	訓練	事前通知が必要であるか	要・不要【根拠：　　項　のため】	3－10
		「要」の場合、最後の通知はいつか	平成・令和　　年　　月　　日	
		システム上で、この1年の訓練通知状況	消火【　】回、避難【　】回、通報【　】回、総合【　】回	
	防対点検	防火対象物定期点検報告の義務	義務あり【特定300人・特定一階段】・義務なし	3－13
		「義務あり」の場合、特例認定を受けているか	はい・いいえ	
		特例認定がない場合、最後の報告はいつか	平成・令和　　年　　月　　日	

想定される指摘事項を全て記載すること（箇条書き）　※　裏面確認後、最後に

※本書中の参照項目を示します。

棟別チェックシート		【 　】棟
棟の情報		
確認欄	記入欄	参考※
棟の名称は		
棟全体の用途判定は	用途【　　　　　　】項　　（特定・非特定）	3－1
棟全体の延べ面積は	延べ面積【　　　　】㎡	3－6
棟の構造・階数は	構造：【耐火・準耐火・その他・ラスモル】　階数【地下　　　階／地上　　　階】	3－6
棟に入っている用途は （わかる範囲で記載） （令9条のために必要）	用途【　　　　】【　　項　　】（特定・非特定）　　　面積【　　　　】㎡ 用途【　　　　】【　　項　　】（特定・非特定）　　　面積【　　　　】㎡ 用途【　　　　】【　　項　　】（特定・非特定）　　　面積【　　　　】㎡ 用途【　　　　】【　　項　　】（特定・非特定）　　　面積【　　　　】㎡ 用途【　　　　】【　　項　　】（特定・非特定）　　　面積【　　　　】㎡	3－1
みなし従属部分は	あり　・　なし 用途【　　　　】【　　項　　】（特定・非特定）　　　面積【　　　　】㎡	3－1
みなし適用外用途は	あり　・　なし 【(2)項二・(5)項イ・(6)項イ(1)〜(3)・(6)項ロ・(6)項ハ（入居・宿泊あり）】	3－1
特定共同住宅等	特例共同住宅等【118号・49号・170号・220号】　特定共同住宅等【40号】	3－16
棟の収容人員 収容人員の算定方法	合計【　　　　】人 　　　項　【　　　　　　　　　　　　　　　　　　　　　　　　　　　】 　　　項　【　　　　　　　　　　　　　　　　　　　　　　　　　　　】 　　　項　【　　　　　　　　　　　　　　　　　　　　　　　　　　　】 　　　項　【　　　　　　　　　　　　　　　　　　　　　　　　　　　】	3－3
階段の数は	屋内【　】屋外【　】屋内避難【　】屋外避難【　】特別避難【　】	3－6
最高軒高は	【　　　】m　※最高軒高が31mを超えている場合は、高層建築物で各種規制あり	3－6
特定一階段の該当は	あり　・　なし　※ありの場合、各種規制が厳しくなるので要注意	3－7
防炎物品の使用義務は	あり【特定・高層・地下街・(12)項ロ】　・　なし	3－11
防炎物品の使用状況は	【　全部防炎　・　一部防炎　・　全部非防炎　】 ※「一部防炎・全部非防炎」の場合は指摘の可能性あり	3－11
令8条区画の有無は	あり　・　なし　※ありの場合、設備規制が区画ごとになるので要注意	3－2

								参考※
階別情報	階数	階	階	階	階	階	階	階	3－6
	用途	項	項	項	項	項	項	項	3－1
	面積	㎡	㎡	㎡	㎡	㎡	㎡	㎡	3－6
	収容人員	人	人	人	人	人	人	人	3－3
	普通階 無窓階	普通階 無窓階	普通階 無窓階	普通階 無窓階	普通階 無窓階	普通階 無窓階	普通階 無窓階	普通階 無窓階	3－4
	内装制限	有・無	有・無	有・無	有・無	有・無	有・無	有・無	3－5

消防用設備等　設置について					**設備点検**		参考※
設備	根拠（第○条○項○号）	代替設備	状況		最終点検報告	不備	
			完備・不備・未設置・代替・令32条		平・令　年　月　日	有・無	
			完備・不備・未設置・代替・令32条		平・令　年　月　日	有・無	
			完備・不備・未設置・代替・令32条		平・令　年　月　日	有・無	
			完備・不備・未設置・代替・令32条		平・令　年　月　日	有・無	3－2 3－12
			完備・不備・未設置・代替・令32条		平・令　年　月　日	有・無	
			完備・不備・未設置・代替・令32条		平・令　年　月　日	有・無	
			完備・不備・未設置・代替・令32条		平・令　年　月　日	有・無	
			完備・不備・未設置・代替・令32条		平・令　年　月　日	有・無	
耐圧性能点検が必要な設備の有無			消火器・連結送水管・屋内消火栓設備・屋外消火栓設備・容器弁 ※上記の設備の耐圧性能点検について、先輩に聞くこと				3－12

←最終確認カンペはこちらからダウンロードいただけます。

最終確認カンペ
※必要に応じて印刷して持っていくこと

所持品チェック (32ページ参照)

□防火対象物台帳　□指摘票　□通知票　□改善報告書　□手帳（立入検査証）　□指導記録簿　□名刺
□筆記用具　□地図　□各種パンフレット　□印鑑　□スケール　□ライト　□携帯電話

査察時確認必須項目（現地でしか確認不可）

項目	内容	解説	チェック
用途変更	建物の用途は変わっていませんでしたか？（テナントの変更も含む）	用途が変わると消防法の規制が変わるだけでなく、建築基準法の問題が発生する可能性もあります。	□
関係者情報	所有者、管理者、占有者に変わりはありませんでしたか？	関係者情報の変更は、会社、代表者の役職氏名、住所、電話番号など、間違いなく聴取しましょう。	□
収容人員	従業員数、客席、売場面積など、収容人員に変更はありませんでしたか？	防火管理者の選任義務や消防用設備等の設置義務に関わる場合があります。	□
管理権原者	防火管理者を選任している管理権原者に変更はありませんでしたか？	防火管理者を選任している会社自体が別の会社に変わっていたりすれば、防火管理者を選任し直す必要も出てくるかもしれません。	□
防火管理者	防火対象物台帳に記載されている防火管理者は変わっていませんでしたか？	転勤・退職などの人事異動に伴い防火管理者が不在になっていることがあるので確認しましょう。	□
訓練	訓練は最後にどのような訓練をしたか聴取しましたか？	訓練の実施状況（日時と訓練種別）を聴取し、その上で特定用途の場合は事前通知の指導をしましょう。	□
法定点検	消防用設備等が『最後にいつ点検されたか』は確認しましたか？	特定非特定にかかわらず、点検自体は「6か月に1回」です。点検簿冊、消火器などに貼られている点検ラベルなどを確認しましょう。	□
住警器	住居部分や共同住宅の居室など、住宅用火災警報器は設置されていますか？	個人の住居には基本的に立ち入らないようにし、口頭で確認するなどしましょう。自動火災報知設備が完備されていれば住警器の設置は不要です。	□
無窓階	事前情報で「普通階」となっている階で、窓がふさがれていたりしませんでしたか？	普通階が無窓階になると消防用設備等の設置義務が大きく変わる可能性があります。	□
内装制限	内装制限「あり」という階で、部屋の内装が木材などに模様替えされていませんでしたか？	内装材（壁紙）の変更は消防用設備等の設置義務に影響を与える場合があります。	□
模様替	部屋の内部でパーテーションの変更などはありませんでしたか？	部屋のパーテーションを変更すると、自動火災報知設備の感知器などを増設しなければならない場合があります。	□
増改築	情報にない増築はありませんでしたか？	ほんの少しの増築でも消防用設備等の設置義務が変わったり、建築基準法に抵触することがあります。	□
防炎	カーテン、じゅうたん、のれんなど、防炎物品の使用を確認しましたか？	特定用途だけでなく、高層建築物、(12)項ロでも確認が必要です。	□
避難口施錠	建物内部から外に出る扉を見た時、道具を使わずに開けられるカギでしたか？	屋内から屋外に出るには誰でも出られる構造でなくてはいけません。家に入る時のような、シリンダーキーが開けられないものは、指摘が必要な場合もあります。	□
特殊施設	防火対象物台帳の「特殊施設」と見比べて、情報にない施設は増えていませんでしたか？	変電設備、発電設備、LPガスなどがあると、届出の必要があるかもしれません。	□
危険物	情報にない危険物の貯蔵はありませんでしたか？	ドラム缶、燃料携行缶、1斗缶、ポリ缶などあれば中身が危険物でないか確認し、量も記録しましょう。大量にあれば、重大な法令違反の可能性もあります。	□
指定可燃物	情報にない指定可燃物の情報はありませんでしたか？	木くず、紙、ゴム類など、大量にあれば条例による貯蔵方法の規制であったり、届け出の対象になることもあります。	□
防火戸	防火戸の管理は適正でしたか？	常時閉鎖の防火戸が閉まっていたか、感知器連動の防火戸やシャッターが閉まるようになっていたかはもちろんですが、まれに扉が撤去されていたり木製になっていることもあります。	□
令8区画	事前勉強で「令8区画あり」となっていた場合、壁に穴が開いていたりしませんでしたか？	令8区画は火災が行き渡らない区画です。仮に行き来できる状態になっている場合、消防用設備等の設置が必要になる可能性大です。	□

写真協力団体 （五十音順）

- 一般財団法人　消防防災科学センター「災害写真データベース」
- 一般財団法人　日本消防設備安全センター／違反是正支援センター
- 一般財団法人　日本防火・防災協会
- 一般社団法人　東京防災設備保守協会
- 一般社団法人　日本消火器工業会
- 糸魚川市消防本部
- 医療法人社団永生会　南多摩病院
- 大阪市消防局
- オリロー株式会社
- 株式会社　立売堀製作所
- 株式会社　タイムラン
- 株式会社　ヒイラギ
- 熊本市消防局
- 倉敷市消防局
- 神戸市消防局
- さいたま市消防局
- サンコー株式会社
- 千住スプリンクラー株式会社
- 総務省消防庁
- 宝塚市消防本部
- テンパール工業株式会社
- 東京消防庁
- 那須地区消防本部
- 日光市消防本部
- 能美防災株式会社
- 広島市消防局
- 福岡市
- 福山地区消防組合消防局
- 有限会社　南豆無線電機

おわりに

　なぜ、火災による悲劇は繰り返されるのでしょう。

　それは、「消防関係法令に基づくルールが守られていないから」ということなのですが、では、なぜそのルールを守ろうとしない人がいるのでしょう。

　「消防関係法令による規制が難解であるから」「消防用設備等にかけるお金を確保できないから」という理由もあります。しかし、避難階段に物を置くことや、使い勝手が悪いからといって防火戸を開けっ放しの状態にしていることが、火災が発生した場合に危険だということをよくわかっていないからともいえるのです。

　我々には国民の生命を守るために、建物に立ち入って火災予防の指導をする権限が、消防法で認められています。関係者と面と向かって対話することができ、消防法令の遵守状況や防火戸などの維持管理状況を確認できるのです。

　さらには、最近の火災事例なども話すことができ、消火器の使い方、自動火災報知設備が発報したときの行動など、初動体制の指導もできます。しかし、それを関係者に伝えるには知識が欠かせません。

　でも、安心してください。この『見てわかる！　ささつの本　自信を持って現場へGO！』を読むことにより、皆さんが行う査察の知識は確実に向上します。立入検査などの予防業務を恐れず、難しいものだと思わず取り組んでください。

　本書は、今までのマニュアルと違ったアプローチをとりました。若手職員が予防業務に興味を持ち、市民から信頼される消防人を目指す、皆さんの一助になることを願っています。

見てわかる！ ささつの本
自信を持って現場へGO！

令和4年9月20日　初　版　発　行
令和6年1月20日　初 版 3 刷 発行（令和5年2月1日現在）

編　著／福　岡　市　消　防　局
発行者／星　　沢　　卓　　也
発行所／東京法令出版株式会社

112-0002	東京都文京区小石川 5 丁目17番 3 号	03(5803)3304
534-0024	大阪市都島区東野田町 1 丁目17番12号	06(6355)5226
062-0902	札幌市豊平区豊平 2 条 5 丁目 1 番27号	011(822)8811
980-0012	仙台市青葉区錦町 1 丁目 1 番10号	022(216)5871
460-0003	名古屋市中区錦 1 丁目 6 番34号	052(218)5552
730-0005	広島市中区西白島町11番 9 号	082(212)0888
810-0011	福岡市中央区高砂 2 丁目13番22号	092(533)1588
380-8688	長 野 市 南 千 歳 町 1005 番 地	

〔営業〕TEL 026(224)5411　FAX 026(224)5419
〔編集〕TEL 026(224)5412　FAX 026(224)5439
https://www.tokyo-horei.co.jp／

ISBN978-4-8090-2512-9